『雨花英烈史料』丛书

雨花英烈给党团组织的报告

◎ 南京市雨花台烈士陵园管理局
雨花台红色文化研究院 编

南京出版传媒集团
南京出版社

图书在版编目（CIP）数据

雨花英烈给党团组织的报告 / 南京市雨花台烈士陵园管理局，雨花台红色文化研究院编. -- 南京 : 南京出版社, 2025. 6. -- ISBN 978-7-5533-5369-2

Ⅰ. D267

中国国家版本馆CIP数据核字第2025FB8970号

丛 书 名 “雨花英烈史料”丛书
书　　名 雨花英烈给党团组织的报告
作　　者 南京市雨花台烈士陵园管理局
雨 花 台 红 色 文 化 研 究 院
出版发行 南京出版传媒集团
南 京 出 版 社
社　　址 南京市玄武区太平门街53号
邮　　编 210016
联系电话 025-83283873、83283864（营销）　025-83112257（编务）

策划统筹 金　欣
责任编辑 金　欣
装帧设计 石　慧
责任印制 杨福彬

排　　版 南京新华丰制版有限公司
印　　刷 南京工大印务有限公司
开　　本 787 毫米 × 1092 毫米　1/16
印　　张 23
字　　数 240千
版　　次 2025年6月第 1 版
印　　次 2025年6月第 1 次印刷
书　　号 ISBN 978-7-5533-5369-2
定　　价 45.00 元

编写说明

1. 因作者文字水平各异，语言习惯不同，文章中有些词句略欠规范。为保持原貌，在不影响理解的前提下，对原文一般不作改动。

2. 文章中的错别字、通假字及编者的注释用［　］表示。

3. 文章中作者本人的注释，用（　）表示。

4. 文章中的缺字、漏字和编辑补充的内容用<　>表示。

5. 文章中无法辨认的字，用□表示。

6. 一些文章中，“的”“地”“得”“底”“那”“哪”“他”“她”“它”“澈”“彻”等不分，为保持文章原貌，均未作改动。

总　序

雨花台，古称玛瑙岗，是坐落于南京城南的一处美丽山岗，也是自古以来为人吟咏的江南名胜。然而在新民主主义革命时期，这里却沦为阴森可怖的刑场，成为中国共产党人和爱国志士的集中殉难地，在此牺牲的烈士数以万计。

雨花英烈牺牲时大多很年轻，许多人出身富裕家庭，受过良好教育。当他们救国救民的宏远理想与马克思主义所指引的科学路径、所昭示的光明前景不期而遇，伟大的信仰便在他们心底生根发芽，并在他们勇敢的革命实践中日渐坚固。他们在成长过程中、在革命历程中，曾写下了不少言语文字，包括遥寄思念的书信、记叙生活的日记、抒发情怀的诗词、陈说观点的文章。这些文字穿过腥风血雨、跌宕起伏的革命岁月留存至今，成为我们了解雨花英烈心路历程、提炼雨花英烈事迹与精神内涵的原始文献资料，虽历经岁月洗礼，更弥足打动人心。

2014年12月，习近平总书记在视察江苏时指出，在雨花台留下姓名的烈士就有1519名。他们的事迹展示了共产党人的崇高理想信念、高尚道德情操、为民牺牲的大无畏精神。要注意用好用活丰富的党史资源，使之成为激励人民不断开拓前进的强大精神力量。为贯彻落实习近平总书记的重要讲话精神，充分挖掘和利用雨花台丰富的红色资源，大力传承和弘扬雨花英烈事迹与精神，雨花台烈士纪念馆–南京大学国家革命文物协同研究中心、雨花台红色文化研究院、南京市雨花台烈士陵园管理局组织专门力量，对关于雨花英烈的文献资料进行了系统梳理和认真研究，汇编成了“雨花英烈史料”丛书，并由南京出版社出版发行。丛书包括雨花英烈家书、文集、诗词、日记、近亲属口述史、给党团组织的报告等册，通过不同形式、不同体裁，还原了革命年代的历史画面和英雄人物的内心世界。丛书内容真实，条理清晰，是雨花英烈事迹与精神的厚重载体，也是思想政治教育的生动读本。

伟大的事业需要伟大的精神。在中国特色社会主义进入新时代的今天，更加需要我们回望来路，感受革命年代的信仰选择和生死抉择，终身坚守和实践入党时的誓言。雨花台是中国共产党人的精神高地和信仰殿堂，雨花英烈的英雄事迹深刻昭示了中国共产党人的初心和使命，生动诠释了伟大建党精神。在新时代传承好、弘扬好雨花英烈事迹与精神，是我们义不容辞的政治责任。相信“雨花英烈史料”丛书的出版发行，能够不断丰富雨花英烈事迹与精神的深刻内涵，让红色文化焕发出更强的感召力，激励广大党员干部不忘初心、牢记使命，以更新的精神状态向着建设“强、富、美、高”新南京美好蓝图努力前进，以更大的责任担当为党和人民事业不懈奋斗。

前　言

请示报告制度是中国共产党长期坚持的优良传统和制度措施，是一项重要的政治纪律、组织纪律、工作纪律。在新民主主义革命发展历程中，雨花英烈在白色恐怖中坚持地下斗争，主动向党组织请示报告，自觉将党的纪律要求内化为个人的自律行为。他们留下的一系列工作请示与报告，是中国共产党员忠诚于党和严守党的纪律的重要标示，为我们党探索请示报告制度建设作出了重要贡献。

《雨花英烈给党团组织的报告》一书选编了17位曾在地方党团组织任重要职务的雨花英烈写给上级组织的工作报告45篇。这些报告是雨花英烈从事革命斗争工作时形成的总结和经验，是他们落实党（团）组织指示要求的鲜活载体，更是特殊年代里共产党人遵守党的纪律的真实写照。罗登贤以中共中央代表身份任满洲省委书记，将组织抗日武装斗争的工作部署向党组织汇报，展现了中国共产党人勇担民族重任、敢于斗争的坚强品质；施滉虽在远离祖国的美洲大陆，仍将在美革命情况及时报告党组织，体现了中国共产党人深厚的爱国情怀和坚定的政治理想；陈原道身处牢狱，不忘寻找机会，给党组织汇报工作，表现了中国共产党人在对敌斗争的过程中坚守信仰、对党忠诚的不屈气节和高贵品质……他们是中国共产党人在新民主主义革命时期用铁的纪律铸造中国共产党坚强领导力的光辉典范。

雨花英烈所撰写的请示与报告，为我们留下了宝贵的精神财富，使我们深刻感悟到雨花英烈在革命斗争异常残酷之时，依然坚持真理、坚守理想的价值追求，深刻感悟到雨花英烈在革命工作实践中践行初心、担当使命的崇高情怀，深刻感悟到雨花英烈在与反动势力殊死搏斗中不怕牺牲、英勇斗争的献身精神，深刻感悟到雨花英烈始终用行动践行对党忠诚、不负人民的政治品质。《雨花英烈给党团组织的报告》是中国共产党人践行伟大建党精神的典型缩影，为新时代共产党人涵养对党忠诚、严守纪律的政治品格提供了生动素材。回顾我们党百年壮阔的历史征程，追寻雨花英烈的光辉事迹，我们要努力在“用好红色资源、赓续红色血脉”的殷殷嘱托中展现新作为，让红色资源成为全面建设社会主义现代化国家新征程中的强大精神动力。

目　录

张霁帆

张霁帆（1901－1926），化名张慕鸿，四川宜宾人，中共党员。

1921年春考入川南师范学校

1922年5月加入中国社会主义青年团

1923年7月起先后任团成都地委代理书记、委员长

1924年8月加入中国共产党，11月任团南京地委秘书

1926年3月任中共豫陕区执委委员，8月任中国共产主义青年团豫区执委书记，为响应北伐战争，积极开展农民运动

1926年8月前往上海向党中央请示汇报工作后，搭乘火车返回河南，途经徐州车站时，被军阀孙传芳部逮捕，解来南京，不久牺牲。

给团中央的信
——关于四川团的工作和各阶层状况[①]

（1924年）[②]

四川成都本团情形

组织：人数四十余人，学生占多数，工人十余人。支部九处。秘书康明惠，宣传刘孝祐，组织李盛虞，农工钟善辅，学生余泽鸿。通信处成都骡马市街七十三号刘孝祐。

开会：总会从前在省工作时每星期开会至三四次不等，无事时间周开会一次，从改组后严密规定每周开会一次。支部工人同志较能按期开会，学生同志未能实行，以为朝夕相见所议所作均团体事，无开会必要。

组织不严密，规约不实行，为本地方团不可讳言事。然同志间感情异常融洽亲密，在各方面均能互助，本地方团之基础亦仅建筑于此点。

经费：常月捐从初设至今未收齐过，但在需款时同志间颇能尽力捐助。如捐款不及，便负责人垫出，故负责人每

①1923年7月起，张霁帆先后任中国社会主义青年团成都地委代理书记、委员长。这是张霁帆于1924年向团中央汇报四川地区团工作状况的报告。

②原件无年代，此系编者根据本文内容判定。

受累。

宣传：长期而经费可靠的平民学校两所，工人夜课学校几处，时因经费不足停顿，工人俱乐部一处，从去上年至今年，被官厅解散。办一日报，成立四月被封。办一周报，成立半年，暑假后尚能续办。马克思读书会现改为社会科学读书会，每周开会一次，成立已两年，取公开态度，以为吸收新同志及训练同志之用。

活动——

学生：学生会职员有四分之一系同志，故学生会能尽量为本会利用。去年由学生会联络农工商会发起反对英美救国大同盟，示威游行千余人（农工商）。今年由学生会发起列宁追悼会，加入团体十余个，到会农人三百余人，工人一千余人，全城学校学生均到，虽官厅派宪兵警察监视，终因声势太大，听讲演游行而散。

工人：对本团生信仰的工人，生绉帮二千余人，泥木石帮四五百人，印刷帮百余人，教会帮工五十余人，但以上均系小工业工人，平时彼此少接触，利害不一致，罢工时不能显出很大的力量。本埠大工厂惟有丝厂三四个，但均系女工，莫法活动。造币厂及兵工厂均有重兵监视，而该厂工人，亦颇得军阀优待，曾有同志欲加入作工，因此作罢。

新闻：成都最有力报纸为《国民公报》及“川报”，而“川报”比“国民报”较好，“川报”主笔之一即为同志，本团于此亦颇得助力。

女界：从前本有女子支部一处，有女同志五人。今年该校校长整饬校规，非家庭通知，不许请假出外，来往信札必检查，女同志遂无形退出。

军团：川中因感军阀之害较切着，同志间对打倒军阀运动特注意，现加入军队学校者十余人，归乡办团者有两处已成功，但均无具体办法。且对于主义无切实研究，脱离团体，单身入可危的环境，深恐将来成为军阀，为本团反动。

农民状况——

川中因生活较低，凡有二十亩以上之地主即可不耕而食，故躬耕者大率系无产阶级，而农民遂以佃农居十分之八九。

农民直接所感之痛苦为兵匪之患，预征粮税、拉夫、牵耕牛……等是。故川农对于地主绅士，全不觉其可恨（一则因地主亦系以资产同受兵匪之患）惟觉兵匪为彼等生活生〈产〉之障碍物耳。

川中农民大约富于革命性，兵匪即由于农民之无生路者为之。辛亥革命之同志会全系农民。本团对农民运动极注意，以为比工人更有为，仅因经济上之限制而未能实行。

工人状况——

有工厂的地〈方〉只成都、重庆、自流井三处，其余嘉定之丝厂及竹根滩之盐厂均规模甚小。自流井盐工最多，组织上可颇具大工业制。惟因本团力量不足，对此竟不能有详细调查。

重庆工厂之多，为全川冠。资本家对工人待遇多不良，工人亦知自动的联为争自身的利益而奋斗，惜操其权者反为一般滥弹（如该地之工会是）利用为达自私之目的，而当地同志对此似乎忽略。此地一部分织布工人中有少数无政府党加入运动，时〈有〉罢工等事发现。

成都具大工业制度的工厂只造币、兵工、丝厂三种工厂。造币、兵工厂均为军阀所包办，其获利无限制，故对于工人待遇不甚刻薄，且防范甚严。丝厂则全系女工，□均无法运动。

其余惟不在一工厂内而因职业相同结成一帮之手工业工人，此种工人数量更多于工厂工人，且因业主被军阀掠夺之损失皆取偿于此种工人，故此种工人对于其业主敌忾之心颇甚，随时寻机会与其业主反抗，本团活动之范围，□在此种工人内。对于反对军阀及帝国主义运动，此种工人全与学生合作。今年生绉帮罢工要求增加工钱，坚持二十余日之久（共有二千余人），几大获胜利，惜因居处不接近，终受资本家离间与软治，亦不得胜利而罢。

经济状况——

川中因兵匪之乱无宁日，大工商业均不能发达，只重庆一隅，为外舰所保护，稍具大工业规模，其余各处尚全为小工业社会，即省会成都亦在此种情形下。故社会上赤贫虽多而大富却少。生活程度本极低，惟因军阀滥制铜币，甚至价值二百文之铜元其资本不及二十文，以故银价高至每元将值四千文，货物之银价虽低而钱价则异常昂贵。一般农民及工人之收入纯以钱为单位（尤以帮工为甚），以钱易货，每不足敷自身生活，更不遑仰事储蓄矣。本团去年在成都曾因政府将发纸票及铸五百铜元，运动商人罢市，卒因能力的限制而未实现。

一切生活必需之品，如米盐油等价，以银算比外省各地平均低廉三分之一，若以钱计算则比较高出一倍，是为川中经济上之特别情形。

政治状况——

自熊、但败北，四川内部分裂，杨森据成都，邓锡侯、刘湘、袁祖铭、刘存厚据重庆，赖心辉据隆内，刘自乾据叙府，陈福五据嘉定，刘禹九据川边，各自为政，势均力敌。杨森督理军务，邓锡侯督理民政。邓初下车，尚未见其优劣。杨则自登台后，气焰嚣张，专横武断，日以改良市政、整理教育为粉饰之工具，而实则收买枪弹，招抚匪人，徒以扩张势力。所谓教育不过半生半死一通俗教育馆，所谓市政改良，不过筑了几条马路，限制运粪时间。其实杨不过一木偶，乃包围之南北京学生主持一切，署内有秘书连、参谋连、差遣营，终日如归市然。他们（各军阀首领）终日遑遑对付各方面之不暇，所谓政治毫无起色。

兵匪及民团：四川的兵匪遍地皆是，在城市则为兵，入乡野则为匪。兵大概有三十余师之多，客军内有数师；匪则不胜其数。在川的兵，游惰横暴，非他省所能及；川中的商农学工都受他们牵掣，亦非同外省。推其原因，皆统治者多，无从管辖，而连年战祸，官长所赖于兵者大，平时若不稍事松懈，战生［时］恐生反感。抵御兵匪者，除民团别无他法。近年同志注意兵［民］团者甚多，投身入内以谋活动者亦不少。在川办团，既可以御兵匪左右政治教育，复可以藉此机会办工农运动。

学生及教育——

四川除成都外，均未设专门以上之学校。成都有大小学校百余座，学生约有万余人；教会学校有十余座，学生约有千人。学生可分为几派：

A. 读死书不问外事的，约占十分之一；

B. 徒活动以谋位置的，约占十分之五；

C. 不读书不问事，专享乐的，约占十分之三；

D. 有革命思想的而不从事革命的，约占十分·五[①]；

E. 有革命思想而又能着手进行的，约占十分·五[②]。

A派除知道书上所有的别无所知，他们大概受家庭父兄的希望和师长的影响最深。

B派以读书为手段，以争饭碗为目的，易与官僚军阀勾结作恶。

C派既不知读书门径，又无正当事业，到毕业时多向政府乞怜或结伴钻营。

D派知革命为必要，但以诸多思潮扰其胸中或顾虑将来的位置，不敢决入某旗帜下，遂徘徊歧路，莫知所从。

E派多认定某方面，使入身其中，少有顾全多方面以养成革命伟大势力者。

教育方面，四川教育经费受政府牵掣，异常支绌，教员多半是卖廉价的下等货。所办教育，不过依样葫芦，败腐不堪。

外县各团情况

川南泸县：民国十一年成立支部，人数只十余人，今年已有团员三十余人，全系学生及小学教师。霁帆过泸时见其漫无组织，遂劝其改组整顿。后开会议决改组为地方团，负责人委〈员〉长刘复一，宣传胡正焜，秘书刘乙。此间于工人政治方面均无活动余地，只办平民学校一所，团员现多从

---

①原文如此，实即为百分之五。

②原文如此，实即为百分之五。

事于农民运动的研究。拟以后在附近各县设立支部，任小学教师的同志即负农民运动的责任，其外找不出别的办法。通信处川南师范刘复一。

川南内江：有一支部为钟某所主持，未与成泸等处通消息，人数极少。

川东重庆：此处地方团一，团员尚多，同志于宣传方面尚可见，少实地运动。与成都因团员间有感情不睦者，遂终未联合通消息。

川北顺庆闻有一支部，但未调查确实。

川中对于中央的希望

派员驻川：川中努力同志极多，均以组织不良而不能团结，又以消息不通与中央隔绝之故，一切活动无所瞻依，遂人自为战，而一切不依规律之浪漫行为遂于此产生。再则地方与地方或生某种隔阂，不惟无一较高机关评断是非，且无一仲裁机关居间调解，此又各地方团彼此分立之原因也。使中央设一机关或一人驻重庆，一面将中央命令传达各内地，或在某种限度内予以发令指挥之权，一面调和各方面使联络一致，一面督促各方面组织完善，进行工作，再于一种时间巡视各地，亲加训练，则川中之发展可立而待。此时成都各地同志多系专门学生，将来毕业后即可在本县担任地方重要职务，使顺遂发展，三年内全川均“S.Y.化”矣。

霁帆以个人意见，如中央能如川团所请设员驻川，则萧楚女同志恰可任此委托。因其驻川有年，甚熟悉川状，而川中同志或读其文，或曾与面会者均甚服其为人。此时他已在重庆报馆任职，若中央托以此事，且可省一些经费。

在最近期间予以最低度之经济上的帮助：此时同志既少，而组织又未入轨，以致经费全不敷办事之用；一部分负责之穷同志每因一月几元钱之生活费牺牲其若干为团体办事之力量，党甚为可惜。若能酌予最低生活费之接济，则既可专其力，且可一其心矣。若以此时估算，成都一地每年有两百元以上之帮助，在二年后即可脱离经济限制。但不知中央曾有此例，或可因此情形而特开一例否?

霁帆

选自中央档案馆、四川省档案馆编，《四川革命历史文件汇集（群团文件）1922年—1925年》，1986年5月。

给团中央的报告（第二号）
——河南各界声援冯玉祥讨伐张作霖，要求建立国民政府[1]

（1925年12月10日）

曾延兄[2]：

兹将此间于郭李倒戈后此间所作宣传工作告如次：

郭倒戈及冯入京之消息此间于十一月三十夜方得（P·区通告），次晨即由区委召集大、中学汴地委决定：

（一）由学总及学联通电马二，督促其解散段政府及组织临时政府；（二）大、中校公开发传单标语鼓动市民起来督促国民军；（三）由学总及学联召集市民时〈事〉讨论会；（四）在讨论会中议决召集示威大游行；（五）促岳到大会中发表其主张。

时事讨论会在十二月三号举行，当日学校均放假（以后两天各学校亦均放假半日，以为学生在市面宣传的时间），

①1925年夏，张霁帆受党中央派遣前往河南开展宣传工作，10月任共青团豫陕区执委组织委员。11月30日，冯玉祥率部进驻北京的消息传到河南，党和团的豫陕区执委决定召开群众集会，组织游行示威。这是张霁帆等人在12月10日向团中央汇报此次群众运动的情况。

②“曾延”为当时共青团中央的代号。

学生市民约到有四五千人。讲演者同学四人，非同学四人，主张均一致。到会群〈众〉表现非常热烈。会场的传单共约十余种；我校传单系用五色有光纸石印核桃字散发，特惹人注意，且受欢迎。通过的议案：（一）通电国民军各将领发表其倒奉后之政治主张；（二）电励北京人民行政委员会（开会日上午得到沪报谓北京已有此种组织）；（三）在本月六号召集各界示威大游行；（四）派代表请岳到会宣布其政治主张。

所用的口号是：民众与武力结合，解散段政府，肃清奉系军阀余孽，解散特别关税会议，组织临时革命政府，人民一切自由，召集国民会议，废除一切不平等条约，成立真正国民政府，国民革命万岁……

游行大会到会约万余人，岳未到会，当地官厅有教育厅长及警察厅长到会。主席者系同学，讲演者亦有同学四人。各团体发散传单约二十余种，但数量以我校发散者为多；市民大会筹备会又将各种标语印万份张贴街衢及会场四周，并发散传单一万份。当日通过议案四项：（一）通电全国民众，赶紧合起来作同样运动与同样的要求。（二）通电国民军各将领：1. 解散段政府并肃清奉系余孽；2. 建设临时国民革命政府；3. 人民一切言论结社的自由；4. 召集国民会议；5. 废除一切不平〈等〉条约。（三）通电广东国民政府及民党诸名流，速肃清反动势力，提师北伐，建立真正国民政府以竟中山遗志。（四）恢复开封国民会议促成会。游行时所呼口号亦与讨论会时同，并加“工农商学兵联合万岁”。更化装队扮演“帝国主义者、军阀、民众之关系”同行，颇惹市民注意。

但当日工作缺点颇多：（一）会场设备不得法，使到会群众不能全听讲演，故会场表现反不如讨论时激烈；（二）未组织纠察队，使许多到会市民未能列队游行临时散去；（三）当日岳既未到会，却未将群众开到岳处，逼其发表对时局意见；（四）事后对外宣传工作太差。

我们的团体（P及Y）的批评：（一）宣传未深入群众；（二）未能运用组织去应付一切，颇畸重于个人的活动；（三）各级委员会分配同学们的工作有抽象和笼统的弊病。

同学们的表现：（一）迟缓；（二）胆怯；（三）对于反动论调只知消极的避免，不知积极的同他们争辩。

……

在得到北京政变消息的同时，即发一紧急通告，令各地发起市民大会。现在已得到三个地方对于此项运动的报告，简录于次：

（1）信阳　在十二月十号召集市民大会，并举行示威游行，除当地之学联、商会、工会全体加入外，并有当地数十里外当谷山农民百余人加入游行。其宣传之普遍与深入较开封成绩为优。惟因于游行时与当地女校发生冲突，对付不善，致以该校之学生为攻击之对象，而双方均为该校校长所狡骗。大学同学刘少猷、王瑞生被拘，不过因为受了欺骗，反博得了群众的同情，各团体均联合起来对付该校了。商会都加入来谈公道话了。一方面我们已去信嘱他们移攻击的目标专集于该校校长，丢开学生。（附寄该地各团体关于此事宣言）没有见着！

（2）郑州　于十二月四号亦召集市民开会讲演，不过到会人数甚少，不上千人。但对外之宣传工作尚好。

（3）杞县　由同志号召当地青年团体及K.M.T同学向市

民及农民中宣传。

豫陕区 书记 求实
组织 霁帆

选自中央档案馆、河南省档案馆编，《河南革命历史文件汇集（群团文件）1923年—1926年》，1983年8月。

给团中央的信
——视察荥阳县双楼郭镇农运的情况①

（1925年12月26日）

十二、二十四，上午十时，由郑州骑驴，于下午四时抵荥阳县双楼郭镇。初本拟再到荥阳县城整顿学生会，后闻该县只有小学两个，学生素不活动，短时间的活动不能生若何影响，且至少须再耽搁两日，遂于次日午后四时仍归郑州。兹将该地情形历述其次：

1. 当地农运情形

此间工作对象，纯为农运。计已成立县农协会一，区农协会六，共包含农民二千余户。吾校在此工作曾开始不久，但所得成绩极好。凡加入农会之农民，大多数均出于自觉自卫的观念，我们的一切主张，亦颇能使群众有真的了解，脱去豫地许多工会中的敷衍和个人政策的恶弊。此时未成立各区农民正纷纷自动要求组织，并将原有之红枪会改编为农民自卫军。大学部在此县工作的四人，双楼郭现有两人。

2. 青农状况

双楼郭系县农协会址，同时又有一区协，此区内共五村会，合计有青农五十余人。附近有农民子弟学校两个，有农童百余人；又有草帽工厂一个，有青工六十余人。现于区协

①1925年12月6日，张霁帆在开封参与组织万人示威游行，河南革命形势空前大好。随后，张霁帆便代表团豫陕区执委视察地方农运情况，并向团中央汇报。

中设一青年部（章程附），已加入二、三十人，惟尚未举办何事。农工会办一夜课学校，入校者已有四十余人，大多系儿童，有一部分即系附近小学校夜间归家之学生。中分识字与不识字两班：识字班教以安源工人教本，间以时事编成油印讲义作教材；不识字班则给以识字教育。两班共同的课程则为月夜在屋外空场上牵手作圆形齐唱少年先锋歌及国际歌。草帽辫工厂青工，曾自动要求农协派人去帮助他们组织工会。

中校在此成立一支部，现有同学五人，有青农三人，余系大校工作同学。支部书记霍云浮。

3. 我到那里作的工作。

到后即与当地负责同学及协会职员谈话，夜饭后召集支部会议：（1）书记及各同学报告工作情形及计划，于每个报告毕后，即指出其错误或批评其得失；（2）因从他们的报告中知道新入的农民同学对于团体的基础观念缺乏，作了一个简单的关于主义，组织及个人对团体关系的报告；（3）指出当地工作应注意的各点：

A. 关于团体的：（一）解释按期开会之重要与开会时应注意之点；（二）应极力吸收同志与介绍同志之标准。

B. 关于青年部的：（一）应调查青农生活上的具体要求，为他们作达到此种要求的运动，极力纠正以前计划专作文化，思想及识字运动的错误；（二）平时应举办各种娱乐事项；（三）①

C. 关于个人的：现在该地所有负责同学及初加之青农同志，均系学生分子，在谈口及工作上均不脱书生气习，故特

①原文此项无字。

别告诫他们注意改除，力求农民的群众化。

尚未谈到具体工作计划，夜校学生已纷到，遂散会。

会毕后在露天月光里为夜校学生讲演。十四、五岁以下的小孩有三、四十人，手挽手的圈个大环形站着，当我去时便唱少年先锋歌来欢迎我。歌声虽不合谱，但极整齐，他们衣服虽然褴褛，天气又这样冷，又在露野里，但精神颇好。在我讲演后，他们又高呼打倒帝国主义及军阀，和农民协会万岁等口号。

次晨乃与当地负责同学规定当地工作的具体画［化］几项：

（一）组织的扩大：附近两个小学的教员既同我们接近，学生些［们］又肯看我们印刷品，今年至少可在其中吸收十个以上的同〈志〉；草帽辫工厂可吸七个同志；青年可介绍十个同志，予定在年内成立地方。

（二）速在附近另赁房屋一所，设备一青农及儿童俱乐部，赶紧拟一预算寄俞山兄。预计开办费不出二十元，常月费不出五元。

（三）此处青农对官府兵匪压迫，尚无深切的感觉，因农村中宗法制极浓，青〈农〉除工作外不负对外经济和政治上的责任，惟时常发生与家庭冲突的事实。决定在俱乐部成立后即开一恳亲会式的会，召集青农父老们到会，请他们讲解父母对子弟的适当方法，并要求他们特别注意青年子弟的利益。

（四）此间儿童运〈动〉极可注意，在俱乐部中须设一较整洁适宜的儿童部，随时训练他们过团体生活，并具体的灌输他们的主义上的思想。

（五）推销“中青”“劳青”于小学校中。

4. 所要求于俞山兄的：

（一）须于最近期间派一人到该地去专任青农工作，如最近无人可派，至少亦须在年假中选派学生同志到该地工作——至少如大马其人者。

（二）待俱乐部预算表到时，即斟酌核准与他们汇去，如要托购物，亦为代购。此款最好募集，如向外界募并可作宣传。

（三）对于儿童运动方面，请速给以具体指导，根据曾延兄最近通告。

（四）自一〇一期“中青”起，每期与他们寄十五份去，定要！“劳青”到了亦寄去二十份。

关于这方面的要求好像还有些，但现在脑子痛起来，想不起了。农村工作的发展，我们算是从此开始。以上几条要求，希即办到！

通信处：荥阳，须水太和坊转双楼郭源兴长交农民协会霍云浮收。

这信错落定多，但无力增改，请意会吧！

霁帆

大约今夜方有车北上，此去由新乡下车，赴焦作、武陟，再折转赴彰德、卫辉等处。

此信系寄俞山兄的，因有两份，故寄一份陈曾延兄阅。

选自中央档案馆、河南省档案馆编，《河南革命历史文件汇集（群团文件）1923年—1926年》，1983年8月。

写给团中央的报告①

（1926年2月）

曾延兄：

我们现在才来作我们的第二次报告，这个报告大概分作六部分，里面所说的不定是去年十二月份的事，大概从十一月半一直到现在一月半止的情形都有些包括在内。这因为各地来的报告先后不齐，甚至有几个地方到现在还未有十二月份的正式报告来，但是时间是不留情的，现在一月份正式过去了，我们想决不能延下去了。所以只得采取这个方式以十二月份为主干，把它的范围扩大了些，分以下六部分：

1. 我们的环境。
2. 我们所属各地方及各特支的状况。
3. 区校教务处的工作状况及其批评。
4. 我们的计划。
5. 2月份的预算。
6. 对于曾延兄的要求与建议。

Ⅰ. 我们的环境

①1926年2月，张霁帆将1925年12月后团豫陕区执委组织发动群众运动的状况报告给团中央。

河南在国民第二军势力之下，一切自应比较自由，前事实上亦颇能如此，如国民党公开活动，我校传单标语亦可张贴散布。但近月余来，豫当局对于吾人之行动颇加以限制，年初且有干涉集会结社之布告满布通衢。考其原因，约有二端：其一，国民军虽号称接近民众，但实际当不免有其一己之利害，吾人之活动，特别在农运方面，颇有与其利害冲突之处；其二，民校右派在豫政治颇有相当之势力，（右派首领刘绩学为政务厂长）近右派与吾人颇有几次短兵相接的争斗，结果右均失败，彼等遂向豫当局进谗言，且勾结警察厂长，一致向吾人进攻。豫岳人极简单，无远见，又遭蒙蔽，更加以利害冲突，故颇不直吾人之活动，而有限制之举。但在大的方面尚能不全离正轨，只要吾人好为应付，实亦大有可为。

豫中一般群众，思想极落后，绅士商人无论矣，便是工人学生亦多有思念吴大帅的，豫西农民更是刻刻不忘了“吴爷”。但革命性终以农民比较最重，杞县、荥阳、信阳农运大可乐观。工人方面，彰德、卫辉、郑州之纱厂尚有基础，铁路最令人痛心。学生群众多半还陷在旧文化和新文学的圈子里；便是一部分比较进步的份子，多是胆小怕事，少积极精神——后一种情形，越是比较多作了点事的人，越是表现得厉害，豫中一向没有比较烈烈轰轰的群众运动者以此。

陕西方面，近迄无详细报告寄来（恐系邮局扣留了），据闻在三原、渭南等处颇自由（可参看西安评论第三十一期），西安省政府则极反动，（李虎臣势力范围）。陕西智识阶级中有进化社、共进社两派，共进社颇与吾人接近，其领袖都入吾校；进化社原为一般“安那其”所组织，专与共进作对，最后乃堕落而与官僚劣绅之流相勾结，利用政治势力以抗共进。民校右派及国家主义派在陕中极少，目前为吾人之患者仅此进化派（以前吾校一二支之分裂，青年生活社及西北青年社之冲突均系此两派之影响）。陕西农民群众颇富于革命性，农运希望极大；新式产业工人全无，手工业者尚不易组织起来；学生群众较河南的为活动，且比较勇敢。

就大体说来，豫陕究竟是好作工的环境，然而过去数月的事实都证明我们的工作很少成绩——内则我校组织发展，质与量均少进步，外则各项运动都表现弛缓疲软。其主要原因可分为客观与主观两方面言之。在客观方面：①政治上的牵制——在反奉期中，对于国民军不能取敌视进攻的态度，因之许多宣传与组织的工作，不能不有所顾忌；②民众思想之落后；③反动势力之影响。在主观方面：①我校中坚份子太少（因组织新立，缺乏训练）；我校指导人材缺乏（区校及各地委均欠健全）；③我校宣传工作无力，不能深入群众（全区无一有力的指导青年运动刊物，中青销行亦不广）；④大学有时妨碍中学工作。

Ⅱ.我们所属各地方及各特支的状况

（一）	开封——地方	第一次报告时	最近	减增数
1.	支部及小组数	12支，未分组	11支，4组	减1支增4组
2.	人　数	80人	138人	增58人
3.	负责人（地书）	王克新	同　　前	

4. 校务概况

a.校内会议及训练：照章开会及纳费，到会人数平均约百之九十。训练工作：①各支部研究方面，根据区校宣传部所作各项提纲（如木［戴］季陶主义等）指定参政书目，在各支部会详细讨论，揭破民校右派之假面具及木季陶主义与所谓孙文主义正统派之谬误，并从实际方面谋对付民校右派捣乱行为之方法。各支部除第四支（中州艺院）同学因忙于考试及第十支（女师校）同学因门禁太严没得办法未能完全研究外，其余各支同学均能详细讨论有所领会而见诸实行。②特别训练方面，为各支书记及组长特设训练班，由中大二区校负责人于每星期讲演二次（以后因时间迫促，每日一次）训练干部人材，同时讲者编讲义（提纲）听者自备详笔记，成绩尚佳。

b. 对外活动：①学生会完全在我校指导之下，各项公开活动，多由我校指挥学生会出名进行；学生会之基本组织仍未好加整顿。②各青年团体已由区令其合并，关于此项详情已见前寄“龙腾虎跃之河南青年”一文，现因放假，青协进行尚无多成绩，由青协印行之旬刊《河南青年》年假内即可出版。③与民校右派之争斗，民校右派分子于西山会议后亦大加活动，首则织组［组织］自治训练所，继则诱惑自治训练所学员千余人以图打倒旧省议会而另行组织新议会以自居，他们的口号是：“打翻赵氏（旧议长）的省议会”，“省议会摧残民治”等等，辞虽冠冕堂皇，意则藉此攀附省政府的权势以取得一部分政治的力量。故我们即于此时亦决计参加，提出“根本推翻代议制’及“组织全省人民代表大会代替省议会”之主张，与彼等争斗甚烈，曾召某各团体代表联席会，结果胜利全归我们，现在因政局关系，两方对于此事都在停顿中，在我们看来虽未有正式人民代表大会之产生，但右派的活动锐气，确因此受折不少。④妇女方面，现有毅同学在汴，已新吸收二女同学，目前已不如前此之无从着手矣。此外⑤首都革命运动此地之响应表示：鼓动民校及学联出名开一“时事讨论会”，再召集一“市民大会”游行示威，本校地区均发有三千份以上之传单，其余各团体亦发有宣言及传单十多种。⑥非基运动开一“市民大会”，因到会人数不多，未举行示威游行，惟传单标语贴遍全城。⑦反日出兵运动曾号召一大示威游行，到会人极踊跃。

（二）	郑州——地方	一次报告时	最近	增减数
1.	支部及小组数	4支，未分组	6支，二组	增2支2组
2.	人　数	110人	75人	减少35人
3.	负责人	余立亚	龚逸情	

4. 校务概况

a. 校内会议及训练：支部会教育宣传委员会尚能按时开会，开会时特别注重训练组长与干部人材，以为教育训练之助，此外对于个人谈话亦颇注意，为整顿内部计，十二月份大部时间几乎都费于此，分全部学生为甲，乙，丙，丁四等，挨次轮流接谈；其法由浅入深，由个人渐引到社会，再由自身之利害关系，谈到资本社会制变之弊害及其矛盾以至于崩坏的程途而终结到无产阶级革命及工人之努力等。又开会时注意：①有趣味，竭力减少死板的报告；②用启发式使各人都有发言的机会；③在实际工作后加以批评与指正。

b. 对外活动：①创办工人自立学校；②组织青年社作露天通俗讲演，约每周一次；③到农村中讲演，鼓吹农协；④反奉，反日，非基等运动，都作文字宣传及讲演，虽无大规模的示威游行，而收效亦不少。

5. 政治环境及社会情形：政治较自由。郑州为交通要埠，铁路四通八达，但人民颇愚昧，工人觉悟程度亦很有限，且因反动领袖之扶持，活动更少生气，惟纱厂青工颇好活动，求解放心甚切，因为受厂主残暴的压迫，故他们在厂内差不多无丝毫活动之余地，现办的工人自立学校，即为他们自动的要求，已有学员百多人，均为很有希望的青年。

6. 备考：郑地同学减少原因：在佘立亚任地委书记时只抱个猫虎主义，逢事敷衍面子，一些工人同学同他私人感情倒很不错，可是即因此之故，使他们终始只知道有个他，不认识我们的团体，而教务更其糟塌得不堪了，名册上虽说有百多人，实际上除了极少数的几个比较明了的外，大部分连校的名字都还茫，更何言于教育训练？自一情等接办后，即多方设法找寻他们来做个人的谈话，现在除了找不着及找着不来的以外，其余尚能接受训练。一情等作工十分努力，惟以欠方法，且一月来因分其力向别方面做工夫（筹办工人学校，组织苗圃工会等事，这些本应大学派人来做的），反把自己的要务（整顿学校）耽搁了。故郑地现在的状况，比从前的空架子，确是进步多了，但仍未走到切实的境地。

（三）	信阳——地方	第一次报告时	最近	增减数
1.	支部及小组数	3支，2特支	3支1特	减少1特支
2.	人　数	48人	71人	增加23人
3.	负责人	张景曾	同前	

4. 校务概况

a. 校内会议及训练：从改组到现在两个月工夫，已能做到全体到会，不到会的晓得请假。学生同学40人，对于团体的认识程度较高，作工亦颇有毅力。铁工同学20人，思想很简单，易受人蒙蔽，对于团体，发生很多错误的见解，甚至视学校为发津贴的机关。此地工人生活较他处优裕，他们实在无革命之需要，并且是怕革命的。这种人最讲究门面——更其是成年有家庭的工人——重感情，好虚荣，对于这种人现在只好采个人训练方式，有家者至其家叙话，藉此联络感情。

b. 对外活动：①鼓吹并组织农协；②非基运〈动〉分队讲演，结果信义中学（半教徒）发生大部的退学运动；③反奉举行大规模的游行示威，因女师校长禁止女生参加，与女校起冲突，刘少猷被捕，激起各界公愤，结果大胜利。

5. 政治及社会环境。在平时举行各种运动，均无阻碍，经过几次大运动后，社会一般对于我们亦稍有认识。现在因时局关系，当局对我们的行动颇加注意，豫中的信件，亦被检查。

6.（附）榆林——特支，暂归信地受理，无详细报告。

（四）	商城——特支	第一次报告时	最近	增加数
1.	小组数	3组（分在三处）	同前	
2.	人　数	14人	22人	增加8人
3.	负责人	袁成耀	同前	

4. 校务概况

a. 校内会议及训练：①勤研究；②批评认真；③照章开会。

b. 对外活动：①设商城书社推销本校刊物，②组织青年社，从事青年活动。

5. 社会及政治环境：社会一般对于青年运〈动〉尚表同情，政治方面无特别阻碍。

6. 备考：商支同学作报告总不能明白有系统，致区校无从澈底了解其真相，近拟派景曾同学去巡视一次题，则都被动的听宣传委员之报告，不肯发问。每次开会，女同志尚不免有浪漫的表现，余均能恪守纪律。

b.对外活动：①反奉宣传因无群众未举行示威游行，但作文字寄登本埠报及通电国民军诸将领。②反对西山会议，阻搁右派之反革命的宣传员。③非基作文字的宣传。④在学生群众中作公开的讲演及个人谈话，报告时局及民校右派与国家主义之谬误和反动。

5.政治及社会环境：政治环境极恶劣，在十二月间竟全为军事戒严时期，一切集会绝对禁止，民气因之非常消沉；而民校、工会又手［于］反动派手中，同学在此工作者无力应付，且忙于功课，故对于外面活动成绩差不多等丁零。社会上一般民众对于我们的态度极冷视。因以前太不注意秘密工作，一部晓得我们的人，畏之如洪水猛兽，在此种情势之下，办事者简直无所措手，最近接仿吾同学来信，据云觉新已被军察监视，仿吾的住处亦迁移不定。

近日与由徐地回来大学同学谈话据云，徐地中学内部工作极坏，几乎无训练之可言，地委组织也不良，如宣传委员固定在一个支部参加，其他支部即不复去举加，不能兼顾全盘工作。外部工作对象只有农运尚很可为，但无能力应付。这样看来，徐地工作无进展，环境太坏固然是个大原因，而另一方面仍旧由于工作人无力应付这种局面。

6. 备考：区校最近决定调仿吾回开。另派马沛毅同学前往负责。因为照仿吾来信，他在那边语音一切都不适宜于作工。

（十二）	华县——特支	第一次	最近	增减数
1.	组　数	未分组	仍旧	
2.	人　数	4人	6人	增2人
3.	负责人	岳炳光	同上	

4. 校务概况

a. 校内会议及训练：因负责人生病，一切停顿，近已照章开会，但仍未注意发展。

b. 对外活动：①作反对恶伸［绅］运动颇得农民欢心。②鼓吹农协。

5. 政治环境：自由。

（十三）	三原——特支	第一次	最近	增加数
1.	组　数	未分组	未详	
2.	人　数	12人	30人	加18人
3.	负责人			

4. 校务概况

a. 校内会议及训练：报告中都未提起。

b. 对外活动：①反奉运动。联合民校及各青年团体，召集市民大会，到会人数五千余，并有兵士一连参加，宣传的方法很好，深得民众之了解与同情；②非基运动举行示威游行，因为有军警的弹压，所以群众非常之多。③反日出兵运动，举行游行示威。

5. 政治环境：极佳，社会一般对于爱国运动亦颇加注意，能踊跃参加。

6. 备考：三原来的报告，都未有提起内部的教育训练工作，即报告对外活动，也有故尽甚其辞之弊会向内宣传的作用。

又最近来信据云人数已是法定，要求成立地方区校。已去函吴化之同学前往察视并指导一切。

（十四）	赤水——特支	第一次	最近	增加数
1.	组　数	未分组	未详	
2.	人　数	9人	30人	20人
3.	负责人	张宗适	同上	

4. 校务概况

a. 校内会议及训练：未照章开会，开会只是应付事实，开会时发言者只一工人，批评会未曾举行一次，负责人时常闹私人的意见。

b. 对外活动：作事无计划，临时问题发生了，始谋应付之方，而事前不知筹算。负责虽勇于干的精神，但太少经验，易离开团体的观点，如新近组织国民会议促成会事，原是团体的决议，而他们进行时，组织一特别委员会（内有非同志一人，共三人）。此特别委员会的决议，甚至对于团体亦守起秘密来，而此项促成会的结果亦极微，原先本说开会五天并组织一宣传讲演会，但结果演讲会未举行，正会只开了三次，而这三次之中，开募［幕］礼及闭幕礼就占去二次，摘头尾，中间勉强通过了三个决议案。从这回事看来，三原同学做事好铺张，不切实务收效殊鲜。其次如改良教育局运动，费了很多精力和时光，而结果这局部的改良运动也未做到，终究给反动派占上风了。总之他们对于各种活动都表很大的缺点：悬空招牌的团社很多，实际仍只二三十人顶着玩，结果使各种工作，都无稳固的基础。

5. 政治及社会环境：环境很好，政治亦自由，可惜未能充分利用。

6. 备考：最近区校拟特派一人，前去指导陕东工作。

（十五）	绥德——地方	第一次	最近	增减数
1.	组数及支部数	3支6组	3支10组	增4组
2.	人　数	33人	37	增4组
3.	负责人	马瑞昌	同上	

4. 校务概况

a. 校内会议及训练：小组会照常开会，干事间有举行，大会未按时召集。特设教育委员会，担任内部训练，分主义的研究，实际问题的讨论，与行动的训练等门——按照训练大纲进行。

b. 对外活动：①举行通俗讲演；②举行非基游行示威；③参加青年团体活动并从而指导之。

5. 政治及社会环境：政治较自由，社会环境也不恶，并无反动空气。

6. 备考：榆林、望窑堡二特支原因交通不便，暂归绥地管理，前得报告绥德——本地只有一支部，合榆、望二支成立一地方，此实与本校组织不合，区校已去函通知绥德支自行成立地方，望榆二特支归其管理，现得回信，已遵令改组：惟榆林特支因学潮失败，仅余一人留榆，故该特支等于解散，望窑堡系军支，调防宣川后，对外活动颇有成绩，昨阅报，该军又将调陕南。此两特支，区未接到直接报告。

（十六）荥阳——特支　新发生组织：最近区校派马士俊同学任书记，得报告，还其大概情形如下：

1. 组　数：分二组

2. 人　数：六人（分在二处）

3. 负责人：区校初委胡伦任书记，旋由胡转委霍允夫

［浮］，最近马士俊去负责。

4. 校务概况：因成立时间很短，组织及训练都是做的初步工作，小组会已能照章开会。在列宁纪念日召集农民开追悼纪念会，到会者七八十人，开会后作一翻批评，指出同志们不努力的弱点。此间同学，都尚幼稚，人数又少，故无对外活动之可言，士俊来此后已给他们开了支部会及小组会并举行批评会。在年假期间他们打算做的是：①人数至少发展到30人，②筹办青农俱乐部，④[①]开农民新年联欢会。

（十七）西安——地方从未来信及报告

Ⅲ. 区委工作之概况

在过去约两个月中，区委始终未能按组织进行工作。在前半期，完全由霁帆、求实两人支持之；近三四周中霁帆因病，又去河北，大学区始派李植来助求实进行工作。区委会大概一星期一次，中间曾有两三次的间断，出席人数常不全。

因为人的关系，故书记、宣传、组织三方面工作不能划分清楚，多半是合作。学生与经委两方面极少成绩，尤以经委为最。

对于各地方工作之指导，在河南境内者，除霁帆到河北，求实到杞县，亲身指导外，亦常有详函寄各处。在陕南曾派吴化之到各地巡察一次，颇有成绩。区委对于赤水、三原均有详函；年假有陕西同学返里者，区校特函白芳渠兄请其介绍前来，便于亲告以陕中工作应注意之点，已有二人来过，对于西安三原工作均有详细之指导。陕北交通极不便利，区校曾数次详函指导，据报告，尚有相当效果。

①原文如此。

组织发展方面，两月来颇少成绩，近合计仅约七百余人，较前不过增加一半。

宣传方面，曾拟了关于主义、时局、党的知识、反动派思想研究等提纲共约十八种，分寄各地，除少数地方外，余均无详细之报告，谈成绩亦少。

豫学总及陕学总均在指导之下，但除几次大运动中稍有工作外，对于学生会本身组织，学生本身利益等工作，极少指导进行。

经委除寄出青工调查表外，毫无工作可言，缘经委书记除到区委会外，并不参加学校工作；区委书记未注意督促，亦实有错。

对于民校工作，区校尚能与大学共同指导进行；农运（目前除荥阳外，尚谈不上青农运动）直到年假才与大学区共拟一详细计划寄各地。青工运动，开封、信阳、卫辉、焦作、郑州稍有成绩，彰德刚开始。

反奉运动均与大学共同指导各处均差有成绩；非基，陕较豫为好。

河南四个青年团体的合并为本期中具体工作之一，详情已见前所作记事文中，现年假中尚少进行，同时已令陕中进行此项工作。

以上所述，仅就大概而言，有许多地方尚须详细解释，候求实前来面告。

俞山　霁帆

选自雨花台烈士纪念馆馆藏史料。

团豫陕区委给团中央的信
——各地团的工作活动情形①

（1926年3月14日）②

曾延兄：

自开徐通车后，共来信四封，报告此间政局转变情形，并述校况。因杨兄处转信被人扣留，故以上来信，一系由江湾立达学院刘竹贤同学转，一托学总仲雯转，二仍交杨兄转。不知都收到否？关于政局情形已详前数信中，同时易苇处来信亦详言，暂不另赘。信将各地校况略述于次：

（一）开封：因路阻，各地学生同学都未来，工人同学亦在假中，故所有同学甚少。在政局变更中尚未受何影响，此时仍照常开会，尽可能向外活动。马沛〈毅〉书记，世颂经斗，余无负责人，克新刚从外回。

（二）郑州：该地大、中校教职员均随军逃避河北，大学仅留玉夫，中学仅留昭戒，他们尚未出，校务详情不得知，此时已去人觅彼等（因他们尚不知外间情形）。逸情本已于前几日归郑（军事平定后），殊又一趟赶车到徐州去

①1926年3月，驻守河南的国民二军失败，直系军阀吴佩孚重新占据河南，工农运动和中共党团组织遭到严重破坏，这是张霁帆针对此番政局下的团委工作所做的报告。

②日期是收文戳记上的时间。

了，此时尚不知其下落。

（三）荥阳：农协早被地方官封闭，同学两人被捕，中校负责同学小马已逃归。校事已涣散。

（四）信阳：最近由该地来同学说（他们是从围城中逃出的），该地防军尚在孤军死守，虽然各地的国军都溃败了。信地到郑的同学有五人，据他们说，他们走时，和尚已失踪了！

（五）杞县：尚未受影响。

（六）河北各地：因国军现正扼河而守，消息不通，大约此时该处一带尚未滚入战线。

（七）陕西：最近接到西安及三原信，尚未有何变动，惟国军已有一部分退西路扼守虎牢关，故西路又断绝消息了。

俞山：自侄儿于前月二十五日赴郑外，仅余霁帆一人，除战乱中的技术工作外，没有做什么事，亦无甚事可做耳。

秀才已将来此，国军虽尚在负隅而抗，但在最短期间，必难恢复其势力，甚至连现所据地盘亦必不守，此后吾校工作，必将变其形式，范围亦必有所伸缩，盼兄处于此留意焉。

杨兄转信不可靠，前已再三言之，盼兄速另指一通信处。在未得另一通讯处以前，均暂交刘竹贤转，因其他地方均不好了。

霁帆神经衰弱症愈甚，当现在工作不吃紧时，盼望有二十天的休息。此事前日已同求实说定，特再提出，以便分派工作时参考。

弟 俞山 霁帆

选自中央档案馆、河南省档案馆编，《河南革命历史文件汇集（群团文件）1923年—1926年》，1983年8月。

赵文秀

赵文秀（1904 1927），字俊升，化名赵益三，山东益都（今青州）人，中共党员。

1923年初加入中国社会主义青年团

1924年转为中共党员

1926年初任津浦铁路浦口工务段党支部书记，创办工人夜校，4月任中国共产主义青年团南京地委委员

1927年3月在南京浦口领导工人武装策应北伐军，在对敌作战中牺牲。

南京地委职工部关于浦口工人情况报告①

（1926年5月15日）

浦口原是一片荒地不能居人，自津浦路通车后始一变而为通商要埠，虽有商埠之设，然因亚细亚、美孚行两油池在商埠界内，事事牵扯，至今不能实行辟埠，故商务未见发达，除各转运公司、六七家旅馆、几家米店外，无商务可言，所以除码头夫及铁路工人外几无他种工人。码头夫分鄂帮、三江帮、杂帮、野鸡帮四部份。鄂帮分十二班，每班二十人，班有班长，该长收入三倍于工人。三江帮分五班，每班四十人至五十人，班有班长。以上两帮是下货班。杂帮亦称上货班，共分七班，每班四十人至五十人，班有班长。野鸡班现有一百三四十人，若在津浦通车时增至四五百人，其组织与他帮同，因其在港务处无签名册，故谓之野鸡。四帮共计工人千名左右，年岁大约自二十五岁至四十岁。每日收入平均一元左右，但十之九是替名——至港务处买名号，个人也可转卖他人，自己找人替工坐享其利——必须与主人平分，其生活之苦不可言状。惟野鸡班则无此弊，但有工先让他帮作，又感无工做之苦。

铁路工人因经济地位好些——工资虽不甚多，但私弊甚大——所以不富于革命性，只有工程处工人有组织工会之需

①1926年初，赵文秀被铁路总工会调到南京津浦铁路南段浦口工务段工作，其公开身份是津浦铁路浦口工务段工会秘书，党内职务为浦口工务段支部书记。4月，赵文秀任共青团南京地委委员，分工负责浦口工作。这是他针对浦口地区工人运动情况所作的报告。

要，所以工会屡受摧残，该处工人并不灰心。

铁路工人统计：电务处四十人，平均工资十三元，工作时间每日十一小时；工程处一百九十人，工资平均十元，每日工作时间十小时；港务处四百五十人，工资平均十二元，每日工作十小时；车务处三百六十人，平均工资九元，每日工作时间不同，闸夫八小时，也有十二小时的，钩夫等则无一定时间；机务处二百四十人，平均工资二十元，每日工作时间除行车者不计外，每日十小时；脚夫尚有千人左右，无工钱，全恃客人的酒钱，其生活甚苦，平均每日收入三四毛。总共计有二千四百人，年龄至少者二十岁，至大者四十五岁，无童工及女工。

扛煤工人：中兴公司有四班约二百人，贾汪公司有二班，八十人，普益、烈山两公司伙有工人一百名。共计四百人左右，完全是包工制，装或卸煤一吨一角五分，平均收入每日三毛钱。工人之来去无常，所以很难组织。

驳船工人统计三百人，船主供给伙食，每月工资三元上下，于四月底有一部份工人罢工，要求增加工资，得到相当的胜利，现正想法组织他们。

总之，浦口工人尚在散漫无组织中，固因客观环境不容许，工人不觉悟亦一大原因也。

文秀

五月十五日

选自中共南京市委党史工作办公室、南京市档案局（馆）编，《民主革命时期南京党史文献（1921—1933）》，中央文献出版社2013年版。

谢文锦

谢文锦（1894—1927），原名用绣，又名聚霞，浙江永嘉人，中共党员。

1920年加入上海社会主义青年团

1921年被派赴莫斯科东方大学学习

1922年在莫斯科加入中国共产党

1924年6月回国，任中共上海地方执行委员会秘书兼组织部主任

1924年12月创建中共温州独立支部

1925年任上海总工会总务科副主任

1926年2月任中共江浙区委委员，同年任中共南京地委书记

1927年4月10日夜参加中共南京地委紧急扩大会议时被捕，数日后牺牲。

谢文锦是中共南京党组织第一次遭破坏时牺牲的主要负责人。

谢文锦介绍戴宝椿等8人加入S.Y.①

（1925年）

我今行介绍下列8人加入S. Y.请与批准。

介绍人　谢文锦

1. 戴宝椿，年24岁，浙江温州人，曾毕业于浙江第十中学及法政学校，现任温州女师及高小的教务，又系永嘉县议员，很有我们主义的倾向，人极诚恳且富活动性，现在该县民校党部做事，颇能负责。

2. 何志泽，年21岁，浙江温州人，曾毕业于该省第十师校，现任温州大公报编辑事，做事很负责，人极诚实可靠，对于主义也有相当的了解。

3. 金贯真，年23岁，浙江温州人，曾毕业于浙江第十师校，现任十师附小教员，人极诚实可靠，对于现社会的情形及现政治的状况颇能了解，并知道病源的所在及改革的方法，这是因于他多读我们出版〈物〉的结果。

①1924年12月，谢文锦领导创建浙南地区最早的党组织——中共温州独立支部。在此期间，他先后发展了胡识因、金贯真、李得钊等30多人加入中国共产党和社会主义青年团。这是1925年谢文锦介绍8位进步青年入团的报告。

4. 陈济民，年24岁，浙江温州人，曾毕业于第十师校，现任该县第五高小的教务，性很率直，做事负责，对于主义虽未能十分了解，但实有十二分倾向。

5. 金弘谛，年24岁，浙江温州人，在浙江第十师校肄业，人很诚恳，富于改革社会的热情，对于我们的出版物也能肯读。

6. 李德昭，年21岁，浙江温州人，毕业于基督教所办的艺文中学，现就在该校任事，人极诚恳可靠。他现在虽仍在教会学校任事，但很有觉悟，教中曾屡次要保送他到南京神学里去读书，而他拒绝之。不过他现在为经济所逼，势不能不暂在彼混饭吃耳，我曾欢［劝］他就到神学校里去读书且就在该校内部做我们的工作。

7. 金守中，年23岁，浙江温州人，现在该省第十中学读书，人颇诚实，对于改革现社会的意见颇激烈，做事肯负责。

8. 谢雪轩，年24岁，浙江温州人，毕业于第十中学，现任该县第八高小的教务，人极诚恳，且很活动，做事也很负责，对于我们的主义很有热烈的倾向。

又：（1）以上8人可暂指定戴宝椿为书记，他的通信地址是温州城内第一高等小学。不过如有重要的出版物等给彼等，还是请你们给我托轮船的茶房带去转交为妥。

（2）那边以后一切事应如何进行，也望你们指示他们才好。

选自中央档案馆、浙江省档案馆编，《浙江革命历史文件汇集（群团文件）1922年—1926年》，1985年9月。

给中共上海地委的报告
——关于上海各界代表大会对“五卅”惨案的决议①

（1925年5月30日）

三十日各学校学生演讲，下午四句［点］钟余，集中在大马路约有二千余人，英捕开枪，死约八、九人，伤者无数，尚不能得到明确报告。当晚，代表大会决定以下办法：

一、学生会代表到警厅、交涉署、县、总〈领〉事。

二、要求教育会、总商会、商联会发起组织上海市民对外公会，二时召集各团体联席会议。

三、学生会电张、冯、段各督军、省长。

四、电各地学生会。

五、明日上午九时出发集中大马路，要求罢市，要求一、二、三、五、六、七路电车停开。

六、民党电广州及各级党部。

七、学生减膳节食，救助被难工人及学生。

八、学生会派人〈到〉北京等处。

九、强迫报馆登载新闻。

①1925年5月，上海总工会成立，谢文锦任总务科副主任，协助刘少奇工作。这是“五卅”惨案发生当晚，谢文锦针对上海各界代表大会关于“五卅”惨案决议给上海地委的报告。

十、每日出特刊。

十一、组织各学校教职员联合会。

十二、商联会、保卫团、慈善团已决请人出发。

选自中共永嘉县委党史办公室、永嘉县民政局编，《师生英烈耀千秋》，浙江人民出版社1989年6月版。

南京地委工作报告
——关于政治、社会、党内和群运工作情形及目前工作计划[①]

（1927年2月22日）

苏骞[②]兄：

现将各方最近状况报告如下：

一、政治方面

南京城内除吴观尔[③]（兼卫戍司令）第六混成旅三千余人外，只有警察三千余人，宪兵第一营约三百余人。鲁军驻于浦镇者为127旅，旅长为张继善，其实在人数只有一千余人；驻于浦口者为毕庶澄部39旅，人数亦只有二千余人；此外只有常芝英[④]的107旅的数百人。驻于江南之奉军尚不及二百人（但今午盛传奉军将有二旅人开入南京），大多衣服不整，精神不振，枪械亦不及人数三分之一，多为长戈，且是二人一支，其名称为武术队，据其宣传员所称谓二人一戈

①1926年11月，北伐军攻克南昌，孙传芳率部败逃南京，北伐军兵分三路进军。时任中共南京地委书记的谢文锦在南京城内负责配合北伐军攻克南京，这是他代表南京地委写给中共上海（江浙）区委的报告。

②指代中共上海（江浙）区委。

③当为吴观乐（吴赞周）。

④当为常之英。

者就是为将来上阵时一人被伤，他人即可接戈再战，但大家多以为这是一种骗人的话。

徐源泉曾于十九日来宁，随从部队不过一营余人，住下关花园饭店，是夜入城与孙氏①作很久的谈话，并闻尚有许多要人参与。其重要决议实无从探听，但据传说鲁军将即来宁，并请张狗肉②来宁坐镇，其军队将布至镇江为止。

下关近曾停着六十辆车，并有花车，传是将来孙氏逃沪之用，但据我们的推测，孙氏必不往沪，而以北逃为多。

警厅长赵永平前时曾向民校被捕者示好意，我们现已决定先命人与之接近探谈，如有较明态度，即拟用民市部名义派人与之面谈。

此外，江浦县和南京城内各有流氓土匪的头目与我们接近。

二、社会方面

最近因鲁军军用票事，全城和两浦的商店全开门的只有三分之一，半开门的居三分之一强，全闭门的居三分之一弱。他们俱很恨鲁军之专横。愿孙氏之早走，北伐军早来，不过他们处这种重压之下不敢有积极的明显表示，但有相当时机和我们的宣传和鼓动工作做得好，或亦可有群众的明显行动。又浦镇方面近有鲁军强迫开市的事情，商人的对付方法就是开门而将存货他运。至其他人等亦多恨鲁军之专横，骂孙传芳之祸苏，亦很望北伐军早来。

三、校内情形

我们自返宁后，即于二十日下午在下关召集两浦下关的

①即孙传芳。

②即张宗昌。

活动分子会，共到二十八人。对于区代表大会政治议决案的报告有很多的问题以后并有决议案，全体表示满意，且誓以全力向区代表大会所指示的路走去。二十一日下午又在城内召集活动分子会，多学生分子，共到二十一人。对于政治议决案及党务报告俱有很多的问题和讨论，亦有议决案，全体表示同意。总观二个大会的参加分子听到报告后莫不精神十倍，表示即时努力工作，即从前最不活动的分子亦很有积极的表示。我们又在两浦、下关、城内各处召集特别支部会议，以我们总合的观察，在此红色的一月内，我们的人数不但可以增加一倍，就是增加二倍亦是没有什么困难。但我们现暂以增加二倍（共七百人）为最少限度，我们并且在农村中将有长足的发展，但是现在最感觉到困难的就是经费问题。

四、工运

工人的同学既有很大的发展，故此种运动亦较前大有希望。不过经费困难，几乎租房子的钱亦无着落。所以我们很希望你转商松林[1]，将职工运动方面的经费每月增加数十元，才能应付，才更有发展的希望。

五、农运

此间除已成立一支部，在数日内可再成〈立〉三四个支部。在南乡方面，我们在半个月后或有增设部委的必要。支部既可增多，则农民协会自然亦即可成立。南乡农民所感受的苦痛为苛税杂捐及重利盘剥与土豪劣绅的压迫。我们有同学在那边作工作，据说很能接受我们的宣传。

①即何松林。

六、学运

此项比较困难，因各校俱未正式通知开学，故学生亦多未来宁，但我们在昨日大会上，在此红色一月内学生同学必设法使增到一百人人以上，并努力于学联的改选。

七、妇运

此间的妇运，从前可以说完全没有，但今日已可特别成立一个妇女支部（这自然是临时的办法），此后亦已渐有线索。

八、民校

现在民校的现象还好，最近且亦随时局的转变有一种新气象，不过上部工作人员缺乏，省部如能派电龙[①]来更佳，但在最近我们很希望将□易谷重派来宁，以负民校工作。

九、我们目前的工作计划

A. 鼓动市民，继上海市民起来打倒孙传芳、驱逐鲁军、欢迎北伐军以解除自己的苦痛。

B. 利用流氓土匪，视其力之大小采用下列四种工作（或同时作，或作一种）：

（甲）在城内夺取重要机关。（乙）扰乱城内秩序。（丙）破坏两路轨道。（丁）劫夺鲁军或孙军的枪械。（我们在三日内举行，可否速示知。）

C. 派人和赵永平接洽。

D. 尽量发展校的组织。

E. 充实工人代表会及组织各种实在的工会。

F. 成立农民协会。

---

①即梅电龙（梅龚彬）。

G. 成立商民协会（现已有十余人）。

H. 特别注重新同学的训练工作。

附：

1. 昨日此间曾发生意外事，但被捕者非同学，生庄来沪时已有面述，兹不赘。

2. 反蒋的宣传，昨在民校及工人活动分子内宣传的结果很好（两处说话的态度语气等自然不同），不过某一同学出席于一新成立的某工人支部时，因其用语太直，曾发生不好的影响。

3. 两浦近来同学可发展至二百余人，故我们已决定特设两浦部委，以高俊义为书记。

上列各事有无错误，及今后注意的事情，尚望时行指示，以便有所遵从。

文进①

二十二日

选自中央档案馆、上海市档案馆编，《上海革命历史文件汇集（南京、无锡、苏州、丹阳、徐州）1925年—1927年》，1988年5月。

①即谢文锦。

文化震

文化震（1902-1927），字雨龙，贵州贵阳人，中共党员。

1922年考入东南大学

1925年加入中国共产党

1926年任中共南京地委委员、共青团南京地委书记、国民党南京市党部工人部长

1927年3月任南京总工会总务主任兼秘书主任

1927年4月10日夜参加中共南京地委紧急扩大会议时被捕，数日后牺牲。

南京地委组织部工作报告
——关于成立部委及扩大组织问题的建议[①]

（1926年6月7日，7月5日）[②]

挺生[③]兄：

连两次报告共计写四封信给你了，迄无回音，令人纳闷。

至于在下关设部委之意见，原来是想要同兄讨论，而并不是正式提出，故望兄加以修正（俟兄认为满意之后，即可作林迪之正式要求）。但久无回信，不知结果如何。目下我对于前次意见又加以修正如下：

若下关成立部委之后，则城内地委兼部委中之书记，即兼组织与宣传，而目下之组织□即取消，而以城内所省之费在城内另设一工运之专人。至于下关部委则亦书记兼组织宣传三事，职工委仍旧，此项意见与前者稍有不同。总之目下所增加者为一人（城内之工委）。至于下关方面之书记则以

①1926年4月，文化震任共青团南京地委经济斗争委员会委员，后调任中共南京地委组织部工作。这是他向中共上海（江浙）区委组织部汇报南京地委组织部工作情况的报告。

②原文未著年代，此年代系编者判定。

③即诸挺生，指代中共上海（江浙）区委组织部。

壮父[1]为最宜。目下省党部将迁至南京，壮父必能来此，故他尽可以省党部下关特派员（目下下关已有民校组织，人数亦甚多）及五卅工校校长之名义住下关也。

又况目下荷波[2]兄已来下关，彼尽可兼下关部委中之一委员（或宣传），故下关组织亦未尝不健全。如何？

震

六月七日

又一建议：

四日前关于林迪芳成二部委事有所陈述，想已加以考虑。今关于扩大组织方面又有一点意见，且详陈之如下。是否有当，都望明以示我。

就目下情形说，本校的组织有时分在地域上及机关内，呈一种不均衡的现象，有时某一地域特别发展，他一地域或竟至没有我们的组织。有时一城市内，许多机关或职业有我们的组织，而有许多机关或职业内则甚至没有我们的一个同学！因为这个关系，所以每一广大之争斗发生，各地或各行业间尚不能起一种普遍的共鸣作用，因而我们的活动始终是偏于一隅或一业，而演成一种孤军奋斗的局面。为补救此种毛病，除在已有组织之地充实而扩大之外，则新辟领地尚□！

以前及目下同学之介绍同学，往往不出各人的朋友、同乡、同事或亲戚。朋友、亲戚、同乡、同事等中之可介绍入

①即曹壮父。

②即王荷波。

本校者，一经介绍完毕之后，则各人介绍同学之能力便骤然降低。就南京情形说，中学的同学，以安徽一省者为最多，其原因则因中学在从前本系多安徽人，于是安徽人介绍安徽人，所以到得今日，安徽人还是独多。我们并不是说不应该介绍同乡，而我们要求的是除介绍同乡外，还得介绍各种关系的人们加入本校。若我们的同志不能这样做去，则我们便可以证明这一个同志之活动完全不能扩张到朋友、亲戚、同乡等之外。换言之，即此一同志，还不能打出宗法关系及地域关系，而在实际斗争上与一切民众接近！

以后我们对于扩大组织一语还得加一重新解释，即扩大组织不仅是在本支部、本部、本地方增加人数，而同时是说要把本支部、本部、本地方之势力打出本范围之外。所要求于同志者，不只是在介绍若干人加入本支、本部或本地方，而是要由上级师长规定某支、某部、某地在一定时间内，在本范围外增加若干支、若干部或若干地方。但部及地方说起来问题还多，但至少要能规定某一支部在若干时期内创立另一支部。在训练同学时，不特要各同学注意扩大本支，还得使同学注意及本支所在之地域或机关以外之地域或机关。就职业说，木匠支不难创立一个瓦匠支，因木瓦二者本来非常接近。就地域说，成贤街支不难创立一个北极阁支，因二地非常的接近。但怎样执行此项规定呢？陈述如下：

（一）扩大组织的工作，不只由支部督促同学各人去做，而须以整个支部之力量去对付——须知个人介绍同学，则此同学所能介绍之人数往往为个人之能力所限制。支部是我们战斗之武器，所以我们在一切斗争中不是倚赖某一个个人，而是依赖某个个人所在之一支部。在扩大组织之工作上怎能听个人自出天才（因为如此，所以一个个人将同乡或亲戚介绍完了，也就没有人可以再介绍了）！为实行此项规定，譬如在木瓦支部中，则“如何而可以打入瓦匠”应成本支部每次支部会中之一经常问题。因为如此，故木匠支部之同学，因有团体意识之随时督促，便不会放过了接近瓦匠之机会，或更将努力去创造机会。若瓦匠中发生了斗争，则全木匠支部之能力都可以用来援助，于是打入瓦匠，便成了一件很容易的事。

从前我们只会规定在若干时间内，每一同学要介绍几个人，在执行时则支部之负责人也只会催促各个同志照办，各同学感如何之困难，却不由支部过问，此实为一不良之方法。若扩大组织而认为是一个支部之工作，而不要只认为是个人的工作，则如何执行上级之命令，可以由全支部斟酌考虑，而采用各种方法去应付。

故曰：以上级应督促全支部对于扩大组织事负责，而不宜仅仅督促个人。而且对上级负责者不是各一个同学而是每一个支部。

（二）应调查各一个同学的“扩大组织力”——“扩大组织力”说起来似乎抽象得很，无从调查，其实并不是如此。以后应规定办法，叫每一部委或地委制就一种调查表，而命每一个同学将各人所认识或知道的人填上，支部书记得此项调查表后，即看此表中之人非本机关或本地域者有些甚么人，若有可能性者，则支部应想法用力去宣传他；若不可直接加入本校者，则看此人所在之机关是否即须成一支部，若然，则本支部应即利用此人打入此项机关。而打入此一机关所用之方法，无妨由支部会中讨论，并指定多人负责。又一部委或地委已将此项调查表收集完毕之后，则部委或地委之组织部应将各同志所认识之人，以机关、职业或地域为单位统计起来。譬如第五级的同学张三在洋灰厂认识二人，又某级之同学李四在同一厂认识三人，则地委或部委之组织部便应邀请张三及李四来谈话，商量打入洋灰厂之办法，并可指定此二人及此二人以外可以负责此事之人若干为之助。万一组织部更发现某一支部在地域上或职业上特别宜于做打入某地域或某厂之工作，则组织部应即规定某级专负此责，即随时督促或指导之。至于填入调查表之人，不必是要有加入可能性者，即无此项可能者，亦自可填入，以备间接介绍之用——此义应特别向各同学说清楚。

（三）应使全校（上至总校下至一级）之消息灵通，以便应用上级督促之力量催促各级同志执行扩大组织之事——应使全校消息灵通，不只是为扩大组织的关系，但因与扩大组织有关，故阵［陈］其意见如下：

以后每一部委或地委应在各一支部中指定一人为通信员（不必是支部书记），通信分经常及临时者两种。总之一地域一机关内之小小争斗，都应由通信员报告——就是某校学生闹某一教员，某工头打了工人王老三一耳光等事，也有报告的必要，因此种小事，常常为同学所忽视而不问，卒致错过了许多机会。此项消息传到地委或部委之后，则应视此事之大小或轻重，而急求一应付之方法，以加入此项斗争，而接近其民众，以为打入之先声。

至于在部及地方，则应组织一通信委员会，以整理各支部交来之稿件，使各项零碎问题，成一有系统之报告，以呈区校。

从前本校无特殊通信员之设，所有通信都是由各部或地方之委员负责，所以结果异常不好。至于各支部中，则完全靠一书记，而书记又实在无充分之能力及时间顾到此点，因之全校消息完全是闭塞的。目下中学区校已督责各地方每月通信一次，惟各支部及小组中尚未有通信员之设，因之地方通信员之材料完全是个人搜索枯肠弄出来的，我就是中学地委通信员之一，故深知此中困难。又况中学里规定每月一次，时间也嫌太长，因为每一通信纵然事实充分，但可惜已成历史了！

若能如上项规定办理，则各项地方小小问题，小小斗争，都可由本校应付，派同学实际参加而增加扩大组织之可能。

本建议算完了！惟此项建议，早日并不是建议，因为我提笔写的时候，存心只是写一个通告交林地各支，后因觉兹事体大，故本地方尽先执行外，并将原意转呈区校，望斟酌损益，再定弃取。除呈大学枢兄外，并抄呈中学地委一份。

林组生　震

七月五日

选自中央档案馆、上海市档案馆编，《上海革命历史文件汇集（南京、无锡、苏州、丹阳、徐州）1925年—1927年》，1988年5月。

李济平

李济平（1908-1930），原名李维选，江苏江阴人，中共党员。

1927年初加入中国共产党，任中共江阴县委委员，6月赴莫斯科东方大学学习

1928年冬回国后任中共扬州县委负责人

1929年底任中共江苏省委巡视员

1930年7月任南京市行动委员会书记

1930年7月在南京下关召开会议时被捕，8月牺牲

李济平是中共南京党组织第六次遭破坏时牺牲的主要负责人。

巡视沪宁线铁海兵工作报告（节选）
——关于南京、镇江、常州三地问题[①]

（1930年2月3日）

一、南京

（一）斗争经过

一般的说来，与南京的信，及余发所报告的没有什么差别，群众直接斗争形势的开展，合法观念的逐渐消灭，及黄色领袖在斗争中完全失掉信仰，在群众驱逐曾路元[②]（黄色领袖）的事件〈中〉非常明显。

津浦路的群众生活，是较沪宁路更痛苦，尤其是在继续不断的军阀战争下面。三号的斗争，是厂中十几个工友（都是北方人）知道处长将携款潜跑的消息，到厂中敲大钟，集合了群众，并全厂群众都参加了这一直接斗争的行动，斗争胜利了，处长已答应给钱，谁去拿钱呢？当时群众推举了三十余人的代表团，其中还有黄色领袖参加。此地我们要注意，代表团并没有整个领导群众的斗争，他是斗争完了去拿钱。领导斗争的工友，仅有部分的参加。此地还应当认识

①1929年底，李济平任中共江苏省委巡视员，负责指导南京、镇江、常州等京沪沿线地区党的工作。这是他结束巡视工作后提交的巡视报告。

②即曾禄元。

的：1.代表团依然有斗争意义；2.有组织上的意识。在后来十天开支［展］的斗争，是群众看清了军阀混战与提款，他必然将影响到发薪。在这次斗争中，代表团是没有继续起作用的。

在这几次斗争中，依然没有能减少主要痛苦。八个月欠薪，病假条例，新厂规，增加工作时间，与年关赏金等问题，仍然一项没有解决。

浦口五大处，仅工程处没有黄色工会。木厂（工程处）加工钱的斗争，得到胜利，并成立了护工团（分九组）。但五大处工友的痛苦同样与大厂一样，没有解决。

群众斗争形势，已冲破了白色压迫，在斗争的时候，情绪是非常高涨。他们同时都感觉到两浦工人联合组织的要求，浦口木厂的护工团，就在“大家都组织护工团，反对黄色工会”的口号之下组织起来的。群众在斗争时，已经懂得要用同盟罢工来争取胜利是非常明显的。客观条件：在斗争的形势上，群众情绪上，及组织的需要上，都已成熟了的。但当时党的认识上怎样呢?

党虽在会议上，说到有同盟罢工的前途，在斗争时说工人自动有两浦联合组织的要求，但在政治上、策略上、群众组织上，始终是落在群众后边。

A. 没有坚定同〈盟〉罢工前途的认识与尽力去组织其实现。

B. 还未坚决执行群众路线与建立赤色工会工作，时常因老的同志推不动而感觉实际上布置的困难。党的组织同盟罢工的可能，还是随着老的同志的起落而起落。

C. 没有彻底了解厂委的策略。

群众斗争是向前开展，但南京的组织上及政治影响上依然没有扩大与发展，现在又因组织的推不动而感觉困难。我不同意余发在申说的：“同志领导斗争，因为同志当时亦说了几句话”。谁都知道，落后的群众，在斗争高涨的时候，他决不会依然是不斗争时的情绪。现在群众斗争形势是向前开展的，可是不斗争的时候，我们组织里的群众，确正是最落后的群众！同志说：我们现在没有要求，斗争没有希望。造成的最主要原因，是失败的情绪与畏白色恐怖。在浦口木厂的史同志，一般同志都感觉到可以发动斗争，但他恰成了斗争发展的障碍物（这留在后面再说）。

（二）目前总的形势与前途

群众的情绪并没有随斗争过去而消沉，斗争的形势是向前开展，群众的要求更迫切。在轮船上，大厂群众自动在讨论花红问题（采[①]听到）；港务处弟兄团的群众（新成立的）说，不打倒黄色工会，则花红要不到的（市委同志的报告）。只有我们老的同志才会说出不要斗争的话。

（三）党的组织与群众组织现象

（1）党的：在我刚到南京的时候，是这样的：据他们的报告，大厂一个月内，开了两次会议，到的人仅三、四人，整个同志的数量有十余人（数不清），即所谓名义同志。党最初计划成立干事会（三人），但这还仅是计划，还未拿到支部中去。孙□□是敢吹牛皮而不敢领导斗争。杜□是只能贴小报而不能做其他工作；还有□许两位，是人来后谈话都不惬意的同志，这是大厂目前四个最好的同志！

①即夏采曦。

支部大都是不可能来具体解决的问题，失败情绪是主要的障碍物，斗争是同志听了要头痛的东西，他们愿听的〈是〉多报告些革命消息。

小厂：有一个岳同志，还好。

浦口：木厂有六个同志，工程处机务□道一个，车务四个。此地较大厂的情形要好些，但全体会时，同志不能全体到，找到几个就几个。一个困难是开会地点没有。第二，支部生活不健全，组织上没有很好的解决（分配）。浦口曾成立了一个干事会三人，木厂一人，机一人，车一人。干事会没有正式开过会，干事会中，史因专做护工团工作，故不参加（市委说）；还有一个（吉□），从前参加过市委，亦没有参加干事会，但他的情绪路线等都正确。不参加的原因（南市说），他欠债很多（有许多还是为了工作上用下来的），不能时常到会。

浦口以木厂最健全，但完全在史个人英雄式的领导下。史的确是群众领袖，鼓动能力很强，但工作能力很薄〈弱〉，从前因未能参加五次劳会①而不满意（一切工作都辞职），后参加二次代表②后又积极些，个性较强，但失败印象在脑筋内很深，发动斗争，走向罢工，始终是动摇畏缩。

（2）群众的：

（一）大厂现在没有黄色工会组织，在斗争以前就有一个黄色代表团，在最近几次斗争中，过去黄色代表团的作用完全消灭，在群众直接斗争行动下，在拿钱的时候，产生了

①即1929年11月7-11日在上海秘密召开的全国第五次劳动大会。

②即1929年11月18-26日在上海秘密召开的中共江苏省第二次代表大会。

新的代表团。新的代表团在后来十天开支［展］的斗争中，并没有能起领导作用。新的代表团所以不能成为真正群众的领导机关，与组织大厂群众争取继续存在，这是党过去对于厂委的策略没有彻底的了解。

在这次斗争中，是没有能经过代表团来扩大党的政治影响，与发展赤色工会。这是南京党过去还是机械的懂得要建立赤色工会，要以纲领来与黄色纲领对立起来，但还没有坚决的去发展赤色工会，把赤色工会觉悟成高［程度］与阶段了解得过高，同时还没有真实地去动员每一个同志去做赤色工会工作，与超越组织路线去发展赤色群众。

余发同志，群众化的能力是较任何同志强，可是，第一，他的主要路线是和平发展。他自浦口车务工人到大厂（有千余弟兄）到康达的哥哥，现在又要搬到下关来住，认识的群众是不少，但朋友是朋友，却无法来建立和发展赤色工会。他的赤色群众主要的就是支部同志，还有就是从前更老的同志，或许这样说也不为过失吧！他对于群众工作路线，和建立赤色工会群众路线，还没有了解清楚。

第二，过去把工会路线与党隔离着工作（市委的意见）。余发自说我是全总工会路线派来的，所以找到了几个更老的同志（他的新群众），还怕介绍给党，因为给党了，工会就无人工作（他在车时的话）。

（二）水厂的护工团，仅止是一句话，并没有正式成立，更无斗争意义（与浦口完全不同）。

（三）浦口五大处，仅工程处没有黄色工会。黄色工会平时并没有多大作用，在现斗争形势开展下，群众感觉到不打倒黄色工会，则斗争不会有结果（港务处工人的话）。

工程处木厂护工团，是在加工钱斗争胜利后“大家组织护工团，反抗黄色工会”的口号下成立的，所以他有斗争意义。但：

1. 护工团是在斗争胜利后成立，而本身并未领导斗争。

2. 未能继续领导群众斗争，以争取继续存在。

3. 党不懂得赤色工会的转变，成立了很高兴，消沉下去了没有办法。

现在护工团形式上是已消沉，但当然还是有很大意义。史同志说，因余发少给他半块房钱，所以便未继续组织，这当然不是主要原因，问题是在一切斗争及组织是在个人领导下。护工团的成立，是史的号召，但史个人热度的消沉，亦是护工团现在消沉的原因。

最近市委同志去找到十几个人，成立了一个兄弟团。成分是港务处八条船八个人，及兵舰、邮务、铁路等，在组织的形式上说起来，当然还是封建意义的组织，但这里非常可宝贵的，便是都是崭崭新的群众。在一次谈话中，已得到不少真正群众的意识与情绪：“生活是痛苦极了，我们当然要斗争，不打倒黄色工会，则斗争得不到胜利。花红我们怎么不要呢？国民党的通车给花红，结果便是不给”，这是过去暮气沉沉的老的组织所没有的。

（四）个别谈所得（联席会以前）

过去支部生活是不健全，新的策略与路线是没有达到同志，所以动员同志做工作，结果成了空话。大厂孙□表现最积极些，只可说比较好的有三个，小厂一个也还好，浦口史□□当然还要算是好的同志。新的同志对史的偶象［像］观念是很深的，失败情绪在老的同志当中普遍地深刻存在，尤其是大厂同志，群众斗争是开展的，但同志说没有斗争，现在不要斗争，所以谈话中得到的材料很少。

（五）过去党的工作方式

因为支部生活不健〈全〉，于是便始终去找到那占中[①]几个同志，所以在市委工作的分配上，两浦工作是〈中〉心地位，但一切新的策略路线，工作方式依然未能达到每个同志。因为在谈话的时候，怕同志不听，于是便多谈些不相干的话，费了很多时间。

党始终迟疑于组织上坚决的改造，没有自我批评，“批评同志就不来了”。对于教育训练工作做得太少，对于新的分子的训练与在组织上参加指导机关的改造工作，可以说，还未开始。在同志中要找一、二个干部是非常困难。

（六）联席会议的经过（第一次）

联席会的召集，是根据省委工作大纲。当时先个别谈话，后再召集。星期三开会，参加的人，市常委、C.Y.书记、大厂两人、浦口两人、沪宁一人，兵工厂一人未到。本来议事日程为：1.铁路同盟罢工问题；2.纲领问题；3.斗争策略；4.党和群众组织问题。当天听到了上海同盟罢工消息，在议程上首先讨论怎样实现南京总同盟罢工一次。

会议中，除了C.Y.书记报告上海罢工经过及我的简短政治报告外，继续的便是讨论实现津浦南段的同盟罢工（亦即是布置斗争走向罢工）问题。两浦同志都觉得不可能，杜昆并说，群众很舒适，不要斗争。仅有浦口一个同志（吉）比较的正确，“要明天实现罢工是不可能，布置斗争走向

①原文如此。

罢工是可能的”。在会议中，曾详细分析了同盟罢工、经济上客观条件与斗争开展必须走向政治斗争，公开的打击同志落后与动摇的观念，指出了尾巴主义的危险。市常委中，除孙□[①]口头上承认外，市委对这一问题，是没有动摇的确定了。

继续讨论的经济纲领，两浦同志对这一材料，是贡献得非常少。先说没有什么，待我们提出了，他又承认。当时决定的是：1.年关发赏金；2.八个月十天欠薪补发；3.病假发全工（从前发一半）；4.米贴；5.与沪宁路同样待遇；6.抚恤被兵变打死的工人；7.打倒曾路工[②]；8.目前以年赏为中心斗争口号。在这个纲领还未结束的时候，两浦同志即口嚷着要回去（其时九点半钟），当时没有别的办法，只好临时决定到支部中去具体布置实际计划，更用个别谈话，补充这一会议未讨论的许多问题（须在二次联席会以前）。

议事日程中，沪宁及兵工厂工作，一因时间不够，二因兵同志未来，故亦未得讨论。最后，决定须二次联会前，成立浦口干事会、支部会及成立大厂支部（不要空的干事会）。

（1）组织的建立及改造：

第一次联会后，决定把浦口干事会扩大，自三人到五人。干事会是组织上领导机关，他并不是技术的分工。史是同志及群众的领袖，他必须参加干事会，不然则干事会将失却中心人物。吉□□是斗争领袖，到现在观念情绪都较好，亦决定参加干事会。过去的干事会，都是叫同志参加，希望

①即孙文源。

②当为曾禄元。

他情绪好些，结果是会议开不成。

大厂，我们用不着许多挂名的同志（甚至同志自己不愿□，而党还作挂名的统计）。干事会是空的东西，无须组织。现在是鼓动他们的情绪，使精神上有一个转变。找好的同志来开会，成立一个支部，逐渐建立一个支部生活。

（2）群众组织的建立与转变：

浦口护工团，应转变成赤色工会，应在赤色纲领下与章程中来组织群众，建立工会生活。同志不仅须有党的生活，并须有赤色工会生活。在大厂等处应发动群众会议，走向建立群众斗争组织，并尽量发展赤色工会群众。浦口港务处的群众线索（弟兄团）（那时尚未成立），应使从谈话方式走向会议形式，而有一切决定走向建立群众组织与发展赤〈色〉小组。

为了节省地位起见，把此中决定的一切路线问题、组织问题和策略问题，放在后边一起说。现在先说三天中的经过：

①本决定星期五开浦口全体支会，但等了很久未来，随又决定星期六五时后，但当天到的车机两处都未来，到的仅有木厂同志七人（一人未来）。本预备三个钟头，讨论下列几个问题：1. 简单的报告各方形势（一般同志欢迎）；2. 解释联会讨论经过，即同盟罢工条件与斗争策略；3. 实际工作的布置（纲领讨论在内）；4. 护工团的转变；5. 组织改造。

一、二两个议程结束后，许多同志都很高兴的。到第三个纲领问题讨论时，史即提出异议，除花红外别的不要提到。并提出时间太晚，环境不好（当时只有七点钟的光景）。我当时提出以十五分钟为限，讨论实际斗争的布置。

他即两袖一拢，附桌而睡，〈说〉今年斗争不行，我不负责等话。这一个影响，给同志是很不好的。当我鼓动同志花红解决有希望，只有花红解决，才是解决本年一切经济困难最好的办法时，他依然说“谁不欠债，我们年关都有事，斗争明年〈再〉说，胜利是无希望”等语，有几个同志附和他的意见，于是支会无结果。

史的主要原因，是失败影响太深。在个别谈话中，他说到过去因斗争失业两年，党无救济。现在白色恐怖厉害，靠木厂起来斗争无用处，这些事实上成了发展斗争〈的〉障碍物。我和他详细谈赤色工会的建立及护工团的转变的问题，他虽然表面接受了，但却不执行。所谓老同志问题我在此地的确得到一个更深刻的有力的教训！

②大厂本决定在星期日上午开支会，因星期天是放假，下午便继续开第二次联席会。但结果，星期六厂方发了工资，同志在星期天便都过江，去会友、还钱、车货去了，路上碰到了两个同志，无法唤他下来。这主要的原因，过去组织上散漫自由的习惯，完全没有支部生活所致。最后到孙家，孙□□还未走（刚想走），孙当大背诵其宣传鼓动工作：“我曾坚决地鼓动群众去要花红，公开的骂国民党，我们自己去要钱，不要经过黄色的领袖，那个不要花红的不要去。曾这样去推动群众，但群众不起来，也是无法。”在谈话的时候，我曾坚决批评他的这种方法，是不要群众去要花红的方法。最后，我要他去写十几张工厂的小报，并在一、二天内，找几个群众讨论花红斗争，并约定何时、地点，尽量动员这许多群众去找到几十群众，开一次群众会来讨论花红斗争。他不得已公开的承认：贴小报是可以，吹牛屄也可

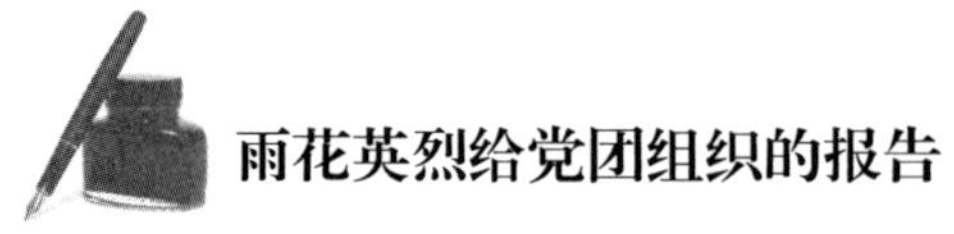

以，照我的办法去找群众是不行。

其余个别的谈话不写了，因为都差不多！

在这几天工作的一种困难，即余发不在南京，工会工作不知道。尤其是沪宁路的情形，南京市委本身对这一工作的忽视，及组织上非常软弱，故最好的一个同志小张，又未能找到，故沪宁工作，就没有一个详细的讨论和布置。

杨□每元［月］赚六十五元，要等余发来才谈工作（与余是师兄弟），他的合法观念非常深，他觉得斗争没有办法。他贡献我的意见是，破坏工作（破坏铁道）是可以做的，并说“别人谈斗争可以，我谈不行”，因为人家知道他是C.P.，除了各方面都同他谈过一点外，同他决定的便是设法成立一个足球队，去经这一群众组织来活动，找到积极群众。这一点他虽答应去做，但结果一定是没有希望的。

车务工人联合会问题，在镇江问题上再说。

兵工厂：

首先找到同志谈了一次话，一般的情形与过去没有什么大差别。我觉得值得提出来的是：黄色工会问题，同志观念与工作方式。

有黄色工会，在群众中没有什么大的作用，群众对黄色工会是〈不〉满意的：“黄色工会只有欺骗，不能解决我们什么问题。”现在每个学徒每月只六元，自吃饭。成年工人自十五元到二十余元。群众一般生活是非常痛苦。群众自前次殴打工程师后，一般要求更迫切，如加工资，反对停三工罚一工，反对星期扣工资等。

同志的观念是右倾，他在市委讨论和记□［蛋］厂打工会总干事后，明天要不要再打的问题，他的意见是：明天假如有群众，才可以打；群众力量不够，则不可以打。为的是国民党将很快用白色手段来压迫！这就是原则上赞成斗争，而实际上取消斗争（余例不举）。

他做工作的确很积极，开会非不得已必到，他拼命去向群众宣传国民党如何坏，黄色工会如何欺骗，如何痛苦要斗争，但他始终没办法懂得去发动斗争，始终是没有办法建立群众组织与发展赤色群众。

现有群众线索很可靠。

（七）第二次联席会议的讨论

到的同志仅市常委二人，余发（才来）及我四人。余均未到。

A. 总的路线：上海同盟罢工的实现，证明二次代会进攻路线，与省委的津浦南段同盟罢工的计划大纲绝对正确。津浦路群众斗争形势是向前开展，同盟罢工的客观条件是成熟，现在总的策略：以罢工为中心策略，坚决发动群众会议，从斗争的宣传上、组织上走向同盟罢工的前途。现在最危险的问题，是组织上的尾巴主义的推不动，反映到党的指导机关的右倾危险。

B. 仅想依赖组织上去领导同盟罢工是不够的，目前最严重的问题是在政治上夺取群众。从纲领上来领导同盟罢工，才能斩断目前党的尾巴主义的现象。所以目前群众会的推动与加紧宣传鼓动工作，和工厂小报的经常建立，是急不容缓的事。在宣传上应坚决的提出建立两浦群众联合组织与同盟罢工的口号。厂委的策略，不仅要使每个同志懂得，并须使群众都能懂得。

C. 策略上，大厂的代表团虽不是领导斗争的坚强组织，但在组织上与斗争上都有他的意义。现在应当很快的动员参加代表团的同志和有关系的群众，用代表团的名义召集代表团会议（黄色领袖及动摇分子可不必找），来专门讨论花红问题。经过代表团公开号召群众起来斗争，并扩充代表团的组织，吸收积极分子参加。一方面还是应当推动组织和有关系的群众，推动群众会议。推举代表，参加代表团。号召群众，撤回不坚决动摇分子，充实代表团的力量。同时应发动整个群众的直接行动（这是可能的，过去两次都如此）。

浦口港务处的群众（弟兄团）应立刻召集一次八个人的谈话，从谈话的方式走向会议的形式，动员这八个群众，回八条船去活动，鼓动群众会议，走向建立群众斗争组织。“港务工友代表团”并应公开的用群众名义，去向其余四大处公开号召，走向建立五大处联合的组织。

木工护工团，他是一个群众斗争组织，可是现在领导分子并不坚决，现应找到新的同志和积极群众改造护工团的组织，推动护工团继续活动。

在上述工作的推动上，应特别注意中心部门的推动，如浦口的机车两处，和大厂的二厂。同时必须注意两浦斗争的宣传鼓动与组织上的联系。

D. 群众会议，群众组织的建立与发展，赤色工会的建立，是目前在组织去领导斗争的中心问题。

浦口护工团，应使在赤色纲领与章程下，转变成有生活的赤色工会，即用花红问题来号召，并尽量向外扩大。

大厂小厂，港务处应坚决的去发展赤色工会群众，动员每个同志作赤色工会工作，尤其是中心部门的发展。

（八）组织问题

A. 组织的改造，现在应坚决地把较积极的和新的同志（即肯做工作的同志）来参加指导机关，决不应对过去老的同志有过分的幻想，或者还是拼命的去推动老的同志而梦想其能起多少作用。

B. 必须从自我批评上建立支部生活与支部纪律。这一点，市委同志最初不同意我的意见。他说在平时与罗□同志讨论时曾说，大厂这些老的同志，不是机械的去执行纪律，而是应加紧教育工作。他并说，你要批评他，结果就会一个也不来！并举出史从前没有参加五次劳动会议，便不满意（支部及护工团等，一概不负责），无法批评为例，但最后还是同意了我的意见。①吸引同志的自我批评精神，一个不来，但可以教育了其他同志。批评了不来，则不批评也完全无作用。②假使我们现在还不开始这一工作方式，则新的同志亦必将受旧的影响，而亦无法建立支部生活。

这是整个组织原则，不能对旧的有过分幻想，主要的是用教育同志创造新的支部生活。

C. 向两浦群众开门，坚决从发展新的同志来改造党的质量。

D. 加紧积极分子及新的同志的教育工作，有计划的去个别谈话，及创办流动训练班。

（九）党与赤色工会的关系

过去余发是二个路线隔绝着工作（虽然参加市委会）以后不仅要在［与］组织关系更加密切，党必须很清楚的知道工会情形，支部应当成为赤色工会的核心动力。

（十）工作方式的改造

1. 党应当多找积极或新的分子谈话，不应老是去找那几

个推不动的老同志。

2. 尤其是现在支部生活不健全的时候，找到一个同志谈话，必须与之有一个实际的决定，并支配其工作。在下次谈话时，同时就应考察其工作。

3. 在支部中，必须使支部群众化，才能推动每个同志作群众工作。

浦镇（大厂）余发又住到下关来。市委必须以大厂为最中心工作，而支配一个常委同志住到铺［浦］镇去（从前已有这个计划），并很快的实现。

这一个问题是非常严重，南京市委希望省委津贴二十元，解决房子问题，在事实上，我亦提议省委对这一问题，予以帮助解决，这于大厂工作的推动上有重大关系。因为平时下关到浦镇过了江还须八里，将来津浦车通，大厂星期日亦将开工，晚上再加长工作时间，结果在浦镇不能解决住的问题，则事实上将无法进行工作。

我对南京的批评，除报告中已说到的几点外（铁路工作上来说）：

1. 组织上的尾巴主义，时常反映到两浦工作的困难，还没有坚决执行群众路线。

2. 忽视了沪宁工作，事实上南京同样是沪宁全路中心工作区域。

3. 策略上的了解，还不能充分。

4. 的确很能刻苦的做工作，饿肚子的事确常有。

5. 市委组织上很健全。

余发同志的问题：

有几部分同志不满意他，有许多同志当面向我说：

1. 工作方式问题：A.时常揩同志的油；B.吹牛过分。

2. 路线上：和平发展。

3. 他的特长：群众化的能力是一般同志所不及。

4. 工会与党的隔绝路线，现已纠正过来。

5. □□时期很积极，在来□的前一时期的确是怠工，现返京后仍很好。

二、镇江

……

三、常州

……

余发所报告的车务工人联合会的问题，在南京没有能够找到小张，故情形不知道。问沪宁路同志也不知道。到镇江后，问大站的同志，也说因时间不闲未去参加，以后情形不知道。到渣泽，同志说也曾收到南京小张的信，叫他去有要事。待他到京找到小张时，说余发叫我写信找你，后来又没有碰到余发，无结果而回。

所以这一次会议是余发召集的，而非工友召集的（南京市委说碰巧几个工人到南京一起碰头而讨论起来，也不是事实）。因此这次会议是无结果，而且无斗争意义。余发自说参加这次会议或许也仅是找到小张谈谈而已。并且会议是余发去召集的（找的都是同志）。所以车务工人联合会，是余发在组织路线上与策略上的错误！现在说，因为车务工人联合会的组织策略不好，现在不要召集，将来可召集两路工人代表会，这个事实与意义，不仅差得太远，简直笑话，或许是为的充实记录部［簿］吧！

这次巡视工作中的缺点：

1. 组织上的关系解决还不切实；

2. 忽视了“二七”斗争的实际布置；

3. 第一次做巡视工作，技能上、工作方式上缺乏经验；

4. 是素所不熟悉的铁路工作；

5. 在镇、常都因为时间和当时环境，深入支部工作（如常州）及支部工作的解决不充分。

几个要求：

1. 希望省委详细指出我工作的缺点，不［否］则将成工作进步上的障碍。前天会上说到别人，而没有说到我。

2. 希望不要我坐空房子，静等工作，因为在代表会后到现在，实际工作时间只有二分之一。

傅景文我已经给他六元到申来参加训练班（你何说没有找到）。

这次在南京空等了四天多，多化［花］了很多钱，这是技术上的不好。以后到京去的巡员，可以给下关通讯处，则令朝发信，数小时内即可会到。

经济超过了预算。超过的钱请你们补发。事实上，我自己有许多用的钱，是开不出账来的。并且巡视南京与松浦，都是事实上太不平等。

关于南京、扬州问题，有些目前材料，口头再报告。

济平

选自中央档案馆、江苏省档案馆编，《江苏革命历史文件汇集（省委文件）1930年1月—3月》，1985年11月。

恽代英

恽代英（1895–1931），字子毅，化名王作林，祖籍江苏武进，出生于湖北武昌。中国共产党创建时期的重要领导人，著名的政治活动家、理论家、青年运动的领袖。

1915年考入中华大学文科中国哲学门

1921年加入中国共产党

1923年当选为中国社会主义青年团中央执行委员会候补委员，后任团中央宣传部主任、学生部主任

1924年国共合作时期任国民党上海执行部宣传部秘书

1926年在国民党二大上当选为国民党中央执行委员，同年任黄埔军校政治主任教官、中共党团书记

1927年1月任中央军事政治学校武汉分校政治总教官，5月在党的五大上当选为中央委员

1928年6月任中共中央宣传部秘书长

1929年任中共中央组织部秘书长

1930年任上海沪中区、沪东区行动委员会书记，曾任中共沪东区委书记

1930年5月在上海前往老怡和纱厂联系工作时被捕，1931年2月解来南京，4月牺牲。

致团中央

——关于林育南代表资格问题的初步调查[①]

（1924年1月17日）

宗菊[②]兄：

十四下午抵鄂，十五访昌群，十六访念祖、开国、余世颂、廖如愿，所得消息：

1. 元旦日C.P.开全体会，人少未成，改谈话会，当以伯豪、书渠、彦彬及叶永清（徐埠工人）及其他数工人均在场，因机会难得，即执行对质议案，叶永清发言大致如下："这件事本不算什么大事，只怪我要不得，亦不怪伯豪，亦不怪书渠。因为我们从前举了光国、书渠，隔了些时伯豪对我说，光国、书渠不能去，已由育南同志代我们去了，只怪我彼时未将此话转告工友。我以为大家都是同志，任便一个人去，都可以的，只怪我太模糊了。"这样的话，在场的人都认为未举育南铁证，其时闻其他工人未多发言，伯豪闻

①1924年1月，团中央接社会主义青年团武昌区委报告，请求解决关于林育南出席中国社会主义青年团第二次全国代表大会的代表资格是否合法问题，当即委派恽代英以团中央特派员身份回鄂，全权处理林育南代表资格一案。这是恽代英初步调查此案后，写给团中央的工作报告。

②中局的谐音，指团中央。

言后只说一句："非我所料。"亦无一语申辩。关于C.P.详细笔记，闻已函致宗兄矣。后因此事既经证明，书渠催枢判决，枢意初以彼既诉之宗兄与全国，欲推为无力判决，后因屡被催促，彼等以改选在即，遂拟定伯豪出团，育南去中委办法（此函六日发出），但仍请宗兄最后裁决，以后前枢委即解职。

2. 我询叶永清，所言固可证实许罪，但林系自冒代表呢？或与许勾通作此事呢？对此问题是否曾另有证据，均答无有。昌群并言，要林去是彼与伯豪两人往说，林彼时因在粤颇受气，又因妻子正分娩，推诿不去，林育英在侧骂他说："你现在只记得老婆，还记得甚么团体。"后经屡说，乃定无论如何回乡后，定期出来。关于到宁川资，系昌群所寄（寄往育南乡中），因育南已出来，遂未收到，临时由伯豪在外挪借数元。证书系伯豪所写（徐埠工人不能写）。但书渠、马念一等则以育南代表资格已失，中委即应削职。

3. 据昌群言，关于通知书渠一事，伯豪与彼谈话后，曾自认去通知书渠，不知何以未通知，但学渭曾非正式与书渠说过，书渠亦屡在非正式场合中表示不能去。

4. 书渠屡言，C.P.决定办法请S.Y.判决执行，枢拟办法仍有些根据此意，在书渠等意应无商量余地，但又闻书渠亦言，伯豪罚太重，因汉阳工人伯豪甚活动，使他出团亦不妥——他又曾说本不想此事闹大，只因林、许不肯认错，使他们势成骑虎。

5. 此届枢委以余世颂（工人）为长，廖如愿秘书，刘念祖会计，胡彦彬已回家（宣传物暂仍寄廖为妥），李书渠病辞，因将放假不易补人，故议准其暂为请假。余、廖均尚热心有力，枢事颇有望——余屡问《青年工人》，希望务必继续编印。因工人宣传太无凭藉，诸多不便。

屡次会书渠均未会见，拟今日过汉口，会育南、伯豪及刘一华（胡彦彬在徐埠开会言未举育南，系由一华笔记）。明日再会书渠、鲍惠孙（查问究竟是否C.P.议决办法交S.Y.执行）、马念一（因彼对林事颇多见解）。决定二十日上午，召集于此案有关各人，即：育南、伯豪、一华、永清、书渠、昌群、念祖、世颂、如愿、开国、（念一）（惠生）。彦彬、学渭已回去。打括号表示不定。

在寓间开会，预定先明是非，再由公意决定办法，总尽力从轻，照现在预料：

1. 伯豪既有工人证明，当然应认轻率擅专之过（至工人如此发言，有无内幕，我们决不能问。即令如此办法使伯豪受屈，亦只得如此）。但最好能不使出团，另议他法。

2. 育南若非勾通作弊，不应有过，南京代表资格与中委资格更不相涉。

3. C.P.若真说是决定办法交S.Y.执行，此又系干涉S.Y.内部独立，根本不能认为有效；若并未决定办法，书渠系假名劫持。

4. 书渠说徐埠不成地方，而鄂何以成区（因无徐埠则只武昌、汉阳两地），鄂区既并未议作悬案（余世颂签名函，余不承认是他所写，此中有弊。已电请宗兄寄来，已寄否？）现世颂、昌群、开国（何孔未到会）均不认，记录上亦只说了候下星期裁决，而胡、李谓议作悬案，何故？再则传单根本非法，均应受罚——罚亦从公意、从轻，我意总求公平了结此事，且尽量使以后不妨害团务为主（现两方有对峙象殊不佳）。今日拍发一电问“是否仍如前议有全权。”因我未见枢拟办法函，恐书渠等有藉口或认我无权也，此电想已复。

我大概俟会开后，如此事能了结，即待宗兄将余函（报告作悬案函）寄到交彼等，若无多变幻，即回沪——如有必需我做的事，写信恐来不及，最好拍电相告。

再则《团刊》对十二号通告问题，仁静曾言要登各地方意见函何孟雄信，据仲夏言有伪，此事似不能不酌量宣布，但如宣布，望仲夏务宜由北京旧委人具函证实，应得旧委多数签名方妥，既稍儆捣乱（仍不必严罚），亦免以后他们反说我们无证据捣他们的乱。

今日武昌下雪，我两年不见雪了。

代英

一月十七日

选自《恽代英全集（第6卷）》，人民出版社2014年5月版。

视察安源团组织工作的报告[①]

（1924年8月）

斯中[②]兄

我于二十二赴湘，二十三开联席会议，后斯校[③]继续开会，讨论事项：

1. 经费事，因湘情形，望兄能于七八月份中不扣（已扣的仍补寄），从九月份起再扣，此事已有信致兄。当以兄须扣款乃出于事之不得已，但湘允于九月起扣款，则七八月纵不扣款，兄如有款可以付湘，兄亦当可允照此等办法——此事就湘情形言之。佑魁平之生活均恃此款，兄能自有余款能将七八月份款补给而从九月扣起亦是正办，望兄斟酌与以方便。

2. 派售书报事，湘既大致已允兄前所定办法，以后自无问题。我劝其于外县分销书报，可由湘开明份数，请上海直接寄去，而湘但负代收帐款之责。如此可免去拆包改包之劳，并转寄邮费。湘已允照办——安源因我去后，提出直接

①1924年8月，恽代英以团中央特派员身份视察安源。这是他视察后写给团中央的工作报告。

②社会主义青年团中央代称。

③社会主义青年团代称。

寄报清款办法，湘已认可。

平民之友兄云每份缴款五厘，实为不妥。湘鄂洋价均至二串四五百文，则五厘应为十二三文，而平民之友载明只售铜元一枚，于代售者不便。故已瞩先就铜元一枚出售，兄定可改变缴款办法——我意至多只可每份缴款三厘或甚至二厘方便推销。鄂则现取赠阅办法，由地方自对兄付款，如此亦见兄有减轻缴款之必要。我拟劝鄂劝其赠阅与预订同时并行。依现状观之，中局有加印平民之友并托书店经售之必要，此事或商上海书店自己添印承售似可推销。

现在湘销书报法极谨慎切实，他们亦创巨痛深，兄与书店均不宜以谭影竹事与他们混为一谈。——谭事已清出有着落之帐及书六七十元，书即退，谭所欠约不过百元左右，定分期还。

3. 职务分配事，他们感觉仍是从前委员长秘书制负责人少而责任专，对于办事比较便利。后告以分工之意义，一方使各事有专责，一方秘书负分配督察之权，组织部对于各种运动之机会与如何分配同志去做亦有与他部协助进行之必要。故他们仍有旧制之长处而无其短。——湘事佑魁短于支配之才，平之亦只可负一部分责任，小云活动而稍浮，明翰似比较切实。

由安回后，二十九开大会，到者八九十人，学生多，工人因工作故少到，然湘工人比学生数不甚相远。讲演时告以：1. 民校[①]经过；2. 反帝国主义比反军阀更重要；3.工作的青年化；4. 无产阶级比知识阶级可取；5. 群众化之重要。还

①国民党代称。

拟再讲数次。

于二十四赴安源，晚到，二十五开联席会议，定以俱乐部一万三千余工人名义要求全国赞助汉冶萍废约。

二十六斯校开会议事如下：

1. 斯西分化[①]问题。据云西区校欲必经二人介绍，小组审查通过之手续，故进行极迟滞。此既使年长的斯校学员解体，且恐发生别的误会。我已拟函两中央省略介绍审查手续，径以两地委联合之审查会所决定为根据，斯地委及西校出席人均赞成。后此函未发，因到长沙，乃知西区校意只须二人介绍，此二人不定须在同一小组且亦更不经小组通过，大石[②]以为若有人负责进行一星期可分化完毕。大石预备赴安，且最近苏友[③]亦去三个，则此事当易解决。安现西负责人系一进步工人，然究力稍弱。

2. 工作的青年化。此事一受分化未毕之影响，二因无专负责人——因均受俱乐部生活费，或有工作，故不能有多人努力于此项工作。现只有青年同乐会有足球兵乓球，足球颇受欢迎。最近加入青年同学三四十人，颇有活泼气象。

3. 少年国际日拟演剧三天——此事后西校商定延长为七天，同时为反帝国主义宣传。

4. 书报直接派销以免迟延而不按期，用工人图书馆名义

---

①即党、团分化，其内容是两项：一为组织分化，将28岁以上超龄团员尽量介绍入党，以便青年团尽量多吸收25岁以下青年，使团青年化；二为职责分开，纠正过去以团代党现象，青年团专事青年运动。1924年6月中共中央和青年团中央联合通告，限各地接通告后三个月之内完成党、团分化工作。

②即袁达时，湖南湘潭人。1923年至1924年任安源路矿工人俱乐部讲演股长。1925年上半年任安源团地委书记。1928年叛变革命。

③指从苏联留学归来的人员。

与上海书店接洽。安源比湘更可靠，可转嘱上海书店放心寄去。

5. 分配职务。我详为解释分职之本意，并告以宣传部并非必须凡事均自任宣传之责，只须认定必要之时请人讲述解释。农工部学生部更非凡事躬亲，重在规定计划，引导同学大家去做，而督察其成绩。又安地工人教育事务因系俱乐部同学做去，故斯校未设学生部。此次仍商定设立，以便搜集各种成绩报告，而就斯校方针加以指导。但此指导非□□□不在干涉其校务或课务，而在课外多方设法，使可为斯校青年运动之助。

6. 另由湘转请中兄数事：

a. 生活费并派人——此事就我考察，极赞成之，详可阅昨致两函。安地为独一无二之无产阶级组织，若今日因惜小费专取揩油政策则将来被压迫后，必至片瓦无存。工人群众既非深切了解我们，学生同志又无最好的工人运动之印象存在他们脑中，俱乐部颇有官僚化的倾向，一切教育宣传事业裹足不行，此非根本设法不可。安地秘书贺昌热心而性急，他亦希望舍安地职务专从事斯校。倘中兄可稍津贴，我亦赞成，因他尚合于做青年运动也。津贴事如以为可行，能即行最好。

b. 请中兄代搜关〈于〉汉冶萍材料，此事于安地宣传确有极大关系。我意并望中兄可为安地略购应用书籍，安地同学月入十五元，甚至为宣传用之书报亦无从借阅，中兄亦似有体念帮助之〈必〉要也。

再安地曾有人言中兄出版各书如中青等应寄各地委一份，此事极合理，我以为中局可酌行。

是晚斯校大会到者百余人，亦略述各点，并告以各地近状。

二十七斯校又召集宣传委员会，讨论宣传各事，告以对工人同志与普通工人宜矫其盲从自轻之弊，对学生方面宜引导其尊重工人地位。学生同志有明了的，亦有不明了的。又在安地任教尚有非同志的，彼等知识阶级之弊，当然不易尽免。宜极力注意教育，以免棘手，因惹出工学界限，否亦恐完全失我们运动宗旨①。

余再详。

英

选自《恽代英全集（第6卷）》，人民出版社2014年5月版。

①原文如此。

广东省委扩大会议的经过和内容[①]

（1928年12月3日）

中央：

这一次广东省委扩大会议总计开会九天（十一月十六日起），到会人除中央巡视员、省常委（菊坡同志巡视东江未参与）外，有海支、香港、广州、海陆丰、东江、琼崖、北江、肇庆、江门、石龙、佛山、陈村、惠州等处代表，省委的军委、职委、妇委亦均有人参加。议案由中央巡视员偕同省委同志分组准备草案的，有政治、职工、农村工作、军事、党的组织、团的工作、济难会工作七种，并准备在会场通过广州暴动纪念通告、纪念牺牲的同志与工农群众通告、年关斗争通告三种。开会时因政治决议案讨论较为详细，故团与济难会工作二决议案未及在会场讨论，但该二决议案之要点已包括在政治决议案中间。

此次会议全体参加同志精神之好，为以前所未见过。人人均能发言，讨论亦比较切实而能得大众满意。关于过去的

①1928年3月，恽代英任中共广东省委常委。11月16日至24日，中共广东省委在香港召开第二次扩大会议，这是恽代英写给中共中央的报告，时间是编者根据本文内容判定的。

错误与缺点，亦均能坦白的批评讨论。以后的工作，大体均根据中央最近精神而有更明确更具体的决定。议案全文大约一星期左右可以修正交请中央审查，兹仅将此次讨论中在个人认为重要的，简单先报告如下，以便中央指导广东工作时有所参证。

（一）关于革命的性质、形势与本党任务方面，完全接受六次大会之决议，其中特别经过讨论的有下列数点

a. 目前这一阶段的革命，一定要尽力削弱资产阶级的势力，但还不能企图完全消灭私人资本事业。固然为革命的利益，我们应有决心没收或征发资产阶级的企业财产，但同时须知在我们政权之下，容许一部分私人企业存在，对于我们经济的发展是有很大帮助的（这一点意在说明我们对"军事共产"的正确态度）。

b. 第一个革命高潮自"广暴"失败后已经过去，但这并不是说革命潮流低落。讨论此点时，大家对高潮、浪潮、高涨等名词颇有争辩。后决为省却名词争端，大家一致同意认为"广泛的群众斗争起来方才是高潮"，不另用浪潮、高涨等字。"群众革命要求与情绪降低方才是革命潮流低落"。因此，大家同意于上述结论。

c. 对争取群众准备暴动一点，指出必须艰苦工作，从各方面的斗争（工、农、兵、反帝、反军阀等），方能汇合爆发为革命高潮。特别着重"艰苦"二字，但反对加上"长期"二字。同时亦反对用革命高潮"快要到来"，而主张用"必然到来"。因凡带时间性之文字，总难十分正确。只是

非艰苦的执行正确的策略，则徒然延长革命胜利的时间耳。

（二）关于广东省委以前政治路线错误的纠正，一方面大体上接受中央的批评，但指出下列数点

a. 前次扩大会决定完成东江、琼崖割据，夺取全省政权，这一精神是错误的。“夏暴”是继续这次会议而来，但各方情形更坏。省委不仅未知转变，却更加变本加厉走到极端。同时指明省委用“夏暴”作吗啡针的观念之错误。

b. 以后又转入机会主义路上（没有用“极端”二字），指明省委与资产阶级争领导权之说及其他错误。但否认有合法运动倾向，只是比较过于看重了公开机会，所以发生许多错的理论与工作方法。

c. 兵运坚决接受了中央的兵士是武装的农民之原则，并指出兵士阶级观念模糊正证明需要我们阶级的宣传。

d. 承认中央以前指示大体是对的。但在批评省委一切错误并指出以前对中央与六次大会态度之不当以后，指出这许多错误最近很多已经改正。同时承认省委数月来艰苦工作，并能提出自己意见与上级机关，这种态度是对的。

（三）关于广东全省工作布置问题，有以下重要之决定

a. 决定以香港、广州、汕头、铁路、海员为第一位工作。次中路，次东、北江，次西江，次南路、琼崖。

b. 香港、广州同样重要，特别指出香港是英帝国主义太平洋根据地、广东经济中心、南方惟一重要产业区域、中央布置全国的四大城市之一，为国际为全国为广东革命前途为创造无产阶级的党，都要特别注意香港工作。

c. 中路西以江门为中心，中以陈村为中心，东以石龙为中心。但中之佛山、东之惠州，都要省委特别注意。

d. 西江为粤、桂交通重地（东江除东委外，设海陆丰紫金特委），亦须有特委组织。肇庆以外要注意三水，因系水陆交通之地。

e. 南路、琼崖合设一特委，设在海口（或北海），因：（一）就全省地位说，省委不能对南路、琼崖看得特别重要，故为人才、经费均以设一特委为妥。（二）经济影响上说，海口实际兼控高、雷、钦、廉；其次，在北海可以控制高、雷，但广州湾决不能成为南路中心。（三）南路交通，海口、北海有直接火轮航线，但两处对广州湾均只帆船来往；南路、琼崖合并，交通并无特别不便之处——又特别指出南路要注意北海、琼崖于海口外，要注意崖县（三亚港）。

f. 广州、香港、汕头女工，尤其是中路丝厂广大数量的女工，对广州经济上有很大的影响，省委以后要特别注意。

g. 各城市工人，在广州、香港、汕头要将市政工人及重要产业工人放在第一位。小城市则重要工厂或手工场工人、轮渡码头工人要看做重要，市政工人次之。自然，有铁路、海员工人之处，他们总占重要地位。

h. 乡村工作，一定要特别注意大乡村，力矫以前只注意偏僻小乡村之弊。

（四）党的组织问题方面，特别指出下列数点

a. 建立无产阶级的党。特别指明从无产阶级群众的日常斗争中间产生党的组织之重要，具体指出各城市必须注意发展党的组织之各种工人。

b. 特别注重于切实执行集体化的原则。指出没有集体的指导，便是没有党。反对口头上承认了集体化的原则，而实

际怀疑不执行的错误态度。在目前注重城市工作，上级机关直接指导所在地党部，则有三个以上的党委在城市工作，以会议方式指导下级工作，是可能而且必要的事。

c. 支部开会，须坚决反对以前用长篇演说或轮流报告等“麻木支部”的办法。要健全支部干事会。报告讨论均要偏重本地本机关问题。政治及党的教育，除必要单独讨论者外，尽可能的在讨论本机关问题时加入，如此方能健全支部生活。

d. 支部除产业的外，工人注重职业支部。游离分子不混杂编入上述支部中，而成立街道支部。

e. 特别指出省委以前贪多务得，与率就事实之弊。所以这几个月组织路线虽大体正确，且要努力这样做，但总表示不坚决而不能有切实功效。

（五）宣传问题方面，除指明以前减轻独立政治宣传的错误以外，说明下列数点

a. 特别注意反资产阶级改良主义的宣传。这一点在广东确实是非常严重的。张发奎在农民中的影响，东、北江，中路都大，所以这一点必须特别注意。

b. 要尽量扩大谈话中的宣传，站在工农群众的地位，从事实问题很自然的说到我们的主张，但不露出党员色彩。

c. 各级党部必须经常用党的名义，对实际问题表示党的态度。

d. 工农通信员的制度，须与刊物的工农分子编辑委员会制度并行。刊物内容须由工农编辑委员参加意见或稿件，文字须经他们通过，如此方能适合工农的需要与程度，工农亦方乐于投稿。

e. 请中央在香港设法办日报，并多供给读物。

（六）职工运动方面，有下列几个重要问题，特别是第一个问题讨论了一整夜

a. 黄色工会（包括机器工会、官办工会、广东总工会等）及工头工会现在有群众有影响的，我们应当加入，领导群众日常斗争，使了解反对其领袖，改组指导机关。不另组赤色工会或类似团体，即公开的原始组织都不组织。假如彼等工会是职业组织，则我们一方加入之，而一方仍可组织产业工会。机器工会除上〈述〉办法外，尚要在各埠及南洋机器工友中，鼓动其反对广州机器工会把持总会之权，从上面打击他们。铁路则领导工友起来夺取现有工会（现黄色领袖势力与信用均已弱）。运输工人当进行码头总工会一类之组织，对已解散之同德、集贤工友，不可贪图工作便利去恢复其旧组织，结果仍保留工人分裂械斗等弊。

b. 全省同类产业工人在各地有相当组织之时，可进行全省某种（例如市政或汽车、铁路等）总工会之组织。因如此，小城市该种工人方能受大城市影响而一致动作。

c. 政府恢复黄色工会，宣传上应揭穿其欺骗反动。但同时要领导群众自己去恢复，虽用黄色工会名义属其系统亦可，但须坚决反对政府委派制度。

d. 工厂委员会不能有下层组织，他可以斗争的影响，帮助发展工会下层组织。

e. 青年小组解释为工会小组中青年尽可能的与青年合编于同组之中。但青工委员会决不是他们的上级机关，而只是工会下讨论计划机关，不能直接行动，以防工会下又形成一工会。

f. 省、县职委均取消，强健全总南方党团各县总工会党团，以常委一人为其书记。

（七）农民运动方面特别是游击战争问题，经过一昼夜长期的讨论，这一问题并在省委经过数次的严重讨论，这次结果总算圆满

a. 说明土地革命的前途是要求农村生产方法资本主义化，并不只是贫农得土地的问题。用这证明雇农在农村中地位将日益重要，雇农与富农的斗争将为以后农村重要问题。并说农村生产方法资本主义化虽非暴动后即开始，但政权建立以后，亦便要尽可能的用苏维埃经济、合作社经济，并容许富农经济，向这方面发展。这 点指明，对土地革命性质是进化的，不是复古的平分土地，非常重要。

b. 对分配土地问题，说明将来要集中生产，但同时防止不顾农民群众的要求，主观的忽视分配土地，行其所谓共同生产之错误。分配土地是苏维埃应执行的任务，与平分土地不同。

c. 对富农认为主要的应坚决抱定“使之中立”的意义，不要幻想靠他们加增一部分革命势力。故加入农会，只要在没收地主阶级土地口号之下可以无条件的容许，但决不放松不交租不还债的斗争。富农领导的农会应使中农、贫农加入，利用党团作用与斗争夺取其领导权，不可离开农会组织独立团体，使富农可以利用农会为其反动工具。

d. 雇农、手工人在独立企业下组织独立工会。其余人多的组织雇农工会，以乡村的党与斗争取得农会的领导权（即是说此工会不加入农会，亦不是靠工会之分工同时加入农会取得领导权），少的加入农会组织雇农部。

e. 农村群众斗争很容易成为武装冲突，但除阶级分化非常明瞭的地方以外，不一定是武装冲突。但一定要有决心领导武装冲突，方能发动农村斗争起来。在群众要求武装冲突之时，党应当号召周围所能领导的武装以游击战争方式发动或参加此种斗争。但一定要真正是群众的要求，群众自己负起责任，而不是我们主观的急躁盲动。在周围群众有起来可能时，从这一斗争便可发动游击战争（自动的在乡村游击，向敌人弱处发展，发动更广大群众起来）。但游击战争须事先有全盘工作的布置，尤其是城市、大乡村工作要有决心进行。在游击战争开始之后，仍要尽力利用此影响推动各方面布置的工作，如此以尽力扩大斗争争取胜利。农村装除用以深入革命，便须尽数用以扩大革命，不可存保守防御等观念。同时，亦不是在敌人压迫之时被动的逃路或另图发展。这样的游击战争，是乡村斗争主要方式发动广大群众必要的工作，但自然亦只有广大群众起来能保证游击战争的胜利。这次会议非常严重的指出来，不注重工作布置及在游击战争过程中推动工作，亦不问群众是否需要武装冲突而讲游击战争，固然仍旧是盲动的余毒，但以为一定要工作布置已经有很好的成绩，表现广大群众已经起来，甚至于说接近暴动时方可进行游击战争，这是消灭乡村斗争，使群众永不能起来的机会主义。这种万全的保险的革命，根本是取消革命。

f. 特别指出青年人要注意打消老年农民保守的影响。

（八）军事运动除一般问题外，特别说下列数点

a. 须注意宣传工农自己武装，而且靠自己武器可以武装自己。因为只有这可以根本改变其等待朱德，乃至希望张发奎的观念。

b. 城市纠察队亦改三三制为二四制。其训练不仅军事，并须注意于日常斗争中有用各知识技能，其指挥权先在各工会，后使其渐转到总工会。

（九）反帝、反军阀运动

指明以前不知是工农本身的事，而且亦一定要靠工农自己力量来领导小资产阶级。又指明以前只知反帝一定要特别的集会结社、出特刊，不知在我们所领导的组织，或宣传工作中，经常注意这些工作之错误。

（十）团的问题

指明青年工作是党的重要部分工作。党应用团的青年化工作方法取得广大青年群众。以前党因有团反忽略青年工作，且有意无意妨害团的工作。对团的弱点只取旁观讥笑，而不知自己负责设法，或者只知机械的说党、团关系，这是不够的。

（十一）妇女问题

指明以前忽略女工（无产阶级一部分）与广大的农妇，舍弃了一大部分革命动力之错误。以后要强健妇女运动委员会，计划全省妇女工作，特别是香港、广州女工与中路丝厂女工工作。

（十二）济难会工作

指明它是为党取得广大的同情于革命的群众之工作，它是要以救济名义深入工农群众中扩大革命影响，鼓舞革命的战斗员。以前误认它只是教济的作用，甚至以为是党的救济部，不去在群众中扩大此等组织，是错误的。

（十三）对广西、南洋及湘南、闽南、赣南

决在人才与材料上尽可能的帮助，且尽力与生好的关系。但因经费与事务问题请中央在香港设一交通局，专理其事，以免拖累广东省委本身工作，或使广东与他省不能生好的关系。

以上是简略的关于议案之报告，其中单凭记忆，并参加主观意见，但大体与议案不相违反，自然正式的仍要以将来送到的议案原文为主。

会议后，补选省委，除原有候补委员一律提补外，依原额尚须补正式委员十三（?）[①]人候补十一人。由省委及到会人介绍，再圈选。选定后，前届常委提出正式、候补常委名单，通过如下：（黄钊为正式书记，永炽为候补书记）

正式　黄　钊　卢永炽　杨石魂　聂荣臻
　　　陈　熇　周颂年　冯菊坡
候补　黄平民　卢　济　黄学增　吴锦德
　　　李　鹏　甘竹棠　姚　常

又审查委员三人　黄甦 周洪　□□（海员，宁波人）。

分工结果，钊为书记，永炽为组织兼全总书记，石魂宣委兼农委，荣臻军委。菊坡现巡视东江，卢济调东委书记，甘竹棠巡视海、陆丰。颂年、吕品巡视南路，黄甦巡视北江，陈奎亚参加北江特委，陈熇、平民、李鹏等巡视中路，计有九个巡视员。各路工作均于会议以后另分别讨论。我行时尚未完全了结。

现在广东党的情形简略说一点：

香港仍是平稳的发展，几次省委设法改组，但负责同志总只注意整顿内部（内部亦未整顿好），近稍注意客观群众

①原文如此。

情形，然工作亦无表现。现省委决取消管委，分三区，由省委直接参加指导，省委在港同志均固定编入重要支部，以后工作当有进步。

广州市郊工作仍存在，市内因机关难立，故工作至今未进行。现先派人去立机关。大概恢复之事不可性急，须从工厂或工场中发展在业同志，注重质量而不注重数量，尤其要在日常斗争中慎重的去发展党，方可免易于破获。但现广州不易得妥人负责，现负责的为C.Y.同志，勇敢有余，谨慎不足。

铁路工作方开始，只有几处有路面工人。海员工作较好，但多系大洋船，在本省内之发展很小。

东江现依省委前函去半创造半恢复的工作，但找能公开负责的人十分困难。县委仍多在山上，五华、兴宁、梅县、丰顺、潮安等处，均恢复通信关系，□□表示诚恳接受指导，然要他们搬入城市乃至其附近，都非常困难。潮阳、揭阳近闻白色恐怖又很利害，潮安设东委机关，又因经费关系非常困难。汕头现尚只一店员支部，只是海员已派人去工作。现在东委只有坚决依以前决定去工作，而且最好是能给以足够支配之经费（切不可存依靠他们自己拉参筹款等观念），方便于督促工作。

海丰西北及附近之陆丰、紫金均系我们范围，苏维埃尚能公开，同志与农民均尚有自信力。但多病，夜中多宿山上，他们近来关于苏维埃政权确能群众化。游击战争亦多发展，但似只在敌人冲突（邓彦华、陈炯明间）时苟安。大乡村群众工作仍未做起，乡村间之仇视与疑忌亦未泯除。这些工作不做好，仍有很大危机。

南路高、雷一带党颇进步，但多在乡村，且因敌人进行保甲制，仍惴惴不能保全。北海、防城近略有工作。海口则患无钱，但与省委近来关系不好。琼崖万宁、乐会亦保全一部分苏维埃，但情形比海丰更差。文昌经过大的白色恐怖，近稍和缓。琼崖同志逃出的很多。

西江现只高要、广宁较有工作。肇庆近又有破获之事。北江曲江、英德较好。乐昌坪石亦有工作。但均薄弱得很。

中路江门、陈村、佛山、石龙、惠州都有些工作。佛山、石龙较好，然指导力均薄弱，亦没有很多可说的成绩。

总而言之上述各地都有一点微弱的基础，但实际各地的基础都很有限，只是可以有点线索，帮助我们依照新的工作路线去创造无产阶级的党而已。

代英

选自《恽代英全集（第9卷）》，人民出版社2014年5月版。

广东党组织概况[①]

（1928年12月4日）

A. 产业支部

广东最大工人区域在香港，有船厂、市政等，广州、汕头产业工人很少。

香港：船厂四个支部——太古、九龙、水师、红磡；

货厂两个支部——太古、九龙；

市政没有支部；

海员有流动支部，从香港到广州有同志。

产业支部过去的缺点：

1. 几个厂联合组织一支部；

2. 工厂同志少，因而编入其他支部；海员中不注意创造支部。

支部与群众的关系：赤色工会、宣传等的关系很少，不能领导群众斗争；香港办党同志多注意和平发展，不能影响广大群众。

①1928年12月，恽代英到上海向党中央汇报了广东党组织的概况。这是恽代英汇报、晓野记录的工作报告。

最近注意几个问题：

1. 健全支部委员会；

2. 建立重要部分的支分部；

3. 注意支部中特殊问题的宣传工作。

扩大会对于产业支部问题的决定：

1. 注意重要产业机关与市政工人——香港船厂、水泥厂、钢厂；

2. 广州：兵工厂、市政工人；

3. 女工：特别注意中路丝厂女工；

4. 小城市：手工业、码头、轮渡、市政；

5. 上级指导机关特别注意指导产业支部工作；

6. 注意产业支部中的日常斗争。

支部能自动开会讨论问题，但没有注意到零碎斗争，原因是：

1. 同志观念之错误——大斗争起来再做小斗争。

2. 失业工人太多，香港就有十万以上的失业工人，其成份，船厂、糖厂、海员。

斗争：示威是可能的，罢工怠工不可能。

工人自动的组织：馆口、寄宿舍，黄色工会、工头工会，中立或反动的。

广州工人支部的恢复：

1. 找人到工厂中去。

2. 到工人集中的地方去。

3. 旧有线索可利用，汕头即可利用旧有线索。

4. 发展容易，工人急于找出路。

5. 机关难建立——因白色恐怖厉害。

广州正恢复市委。

香港无市委，设三区直属于省委。

赤色工会很少，洋务工会公开，还有几种半公开的。

B. 改造组织工作

省委现在正式委员三十一人，候补十一人，常委七人，常委中工人四，知识分子三；分组、宣两部，军、农、妇三委，全总办事处党团代职工运动委员会、济会党团；

九个巡视员；

特委五个：东、南、西、北、海陆丰，成份工人与知识分子各半；

县委经过改造的农民多，知识分子少；

斗争激烈的区域与省委关系断绝，未经改组，成份是知识分子多些（如琼崖）。

军与党混合不分；

由上而下的改造；

民主化尚未充分执行，上级多是委派的负责人，支部是选举的；

香港表现极端民主化——群众不相信新提起来的分子；

集体化：省委较好，特、县委较坏，因开会难，多每人到下面巡视，党不去主要城市里；

纠纷：东江有地方派别：梅潮属，及三K党；

群众组织：农会很少，赤卫队没有，红军只以前剩的300—400人；

济会只香港有；

改造中的教育工作很少；

改造工作对于群众只是吗啡针作用；

引进干部分子只有省委做得较好；

织织重心偏重特委；

苏维埃组织较好。

C. 集中人材［才］

健全的干部分子提作省委巡视员；

干部分子：工人：30—40（多在省、市、特委），多是香港罢工工人；

农民：几个；

知识分子：10—20。

新的干部的培养；

训练班：罢工工人，省委办的，七十人；

下面提无多把握；

香港斗争中培养；

旧的干部重新训练，重新分配工作。

D. 秘密工作

文件输送，少数可以，铁路、轮船较困难；

通告（□□小通事）；

反动的同志不多；

城市都经过破坏，只香港没有，广州、汕头较严重；

乡村支部半秘密；

党的机关小组参加产业支部。

E. 发行分配工作

主要的香港可发两千份；

外县较难，外县可翻印；

交支部分配，在上工时分散；

中央的东西，只到省委，只收到几份；

发行分配属于交通局，无另外的组织；

《红旗》周刊、《省委半月刊》、《党的生活》，都是广东自己出版，现只出版《红旗》。

各级党部多半自己有出版物。

F. 党员数量与成份

全省约20000，工人只有1000左右；

农民较工人多七倍，香港有100工人同志；

知识分子很少，女子更少。

G. 中心区域

工人区：香港、广州、汕头、铁路，中路丝厂（有几十万群众）。

农民区：中路：每县都重要，广州市郊、南海、中山、顺德、东莞、宝安、惠州、江门（四邑）；

东江：潮安、潮阳、揭阳、丰顺、梅县、兴宁、海丰；

南路：化县、茂名、廉江、海康、防城；琼崖：琼山、文昌、乐会、定安、崖县；西江：肇庆、高要、三水、广宁；北江：韶关、英德、清远、乐昌、南雄。

大乡村多是豪绅势力。

全省县委有四十左右。

恽代英谈　晓野记录

选自《恽代英全集（第9卷）》，人民出版社2014年5月版。

在狱中给党组织的信[1]

（1930年5月）

王作林，年三十，从前在武昌电话局做事，本年十月失业，闲住家中半年（家在武昌豹子澥）。此次偕友人林君乘太古轮来沪找事。初与林住法大马路鸿运旅馆，因太贵，搬住东新桥车夫住小客栈（三日到沪），每天所住客栈无定处。六日下午到韬明［朋］路惟兴里找一〇二号王春（同乡，在铁工厂做事），找不着此号码。出外，遇抄靶子[2]，见王穿短衣，带眼镜，有水笔、手表及四十元，意似怀疑。又似欲取去此四十元。正争持间，有人搜得传单一包，遂说是王所带。实则王仅穿二短衣，无处收藏。因带至捕房，外国人遂由毒打，强迫承认。有人从旁怂恿说，可认是别人所交，并出五元，嘱为发散。王为所动，承认是旁人所交。但后来因身边无五元票，所以只得说交者嘱王拿了过街，即自来取。后外人忽拿出收条二纸，钥匙一圈，说是王身上搜出；并说王曾拟销灭收条，更是全无其事。王亦始终不认这

①1930年5月6日，恽代英在上海杨树浦被租界巡捕房逮捕，后引渡至国民党淞沪警备司令部送押。他在看守所化名王作林，自称武昌失业工人，敌人未能辨认出他的确实身份。这是他通过看守给党组织送出的信。

②此处指在马路上遇巡捕搜身。

是他的东西。外人又加毒打，更逼说地址。说是小客栈，又打。于是只是说鸿运旅馆，但不记得号数。又被强迫，于是胡说是四十号，外人又毒打，逼招共党机关。自然无法说出。遂关看守所。夜间，外人提王坐汽车去找惟兴里一〇二号及鸿运四十号，均无此号码，又遭毒打。次日，提公堂，即有司令部包探，诬王为吴淞共党领袖，要求提解。即解公安局，问过一次，王仍供如前，即解司令部。现已三天未问。王决在问时，要说明巡捕房逼供实情。王此次在捕房被打得面相都改变。此后，未受刑讯，在此无一熟识的人，但同狱颇多关照，有人送与衣被，菜饭亦不成问题，外面勿须挂虑，并不要送钱物探望，以免反引起枝节。但外间有了相告之语，望于接信后至迟第三天（后天）十二点（午）与来人约定在龙华客栈交一回信来；如尚无回信，亦须派人来与他另约一时间（来人需要酒钱，可照信内给他）。

最好能将三号从武汉进口船名，开一个来；如能为找一地址、职业可查的交来。此信能在提问以前交到，更有用处（手表、水笔、钱都可以不要也）。

照此情形，大约判决不过送苏州。不过如能设法早些出狱，自然更好了。

选自《恽代英全集（第9卷）》，人民出版社2014年5月版。

谭寿林

谭寿林（1896-1931），又名谭勉予，广西贵县人，中共党员。

1921年考入北京大学，参加北京大学马克思学说研究会

1922年加入中国社会主义青年团

1924年加入中国共产党

1925年12月担任中共梧州地委书记兼梧州《民国日报》社社长

1928年任中华全国海员总工会秘书长

1931年任中华全国总工会秘书长

1931年4月在上海恢复工会组织时被捕，解来南京，5月牺牲。

关于广西党的工作给中央的报告[①]

（1928年2月7日）

中兄[②]：

兄决定派广西同学李其实、阳心畬、魏柏冈（已赴徐州工作）等回粤，听南方局分配工作后，留沪的广西同学，由日葵发起召集了一个谈话会，谈一谈我校广西的工作。结果，我们决定对中兄作如下的简单报告，并略贡几点献议：

一

广西始终未成立过省委。自一九二五年梧州成立地委，指挥梧州本地，及桂林、柳州、桂平等处支部。一九二六年南宁由支部改为地委，均直属于广东省委指挥之下。广东省委向来是忙的，对于广西工作实在没有多的时间和精神去注意和指导（当日葵在粤工作时，每有广西问题发生，省委多半命日葵负责与广西同志商量解决，可知）。一九二六

①1928年2月初，黄日葵等组织广西赴沪的中共党员，召开广西同志座谈会，回顾过去广西党组织工作，总结经验，并对日后工作开展进行了讨论。这是2月7日黄日葵、谭寿林等8位广西籍中共党员联名写给中共中央的报告。

②中共中央的代称。

年秋，广西党务各方面均有发展，尤其是农运及青年运动。同时，K.M.T.[①]省党部亦整个的在我们影响之下，组织上亦渐扩大。尔时日葵赴粤，延年等即决定暂由南宁地委兼摄省委，一面呈请中央批准。尚未实行，政局一变，日葵及南宁一部同志离桂。此旋即清党，以至于今，广西党务始终由广东省委遥为指挥。因交通和政治上的关系，粤省委对于梧州情形尚能发生较密切的关系，对于南宁、柳州以及田南、镇南两道，简直就是摸不着头脑。尤其是四月十五以后，我们城市中的基础中心被破坏，南宁至梧州间建立不起水道的交通，由东兰（农运最发达的地方，在田南道）经南宁出广州湾竟需时两月。所以去年自清党至叶、贺南征期间，东兰农军曾占领了凤山等三县（同时桂平、平南、贵县农民亦有暴动），竟因消息不通及没有得到党的指导之故，就毫无好的影响而归于失败了。这些事实，恐怕中央也不知道罢?

总之，广西在客观的环境和□□经过的事实，是很容易发展成一个有力量的农运区域的：第一因为以前负责的同志太过幼稚，受过相当训练的同志非常之少；第二因为广东省委从来没有能力注意和指导、督促广西的工作，尤其说不上有过什么“广西工作计划”。所以广西工作没有好的成绩，尤可惜的是已经建立起来了的一点基础，也有不能保存的消息。

①国民党的代称。

二

以下简单地报告一下过去工农运动的情形。

【工运】广西产业工人很少，桂平的制弹厂，梧州的造币厂以及有两、三处小规模的矿山，只有工人各数百人，刚着手工作，已发生政变不说外，此外有工人区域就是梧州、南宁、桂林、江口三处。梧州有工人万余（大部为店员、手工业、轮渡），工会二十三个至三十个之间。统一机关有梧州工人代表会，完全在我党指导之下。一九二六年一年之间经过两三次大的政治斗争，工人们都受有颇深的本党的影响。因距广州甚近，颇具有广州工人同样的认识和情绪。可惜最末一次的斗争，就急转直下。到四月十五，梧州革命工会受着大的摧残，领袖同我们同志杀的杀，散的散，到现在完全没有我们的组织了（初移驻广东的都城，后又移到桂平、平南交界的地方）简直等于入山了。这是广西党的唯一机关。南宁工人有七千余，成份同梧州。刚打进去，取到一部分的领导，就政变了。桂林工人数目、成份略如南宁，我们能领导，但无力量。江口圩有小梧州之称，工人不到二千人，颇有力量。桂平农民与豪绅斗争时，曾于三小时内结成密切联络，声势颇大，结果豪绅屈服，数区的团防局长，悉为农会领袖所得。

梧州工人的两次斗争，确实给了广西统治阶级一个严重的影响。原因有三个：（一）梧、广工人息息相通，尤其轮渡工人与海员（梧州有海员分会）联合起来，势足封锁广西。（二）广西政治及社会都比较简单，统治容易稳定。梧州是交通和商业的中心，微有动作，影响特大。（三）梧州的重要商业都是黄绍竑之兄及一班要人和他们的亲戚所经营，工人的斗争直接予以打击。

【农运】广西农运中心有二：一为东兰县，一为桂平、平南两县之间。

东兰农运，在民十一即已开始。首领韦拔群始为无政府党，曾因失败流入四川充小军官。旋回东兰，得无政府主义书籍一担携回，继续工作。后（十三年）卒业于廖仲恺所办第一届农民运动讲习所[1]，仍回东〈兰〉继续工作。尔后东兰农运遂为广西省政府所著目。自十五年至十六年夏，广西政府曾派兵剿过，未平。省农民部长陈协五（那时完全是政府党）亲去调查，万余农民男女老幼列队欢迎，整齐如军队，齐声唱其自编之革命歌。其述农民痛苦者，哀恻动人（该处风俗男女本盛行唱歌）。后又查悉自办有农民运动讲习所及妇女运动讲习所各一。农妇剪发者千余人（该县文化异常落后，无所谓知识阶级），且组织有妇女宣传队。结果，陈大为群众势力所感动。同时巡视被官绅焚毁各村，知农民确被压迫，回省后遂站在农民方面。其时日葵适在七军工作。俞作柏偕俄顾问自粤归，我们极力影响之，使其左倾，同时影响黄绍竑。东兰农民群众，本已斗争半年，得此声援，遂由围城而破城了。占城后，将县知事及所有豪绅追困于一山洞中。政府方面议派县知事去办善后时，我们就利用机会图打入东兰农运去（那时该处没有一个同志）。于是做了三件事：（一）派陈勉恕去做县知事（因为各方面也属意于他）。（二）组织后援会，以为兰案声援。（三）组织

①韦拔群应为第三届广州农民运动讲习所学员。

调查委员会（政府、军部、省党部、政治部各一人），插入三分〈之〉二的同志，一方面在扩大宣传，另一方面乘机考察和帮助农会及农军改善，加强他们的组织。后来韦拔群入党，及加入了一些同志在那里工作，都是那时计划好的。

斗争胜利及加入我们同志工作之后，遂向附近几县发展（如凤山、奉议等）。时在十六军政治部工作同志，复在平马一带做农、青、妇等运动，并办有农所、妇运所等与之呼应。于是田南、镇南两道各县农运多数〈蓬〉勃兴起。尤其南宁近郊颇有力量，在十五年十月因反对邕宁县长，入南宁城示威游行农民数近万人，有学生，军事分校学生参加，左倾商人备茶粥招待。此举为南宁前所未有，骇得政府立下戒严令。

清党后，俞作柏等左派及我们同志逃港，组织了一个什么委员会，进行倒黄工作。东兰在贺、叶失败前，曾武装暴动占领凤山等三县。

去年十月派了一个同志出来，足足走了一个多月才到香港，住在俞作柏处，向俞报告，并求接济。那时虽有几个负过责任的同志如陈勉恕也在俞处，竟不知向南方局报告和听取党的指导。殆日葵发见后，请南方局与之谈话，及授予今后工作的计划。而广州湾的船将开，竟不及把正在预备的文件带去。从此要知东兰及田南道的一切消息，不知又要等到何时了。

近来只风闻两事：（一）该处工作同志数人如余少杰生活很苦，几于挨饿。（二）传说韦拔群捡到陈勉恕给同志的信，嘱他们打倒韦。因此事已将我们同志驱逐走了。至于农民的势力，大概是存在的。

补述：东兰在田南道，由南宁坐小电船一日到平马，再陆行三、四日可到，北行可入贵州，西行经百色入云南。平马坐船到百色，日余可到。百色为入滇要道，其地鸦片烟税收入占广西岁入之半强。以前刘日福旅驻此，非黄嫡系，曾以吕焕炎师调防。

桂平、平南在苍梧道，由梧州溯江上一日〈路〉程，为桂省大地主最多之区。洪、杨起义之金田即在大湟江口圩进去二十余里处。民性聪敏慓悍，革命性颇强。农运是十五年才做起的，主持的是我们同志。农会成立不过三个月，即与豪绅争（桂平北区），结果胜利，团防局、团总皆为农会领袖所占（冲突开始时，大湟江口工人得讯即与联络，有代表参加农民集会）。此时农民甚剧烈，有武装数百，杀猪宰牛祭旗歃血，要与豪绅血战。经我们同志主张报县解决（恢复被解散农会），不达目的再开仗，群众始安静。后县长下乡，农民主张完全胜利。经此之后，农民气焰大张。有曾当自治军司令之豪绅刘某，时仍充第七军司令部参军，号召豪绅地主成立保产会，集中枪枝，并集款一万元专为灭农会之用。此外并由七军请得军队两营，于十六年一月间向农会反攻。农会完全解散，捕杀领袖四人，我们同志黄启滔被通缉逃粤，余数同志非常幼稚，农会委员多数逃散。但农民则非常愤激。时适日葵被排离桂，停舟大湟江口，与农民代表十遇于该地党部，皆主张与官军拼命。当时估计各乡枪枝可得千余。以后大概因军队势力过大，及无好的领导，终于失败了。平南农会，开始较桂平略迟一、两月。因地方密迩，本分不开的。在十五年秋，平南发生反对百货捐的风潮。起因为捐局打死一个卖“蕃薯藤”的农民，一时农民蜂集者数千人，捣毁捐局。城中商人学生皆与农民一致主张撤消百货捐。其时政府方面，因梧州工潮、桂平农潮迭起，对之颇为惊骇，极力让步、缓和；同时农会成立未久，还不能积极去领导，没有什么大好的结果。

当桂平农民斗争最险恶时，平南北江各区农会纷纷成立者七十余乡。所以在成立之先，已经具有了斗争的精神，有一面在开成立会，一面传来军队来剿的消息者。这是日葵入平南某乡参加农会时所亲闻的。于此可见平南农民的坚决。

“五·十四”清党后，俞作柏及我们同志计划军事行动，枪械、经费时有接济（俞曾交枪四十枝、弹一万，我们同志由北流用汽车运经贵县转桂平，到贵县被发觉，接枪农友四十余人皆被杀）。故桂平、平南曾暴动二、三次，贵县、武宣虽准备而没发动。失败后退入大桂山，后又转入鹏化山。近闻山中有农民及土匪共三千人左右，其余七十余乡曾入农会者皆惴惴不安，时刻准备官军来剿时与之拚命。山中大概也有我们同志，但不是得力的，可以断言。据说他们有嗷嗷待哺的样子。前不知怎样传俞作柏回去，他们都一传十，十传百，喜形于色。其实对俞并不是有何信仰，不过因此愈见得他们渴望给养和一个领导者的迫切罢了。其实，只要有好的领导去，实行我党的新策略，给养也不至成为问题。

鹏化山是个很值得注意的地方。由它出平南城及大湟江口（皆临西江，交通极便），皆不过三十里许。山跨桂平、平南、武宣三县，素为苗人生聚之处，内可容数万人。前莫荣新在粤失败，拖有一部军队入山，时时威胁江口，李、黄无如之何。该处土匪常往来于上述数县及柳州之间，时时抢劫梧、柳间航轮。盖桂平、平南实为广西交通之中心，上趋柳州、桂林、南宁，下达梧州，皆至便易。最近黄绍竑驻重兵于附近，镇压农暴。盖恐此处有变，将切断南宁与梧、粤之联络也。

顷有同志自桂来报告，去腊黄调梧州大炮队围攻平南南河某乡（事前农军曾围攻某乡缴土豪械），剧战二日夜，被破，死二十八人，捕去陈平一人，供在该处训练农军。死者中有无负责重要同志，尚未得悉。剩枪四十余支，传闻拖去东兰，恐不确。以路远，不可能也（广西党的唯一指导机关是在平南，不知是否该处？），但此与北江鹏化山无涉。山上群众，想当无什么变动。

此外，苍梧道中大地主最多之容县，亦有我同志组织之农协。省农民部长陈协五由南宁逃回主持，可惜没我同志去帮助，所以虽颇具力量，而无什么骚动（陈之子却在平南领导农军）。北流县是俞作柏的家乡，农协无力量，俞只注意土匪而已。

三

观上述简单的报告，广西的农运，没有均衡的发展，有党组织的地方不多，即有组织的地方也很弱，没有力量去领导群众。以言东兰，是别人工作起来的，我们后来插入也毫不能起党的作用；以言桂平、平南，虽是我们做起来的，但同志总共不过五、六人，得力的可以说黄启滔一人而已，所以群众反时时跑在我们的前头。

清党后，各地组织既全破坏，同志由不多而杀减到极少，唯一的指导机关只有宁培英［瑛］、韦［邓］拔奇两人主持，而又迁移不定，很难得到南方局的接济和指导。至于南宁及南宁以上之道，更是完全不问不闻了！

总之，广西工作在清党前广东省委是没有余力去注意指导，清党以后完全在放任的状态。结果，只是由俞作柏同我们几个与党关系不甚密切的同志，以军事投机主义的目的、方法，在那里乱干（一向都只向俞做报告，这四同志与机关皆受其接济之故。最近给南方局的报告也说及另抄一份寄俞的。这是如何坏的现状！不速加纠正，是极危险的！俞屡屡要求加入，广州暴动后据说已通过了，但最近来沪同志闻代英说不是的。如此，实有立刻纠正以前混合瞎干的必要！暴动回港后尚派了一批人回北流工作，内有一部是同志呢）。

现在只有二个组织在平南乡间，闻也常有报告到南方局，时时也派个把人去工作，但都不是很得力的，与俞混干的状态仍继续着。

四

我们建议几点意见：

（一）自桂系在政治上、军事上占重要的位置以来，愈发现了广西工作的重要。希望南方局多注意广西的党，加紧广西方面的工作。

（二）在南方局加入一个熟悉广西情形及在广西工作过的同志，以加强指导和督促的便利（广东省委和南方局中，从前除延年、木青还知道一点广西的大概外，余可说没一人知道的；近来屡经改组，恐怕更不如前了。本条意见本是代英提起过的，不知怎样又搁下来了）。

（三）南方局早日派人潜入东兰及鹏化一带，切实调查，为恢复广西今后的党和建设工作计划之基础。

（四）设法建立南宁、贵县、广州湾（北海）的交通机关，以通消息，为恢复东兰、南宁等处党及各种工作之初步。

（五）派得力同志入平南主持党务，派军事同志入鹏化山设法领导山中的武装农民。而且大规模的训练起来，实行游击、骚动，以至于暴动……的新政策，以发动各地农民及时时牵制桂省出兵广东。

（六）广西省委以目下的情形，自然谈不到设立。但南方局应有一个发展广西党和工作的具体计划，加紧进行。如此才不至永远附庸于广东，才得遂它的独立健全的发展，它的本身也才能产生出能负担党的工作的人才来——这是广西党的大病根。

李其实、阳心畬两同志决于九日回港。请中央对于我们的意见有一个决定，即日批复，交李、阳两兄带交南方局，详议执行，并即分配李、阳二人工作。是为至盼！

李其实　谭寿林　陈　英
阳心畬　陈宝符　黄日葵
魏柏冈　罗　烈

选自中共广西区委党史研究室、中共广西贵港市委党史办公室、南京雨花台烈士纪念馆编，《谭寿林文集》，广西人民出版社1993年5月版。

李耘生

李耘生（1905—1932），又名李立章，山东广饶人，中共党员。

1923年加入中国社会主义青年团

1924年加入中国共产党

1926年2月负责中共山东地委组织工作，冬季任中共汉口硚口特区区委书记

1927年夏任中共武昌市委书记

1931年4月任中共南京市委委员、组织部长，11月任中共南京特委负责人

1932年4月在南京党组织遭破坏，处理善后工作时被捕，6月牺牲。

李耘生是中共南京党组织第七次遭破坏时牺牲的主要负责人。

团济南地委妇女部报告第一号
——关于妇女运动情况致郑容[①]

（1925年3月19日）

郑容女士[②]：

济南C.Y.共有女同学五人：宫琦、侯汉璋、郭志远、牛淑琴、朱岫容。宫琦现服务于济南竞进女校，朱岫容现服务于临淄县城内女校，余皆肄业于省立女师。

此地一般的妇女生活状况很难统计，据我们的直觉，学生方面多脱不了宗法社会道德礼教的束缚，趋于保守，不问世事。此地女学校共有女师一，女职一，省立女中一，私立崇实女中一；大规模之高小二，一为第一虹桥女师附小，一为竞进女高（附有幼稚师范班）。中等学校总人数约在六百内外，高小学生亦复不少，然而妇女运动却很沉寂，就可知此地闭关自守的程度了。纱厂女工方面，我们方在接洽期间，一时尚不能得其详细切身的生活状况。其他发网女工、缝皮女工，我们都没接洽过。

在大考前，此地爱校女同学是受P校妇女部指挥，大考

①1925年2月，李耘生任改组后的团济南地委书记。这是团济南地委就妇女部工作写给团中央的报告。

②团中央代称。

后，教务处改组时方设妇女部，以负专责。为进行便利起见，全数女同学与P校共同组织一妇女运动委员会，以P校妇女部为总负责者。我们已作过的工作及现在进行的事项如下：

（一）国民运动

女同学已全数加入民校，现在与民校分子共同组织一济南妇女学术协进会，以为吸收各女校学生而导之作国民运动的机关。筹备时九人，一九二五〈年〉元旦正式成立时十人，现在有二十八人，妇女节曾召集纪念会一次，详细情形另纸附上。现在正进行女界国民会议促成会，已开筹备会数次，定于三月二十二日开正式成立大会。至于详细情形，容专函报告。

（二）女工运动

我们只与纱厂女工接洽过数次，起初因为得不到真正的工人，只能与民校的几个女工头接洽，所以未有若何成绩，以后认识了一个女工，因去同她接洽，连带的认识了许多女工。她们中很多的〈是〉学校出身的，可以看书写信，又无学生的虚伪习气，和人非常的亲密，我们握手之下，已成了很好的朋友了。因为初次接洽，也没有谈到深处。我们计划先送书报给她们看，与她们联络感情，再设法促起她们的阶级觉悟，受我们的指挥与教育去宣传与活动。不过纱厂距城太远，平时不能去，而星期日这一天又要开本校的种种会议，所以自从认识了之后，竟没有再去过。

以上是济爱妇女运动进行的大略情形，因为在从事运动的初期，是与P校合作的。此外，请求郑容女士时常给我们指挥，以便有所遵循。

余不及！

敬祝安好！

济地 书　记　耘
妇女部　宫琦

选自中央档案馆、山东省档案馆编，《山东革命历史文件汇集（甲种本第一集）1922年—1925年》，1994年4月。

团济南地委书记部报告第一号

——关于地委改组、各种委员会建立及工作情形[1]

（1925年3月24日）

郑容兄：

久未作报稿［告］了，不对的很，望祈我兄见谅！实在也有很不得已的客观情形。兹将此地本校教务处自改组以来，关于校务进行的情形，分述如下：

（一）改组前后的经过

本校大考生[2]自二月八日回济，本应立即召集全体会议，改组教务处，但大学方面因种种关系，不能立即召集，所以迟延了十几天。后来又因胶路停运，不知几时可以解决，大学方面的改组会议，一定要迟延时日，我们不得已，才得大学方面的允许先彼而召集。由教务处议决，定于二月二十四日上午八点召集全体大会，并提出三人——刘俊才、

①1925年1月，李耘生作为团济南地委代表参加了在上海举行的中国社会主义青年团第三次全国代表大会。2月，中国社会主义青年团济南地方执行委员会召开团员大会，传达了团三大的精神，并根据新团章规定，组成中国共产主义青年团济南地方执行委员会。这是团济南地委就改组等情况给团中央的报告。

②指团济南地委出席团“三大”的代表。

王辩、丁君羊组织主席团。因为时间的关系，不能召集预备会，遂决定于开会之前几十分钟作为预备会，通过议事程及主席团，并决定票权，由旧教务长李耘生主席。通过主席团后，由刘俊才主席，继续正式开会。议事程如下：A.通过主席团及议事程并决定票权；B.大学代表报告；C.大考生报告；D.教务处报告及讨论；E.教务处改组；F.宣读决议；G.其他。开会的情形尚好，到会者十七人，有二人是支部代表，因为胶济车站及兴顺福铁厂方面的同学们因工作的关系，不能全到，故派代表列席。大学代表的报告很长，约四小时之久，共分四项：1.现在国际的政治经济状况；2.中国政治经济的现状；3. Y、P的关系；4.校内的秘密。

大考生报告一项，为时间所限（无论如何必须一天开完）不能充分的解释，且工人同学因为入校的时间太浅，缺乏教育，听话的程度太低，有好多不能不说的名词，他们听不甚懂，颇为遗憾！改组结果，正式职员五人：李耘生、王崇五、王辩、丁君羊、孙伯盛（铁工）；候补者三人：郑子瑜（学生）、李宇超（学生）、李毓恒（铁路升火工人）。职务分配如下：教务长李耘生，庶务兼会计王崇五，训育主任兼女生指导员王辩，学生自治会主任丁群[①]，工科主任孙伯盛。继因王崇五北上离职，由候补职员郑子瑜补充。

（二）教务处工作的情形

这一月来，因为崇五北上，此地受好大的影响。教职员五人中，丁群因为在女中当教员，且是三义学校的重要职员，因此每星期有很少的时间来为吾校做工；郑子瑜是个工

①即丁君羊。

专学生，每日除去六小时以上的功课，又有国民会议促成会的事，且也是三义的重要职员，因此对于他本部的职责有好多尽不到的地方；王辩也是当教员，每日三四小时以上的功课，此外还有女界国民会议促成会及济南妇女学术协进会的活动，对于训育的职责也没有尽到；孙伯盛是个铁厂习徒工人，每日做十二小时的工，对于他本科的职责也没有通盘的做到。此外，只有李耘生是无他事羁绊的，但是因为兴顺福铁厂支部的同学太缺乏训练，分为四组上课，每组必须他去参加，还有金启泰铁厂一个支部，上课时也必须他去参加，一概都是晚间上课，课堂距办公处很远，因此几乎每天晚上在外边跑，每次回校都是十点半以后，所以他对于教务长的职责也没有尽到。总而言之，这一月来，内部里表现一种无政府的状态，是很不好的现象。自己也十分看得出来，现正竭力谋整顿，想下月情形，定有进步！

（三）各种委员会的组织

此地教务处之下有三种委员会的组织：

A.教育宣传委员会。与大学合作，每校三人，吾校为王辩、丁群、侯玉兰、刘俊才（虽为吾校分子，但同时又是大学教务处的职责），已开会数次，讨论今后两校的教育进行事宜，议决组织马氏主义研究会，已实行三周，每周一次，由大学尹君报告布哈林所著之《康民尼斯特之初步》一书，每次发油印讲义。

B.妇女运动委员会。亦与大学合作，尚未正式开学，吾校王辩、丁群均在内。

C.青工运动委员会。自接到二十三号通告后，即由教务处议决，指定孙伯盛、王平一、刘俊才、王崇五、吴石英、李耘生、刘象益、韩心平、李珍九人组织青工运动委员会，由教务处工科主任主席，但现仍未正式开会。

（四）我们现在已着手进行的工作

A.学生方面。有非基督教大同盟、社会科学研究会、学生俱乐部、妇女学术协进会。除学生俱乐部尚未能正式成立外，余皆努力进行，责成各种会员负责活动。至于详细报告及将来成绩，则由各部陆续报告！

B.工人方面。仍继续进行去年所办之工人讲习班，但因无合宜地点，进行尚无成绩。此外现正筹备组织青年工人俱乐部及青年工人戒赌会，详细情形及将来成绩，亦由各部陆续报告。

C.刊物方面（此地办的）。有大学方面所办之《山东工人》，已出版三期，我们可以在其内辟一栏“青年劳动消息”。又有三义方面之《现代青年》及《十日》，现在正预备恢复，我们可以暗中操纵。此外，我们又指挥同学去参加他人之《莘莘青年》周刊，投稿发表言语，将来计划，运动其从事改组。成绩如何，容后报告！一切讲义及来信都收到，释念！

余不及！

祝安好！

弟　济地耘生上

三月二十四号

选自中央档案馆、山东省档案馆编，《山东革命历史文件汇集（甲种本第一集）1922年—1925年》，1994年4月。

团济南地委妇女部报告第二号
——关于女界国民会议成立等情形①

（1925年4月4日）

中央妇女部：

济南近中的工作，分别报告于下：

（一）女界促成会，已于三月二十二日成立，除原发起之十团体外，加入者有青岛电话局女工进德会，东昌第三师范女子部。尚［当］日开成立会时，情形尚好，到者有各校女生百人以内（九十左右），会场精神尚能维持到底。开完会以后，因为宫琦疏忽，只在本省各报馆接洽，托他们宣传以外，没有作稿子到别地处去，以致各处均不知此地已有这种组织。女促会有委员十一人，我们同志完全当选，除有三人非同志外，余皆民校分子。自成立后，开代表大会一次，委员会两次，议决加入追悼中山大会，并反对段祺瑞国民代表会议条例，又致电加入北京总会及响应上海女促组织统一全国妇女团体之宣言（促出席北京女代表从速着手），惟据北京来人言，此项信件没有收到。在这次运动中，我们

①这是李耘生代表团济南地委写给中共中央妇女部的工作报告，主要介绍了济南妇女界成立国民议会时有关情况。

因为没有与女权同盟接洽（此中情形警予[1]知之甚详），所以秦某[2]竟大怒，认为宫琦有意排斥她，竟通函女权同盟全体，谓宫琦别有作用，故不能加入云云。此信在别校并不起作用，惟女师因反动的学生及教员从中利用，故反动空气紧张到极度。现在我们同志及妇〈女〉学术协进会分子在内解释，又稍好些，但我们改组女权同盟的计划又受打击了。现在济南民校反对我派的人有一种联合，女党员更容易诱惑，所以协进会的民校分子对我们也不免介意，表面上是很亲密，内中她们还怕有拿秦某制宫琦的意思，并不能把她们的精神吸收过来，而得到她们绝对的拥护。她们中二三重要分子对秦事不表示积极的反对态度，这真是我们作事前途的暗礁。秦之攻击个人事，宫曾提出省、市党部，她们因秦实在是不能作工，事实上济南运动还需要宫主持，所以普遍的空气尚很好，秦的地位可以说被我们打掉了。现在女促的中心团体，只有协进会的三十人内外，其余虚名及外县的不算，女医、女中都是靠不住的，有解体的情形（女中好些，因有协进会分子十人以内）。因为这次运动完全是煽动和引诱来的，所以它在女界的影响不过如此而已。现在只有这个机关是抓在我们手里的，利用这机关以广宣传。一切进行的方法，还盼望中央时加指导。

（二）此地民校没有妇女运动委员会。民校的妇女部（市党部）是一个老奸巨猾不肯出力作事的右派担任，此人名王少韩，现任教厅第一科。

（三）女工运动，我们这一项简直没做，完全是因为没

---

①即向警予，时任中共中央妇女部部长。

②即秦赞乃，女师学生，时为女权运动同盟山东支部主席。

有时间。

（四）我们同志不能往北京，所以我们在代表大会中主持加入总会，接受一切决议，不派代表了。

（五）此地女同志，是得不到从实际活动中受训练的机会，她们活动的对象，只限于她们所处的机关，所以意识上常为环境所束缚。至于看党的出版物及研究书籍，她们都是很努力的，协进会分子，包括一部分高小学生及没有看书能力的中等学生，除了妇女杂志及学生杂志外，我们很难得到启发她们思想的书籍。至于我们的出版物，可以说在她们大多数中是不能看的。关于此事，望中央指示给我们一些可以用的书籍。

（六）女同学的生活问题不解决，因而消极或悲观的现象必然发生，特别是有家庭束缚的同学，我们团体若不尽可能给她开路，必将因此屈服于环境。现在济南的女同志中，就将要发生此现象，因玉兰同志的家庭，在今暑假她毕业时要替她完婚，以致她终日不安，精神上很受打击。所以望中央留意，今年派学生赴莫，一定要替她留一位子，以便使她跑掉，与家庭脱离关系。

济南C.Y.地委　　妇女部　宫琦

秘　书　耘生

选自中央档案馆、山东省档案馆编，《山东革命历史文件汇集（甲种本第一集）1922年—1925年》，1994年4月。

团济南地委书记部报告第二号
——关于地委会成员变更及各项工作情形①

（1925年4月20日）

郑容兄：

（一）济分校于四月十二日上午开全体同学大会（第二次），出席者十三人，内有二人为代表，代表工生二十六人，共为三十九人。请假者九人，不到者一人。公推王崇五君为临时主席，开会约四小时之久，精神甚好，对于教务处过去的工作颇多批评，并对于今后工作上也有好多的贡献。

（二）教务处职员略有变更。济分校教务处职员五人，其一人（丁某）因工作忙碌，不能担负责任，呈请辞职，理应由候补委员递补，而候补三人，一人往上大求学，一人为铁路工人，没有时间来担负责任，其另一人，也因工作甚忙辞职，大会照准，并举出吴石英同学为正式职员，加入教务处办公，又举出李子珍、丁群二人为候补职员。职务的分配也略有变更，耘生任书记兼组织，王辩任宣传兼妇女，石英任学生部，孙福昌、王崇五二人共任工部。

（三）这月来全般的情形：

①这是李耘生代表团济南地委写给团中央的工作报告，主要介绍了团济南地委人事变动及有关工作开展的情况。

A.学生方面：因为我们的同志现在仍在校求学的只有七人，除女师方面能单独的成立一以机关为单位的支部外，其余尽是些游离分子，所以支部的权力不集中，活动的对象太复杂，组织呈现散漫的状态，行动上缺乏团体的意识。

B.工友方面：因时间、经济及人材的关系，不能按时施以有系统的教育，至于娱乐方面，更不用说，所以工友同志们，普遍的表现就是缺乏教育及活泼的精神。关于以上两点，现地委已切实注意及之，一面督促各学生同志限期在各校成立我们的支部，一面分配能负训练工作的人到各支部去，所以现在支部的组织，也略有变更。

（四）以上不能按期作报告的原因，唯一的就是缺乏负专责的人材，各部对于各部的工作不能切实担负起来，以一人而当四面用，则顾此失彼之弊诚不能免。现在职员既因不能负责而略有变更，则按期作报告的事，定能作的到。

（五）经济情形：济地同志现四十九人，其中十九人不能照章缴纳团费，由地委议决每人照一分缴纳，其余三十人每人一角，所得税又不能多收，因为收入无过三十元者，所以每月学费至多不过收四元而已，我兄每月津贴数目实不敷用。详细账目，容改日制表详报。余再叙。

祝你安好并努力！

弟济难[1]上　耘生

选自中央档案馆、山东省档案馆编，《山东革命历史文件汇集（甲种本第一集）1922年—1925年》，1994年4月。

---

①团济南地委代称。

齐兰试卷第一号
——李耘生关于地委改组以来的工作致曾延[1]

（1926年2月10日）

曾延兄：

济分校自改组以来，未曾按月作正式报告。兹报告如下：

（一）报告迟延的原因——济南自十一月底改组以来，至今已两月矣。照章，每月各部须将其工作情形正式向我兄报告一次，今阅两月而一次正式报告还没发出。一方面因为旧负责人交代不清楚，各种报告都无存根，以致报告无从着手；另一方面，因为我们想作一个比较完全的报告，不愿意杂乱无章，毫不精确的报告给我兄，而精确的报告又非短时间所能作成，以致迟延复迟延，至今未曾作出。此外，耘生同学自到济以来，身体、精神都不甚好，负责无人又不能请假，以致已经作出来的报告也没有发出。今者，耘生被调负P责，特将以往的结束一下，报告我兄（一月份由新委作）。

①这是李耘生代表团济南地委写给团中央的工作报告，主要介绍了团济南地委改组以来各项工作开展情况。“齐兰”为团济南地委代称。

（二）济地政治经济情形——政治情形：现在尚在军事期间，特别戒严压迫甚紧。因为我们与济南各社会团体，如商会及各政团素乏接洽，所以对于全省的政治情形十二分的隔阂。这是在山东方面工作上的缺点，也可以说是错误。经济方面的情形：工商业受战争的影响，十分不振，金融不稳。详细情形，也无从探息！（工厂方面的调查，经委尚未作出）

（三）本月工作的大概情形——可参看《十二月份地方大会的报告及其重要决议》，附上一份，查收。

余不及

祝努力！

齐兰上 耘生

二月十日

附：十二月地方代表大会地委报告及其重要决议

（1926年1月10日）

一、地委工作报告

自十一月三十日地委人员变动至今天（一月一日），为期恰正一月。在这一月内的工作，实无多大成绩之可言，其主要原因为新旧交替，各种工作都新插手，尚未十分就绪，且旧负责人交代的不甚清楚也有关系，以致各部职员对于各部工作都有很多没作到的地方。这次地委之所以急急召集全体代表大会的意思，最主要的是征求各支部同学对于地委过去工作的深刻的批评，及对于今后工作的切实的意见，以期在这次大会以后，地委能真正负起责任来，向着全体同学所期望的目标作去。为便利各代表批评及发表意见起见，将一月内工作情形分项报告如下：

Ⅰ. 地委决议事项

因为处在这种军事的严重压迫之下，对外活动的事项很少，地委例会开四次，临时会开四次（内有一次是批评会）。其决议事项如下：

1. 地委职务分配；
2. 准备恢复济南学联会；
3. 《济南学生》出反奉特刊；
4. 各支部书记的变动；
5. 指出专人赴鲁丰及大槐树；
6. 成立经委、宣委、学委；
7. 决定推销刊物的办法；
8. 警告宋耀廷遗失校证；
9. 决定岫容、□芳赴岛；
10. 对孙刚（新右派）态度；
11. 《济南学生》出非基特刊；
12. 通过第五、六、七号讲义；
13. 组织寒委；
14. 调回朱霄；
15. 召集支联会；
16. 注意向不能成立支部的机关发展；
17. 注意训练支部书记及发展女同学；
18. 作新社会观研究提纲；
19. 讲义第八号；

20. 组织消寒社；

21. 青州应赶快负责发展成立地方；

22. 援助长沙学潮通电；

23. 决定回家同学一律于十二月二十一日以后一星期内回家；

24. 开除洪克佺、鞠尊三；

25. 成立三民主义学会；

26. 成立洪山支部；

27. 学委取消，成立妇委；

28. 成立石谷支部；

29. 张回家，经委书记耘兼任；

30. 派人整顿青州工作并视察各班；

31. 支部变动；

32. 讲义第九号；

33. 共通过新同学二十四人；

34. 决定召集地方代表大会；

35. 通过地方报告。

Ⅱ. 各种委员会的情形

A. 宣委——开会三次，流会一次。其重要决议如下：

1. 规定对内的教育计划；

2. 到各支部教育的方法；

3. 派专员到各支部解释非基的意义；

4. 准备传单标语；

5. 审查各种出版物；

6. 分发修养指南；

7. 整理图书部；

8. 训育专员报告表；

9. 到各支部报告日本出兵东三省及我们宣传的方法。

B. 学委——开会三次，流会一次。在这一月中，因为：（一）负责人不甚了解扩大会后关于学委的责任。（二）处在这种非常压迫的严重情形之下。（三）学生群众因战事的影响，都纷纷回家，所剩无几——以上种种原因，使学委工作无甚成绩。所作的，如整顿学联会，援助长沙学潮，成立民校学委，组织消寒社、读书会，翻印学总对时局决议案等，不是宣传部的工作，即是组织部的工作。对于学委本身的工作，如调查等，可以说是完全没有作到。

C. 经委——卄会一次，流会三次（支联会、寒假回家同学会各占去时间一次，又因经委书记回家，流会一次）。议决制一《青工调查表》，于最近期间将济南经济状况作一统计。

D. 妇委——新成立，开会一次，无甚重要决议。

Ⅲ. 关于组织部方面的工作

A. 支部的变动——最近同学因寒假回家，所余不能单独成立支部，遂就地域关系，分为正谊、育英两支部。

B. 对外主持组织的情形——1. 消寒社，女生方面一月二日新成立，男生尚未报告。2. 三民主义学会，因民校分子大都回家，无大进行，仅已通过简章。3. 学联因学生大都回家及环境关系，无进行。4. 张店工人读书会因受战争影响，工人加工，无形停顿。5. 青州平民学校无报告。6. 非基同盟组织无进行。7. 济南妇女学术协进会，星散。

C. 支联会的情形——开会一次，第二次时间被大会时间占了，且因经济关系。大略情形如下：a. 发言不普遍。b. 书记报告无系统。c. 缺乏具体进行计划。d. “组织问题”报告呆板且时间太长。e. 精神不甚好。f.政治报告无系统。g. 主席没注意到于每一问题讨论终止作一明确的结论。

D. 各支部的情形——自上次支联会后，各支部无报告，且这次到会代表已非以原来的支部作标准，因为有好多同志回家，支部已有变动；又因召集急促，每月报告尚未发出，故今次从略。

Ⅳ. 关于宣传部方面的

A. 对外宣传事项

1. 反奉宣传——因不能召集群众大会，除个别口头宣传外，仅散发传单。

2. 非基宣传——散传单及非基特刊八千余份，口头宣传除外，成绩尚好，未能召集群众讲演。青州、张店的运动尚未报告。

B. 对内教育情形及计划

在这一月内，教育工作可以说是没有尽到责任。以后计划如下：

1. 派员参加各支部。

2. 报告临时发生的问题——训练同志，对外宣传的方法。

3. 各支部会议事程上应列“讨论问题”一项，由教育宣传员作结论。

4. 注意工人与学生的训练方法。

5. 研究新社会观（作新社会观提纲）。

C. 刊物的分配

中青共三期，每期九十份，《新社会观》六十份，《青年平民读本》共二百二十份，《独秀讲演录》二十份，《保护青工》一百份，《告工人书》一百份，统计七百七十份。其余青州系直接向上店交涉，情形尚无报告。

Ⅴ. 关于地委工作的批评

A. 关于全般的

1. 做事迟缓。

2. 刊物、通告、计划发出后，没注意到发生影响如何，执行情形怎样?

3. 没尽到训练同学的责任，很少对同学作个别谈话，讨论问题。

4. 秘密工作不好（如教务处很多同学来往）。

5. 出版刊物没注意要全体同学负责，有几人包办的形式。

6. 通告太少。

7. 经委没作到工作，有很多同学还不明了经济斗争的意义。

8. 对于全般工作顾及不周，如胶支之忽疏。

9. 地委对于工人支部所指定专员，没有尽到指导并教育该支部的责任。

10. 各种委员会发生作用很少。

11. 对同学分工尚不普遍。

附地委批评会对于全般工作批评的结果，以作参考：1. 各部工作权限不清。2. 作事迟缓。3. 没作到训练同学的工作。4. 各部委员没负到责任。5. 教育宣传员及各专员没有报告。6.与 各同学及各支部的关系不密切。7. 技术工作不好。

B. 关于负责人的（地委批评会的结果，一并列入）

耘——思想不甚有系统，指挥能力欠缺，没有十分尽到书记的责任，有时表现自负，对同学谈话少，作事不甚敏捷，对同学批评不客气，作事有经验，对团体忠诚，工作努力。

林——工作努力，思想比较有系统，对团体忠实，态度骄傲，言语行动不接近群众，感情太重，对同学训练不得法——灌输式，解释问题不注意同学的需要程度只引证原则，对于指挥工作不深加考虑，对于组织部的工作没有十分尽到。

英——工作努力，思想进步，说话太快，不注意训练同学，性太急，心浮，好笑，缺乏工作经验，对宣传部的责任没尽到。

张——努力，忠实，接受批评，头脑迟钝，研究欠缺，行动不甚检点，应付能力薄弱。

秦——思想进步，对同学宣传稍武断，说话太快，心浮，看书不仔细，不注意训练同学，作事没计划，没尽到学委书记的责任，有男女界限。

Ⅵ. 对于今后工作的建议

1. 注意电灯、电话、电报、邮局、印刷等城市工人。

2. 具体规定寒假留济同学的工作。

3. 学生与工人同学应发生密切关系。

4. 组织训练班。

5. 出版刊物应使同学普遍的投稿。

6. 打破男女界限。

7. 注意秘密工作及技术工作。

8. 分配工作要详加考虑。

9. 特别注意津厂及丰厂的工作。

10. 注意工人同学的教育。

11. 恢复书报流通处。

12. 努力发展青工同学。

13. 注意训练同学，对新同学多作个别谈话。

14. 支部发生事变（如青州），须将其原因及经过向各支部报告或特别通知。

15. 督促各支部在各该机关内成立各种青年团体。

16. 各支部上课应使其互派代表参加。

17. 支部会上地委应作政治报告。

18. 注意发展女同学。

19. 负责人务必和重要文件分开。

20. 作内部工作的同学，不必要时不可参加公开的活动。

21. 和大学方面应发生更密切的关系。

22. 注意在行政机关内发展同志，如差役等。

23. 要按照客观的环境及同学工作的能力，规定切实的工作计划。

24. 注意儿童团的组织。

Ⅶ. 其他事项

A. 在两周内，使在济同学都习唱少年先锋及国际歌。

B. 同学相互间应免除谩骂及敲竹杠的风气（我们虽不介意，而外人见之则以为我们是大逆不道，更联想到我们共产主义者就是主张这样，影响团体不小）。

C. 负责人说笑话要特别注意。

D. 一切关系个人纠纷及团体误会的事件，在上级机关未有明确的决议之先，不得作为个人通信、谈话及互相攻击的资料。

齐兰

选自中央档案馆、山东省档案馆编，《山东革命历史文件汇集（甲种本第二集）1926年1月—1928年2月》，1995年1月。

陈理真

陈理真（1906-1932），又名陈履真，安徽萧县人，中共党员。

1927年毕业于江苏省立第七师范学校

1928年加入中国共产党

1929年考入上海华南大学和大陆大学，后调中央训练班学习

1930年任中共徐海蚌特委宣传部长、长淮特委书记

1931年7月任中共江苏省委农运委员会书记，8月任中共沪东区委书记，后任江苏省委巡视员

1932年10月因中共长淮特委遭破坏在徐州被捕，解来南京，11月牺牲。

长淮特委巡视员报告
——关于刘平叛变及盱眙游击战争的失败和今后的办法①

（1932年10月30日交抄）

我到长淮区巡视报告如下：

（一）刘平叛变后富农路线的反攻：

刘平叛变的经过：八月廿六日刘平自动赴宁，将176同志的姓名住址密告反革命的K.M.T.中央党部。刘叛二十八日回临淮，二十九日由临淮到蚌，三十日开始临淮、蚌埠大逮捕，计破坏凤阳、泗州县委全部，各区、火柴、骑兵、警察所有支部。

反动国民党利用刘叛熟悉所有组织区及人数，按区分派骑兵经常搜索，信件用药水洗（刘叛带去的），刘叛带便衣队巡街，八十人中有十人叛变，随刘叛工作，因此长淮整个组织震动起来了。

（二）刘叛反动的血的教训：富农路线的领导对阶级异己分子危险性估计不足。刘叛的一贯的非无产阶级意识支配的一切行动（过去决议可参看），刘叛自动去南京，凤阳县

①1932年8月，中共长淮特委军委书记刘平叛变，长淮特委遭受第三次破坏，9月20日前后至10月11日，陈理真以省委巡视员身份冒险前往长淮地区巡视。这是他起草的巡视报告。

毫不惊心，回来后还是老□同志（凤阳县书）送他上车，因刘叛诡称到天津、唐山去做工。这次血的教训事件之一，是放弃了两条战线的斗争，放弃反对一切反革命派别斗争的恶果。刘叛对于党的机关，过去特委不允许他知道的机关，他总要设法打听出来（老朱报告），刘叛对党每一问题，都另有高见，例如建立产业支部，他说："只要设立一个支部机关，什么问题都解决了。"（刘叛对码头同志解释）"北上决死团"，他对群众说："决死就是同赴刑场的囚犯临死时拼命喝酒一样。"群众大不谓然。这样一个分子混在领导机关一年四月，而且没有任何转变，这是什么一回事呢？这是富农路线对于阶级异己分子的自由主义。

总之，这正如上次代表会议所指出的富农路线，根本不了解目前革命形势之尖锐化，所以就可忽视秘密工作，容纳阶级异己等无所不有的机会主义，都可耻地表现出来。

（三）怎样回答这一事件呢？正确的回答应该是更坚定不挠地深入反富农路线的斗争，扩大反日反帝运动，巩固扩大和严密党的组织，立刻建立新的特委领导，执行代表大会对于工作全部的指示，用更新的、更有效的工作方法方式去猛烈开展工作，完成创造新苏区和红军的战斗任务，回答国民党及一切反革命派别对党的进攻，回答刘平的叛变。

长淮特委恰恰采取了相反的途径，事件发生后，特书回家去了，凤阳□□是他们集会的中心（因刘叛变不知道详细情形），整天的吃睡。盱眙、泗州、凤阳各区干部可以被遣散回籍，都是拿现在没有办法，回去等等再说，回答干部问题，我同□□□同志到那里才一个个去找来。

第一次特委会议上，□□同志公开说："现在全国革命形势是在猛烈的开展，但长淮区的形势变了。”又说：“下层同志都怕得不得了。”只有少数同志说我们不能等着刘平来杀我们，我们要想办法对付他，但这是少数的。

好了，这是□□同志经过我同□□同志几次的谈话，将现在革命形势及批评他们的错误以后的具体意见，很明显的这是机会主义的分子利用刘平反动的时机之反攻，□□同志发言很坚决的反对他们的意见，又要他们发言接受，□会议的结论之要点：

1. 认为是富农路线的反攻，以形势转变论作其基础，一月另六天的消极怠工就是他的回答。

2. 这一机会主义的根源是由于不了解目前革命形势，接受了国民党及一切反革命派别、关于红军失败的武断宣传，盱眙游击战争失败之根源没有正确了解，过分估计刘叛之破坏效能，对下层群众斗争情绪估计不足。

3. 坚决执行省委全部的指示，响应十月革命纪念节的省委号召：

A. 十月革命纪念节，几个中心区游击及示威布置之具体化；B. 恢复盱眙游击；C. 建立面粉、火柴、码头的支部；D. 党员一倍号召执行不让一个先进分子落在党外的精神，首先在中心区实现；E. 反帝运动应与武装拥护苏联、苏区联系起来，几个中心区凤阳□□□□二区、定远西南区、临淮、蚌埠，经过党及赤色工会、农会，建立反帝联合会、义勇军后援会等系统组织；F. 新领导方式之转变，首先深入下层支部中去的问题，学习上海经验，用活动分子会支书联席去动员党革命竞赛及具体的介绍，个别的指导成立日程等，均有具体讨论。

当时决定特委及凤阳县委名单，派□□同志到定远巡视，□□同志帮助建立凤阳工作，□□同志到泗州、灵璧，我到五河、盱眙，立即到下层支部中去动员。特委写一报告，由□□同志带交通员到上海来拿文件，并调换别人到蚌工作。

（四）新事变到来：我六日动身到五河，九号上午九时到河边开支部会，新特委组织部长仓皇来说："报警，找你四天了。"我以为他本人有什么问题，他报告□□□□两同志被捕，原因是刘叛的密探队，并说捕的时间六日下午二时十二分，恰是我离开那里二小时的光景，他两住同志开的饭店内，警察由蚌来四人捕去。

当时便到五河县，那个区离五河十八里，当时有五河同志□□□、□□□二积极分子，一个曾做过盱眙县委书记（火柴工人）。决定：1. 即刻建立新的领导机关，由□□□、□□□、□□□一知识分子、二工人为临时特委，调□□□、□□□做技术工作；2. 暂且以□□为特委集中地，后再在蚌设法，因现在蚌无办法；3. 立刻建立蚌市工作委员会；4. 更坚决执行过去决议；5. 我立刻回沪解决工作问题，我十一日动身来此。

（五）下层组织情形：我和□□同志这次去，二十七日到蚌；找到通讯处，他们已一个礼拜未去人了，等到廿九日还未找到，三十日才见到人，立刻到□□区乡下，晚上召集三个同志谈话，二个是三年前加入的，一个是新加入的，都是积极分子贫农成分，他们说开会就是打倒这、打倒那讨厌了，要干就革命，这是一种；第二种是说红军现退却，我们等等再请问特委，特委到此地来的人也想办法回答了这些同志吗？他们说回答了第一种要干就干是不对的，因为不做工作没有群众怎样干呢？第二种是等待主义，红军失败了，我们也□要干，红军不是天上掉下来的，是我们干出来的，下层同志听到这答复怎样呢？他们说依然不来开会。

够了，可以将富农路线的全部领导破产看出来了。第一、不能抓住每个事变去动员支部同志工作，例如九一八之类空喊政治口号，千篇一律的博士演讲；第二、没有具体的中心工作分配每个同志，并给以具体方式和方法；第三、未将党的路线去向同志解释，不就支部个别同志每一问题去解释党的路线；第四、未能推动支部去发动群众斗争和组织群众，支部是清闲机关，在数就够了，开什么会，还有接受国民党反动宣传谓红军失败，不将相反的事实去鼓动群众，不了解目前革命形势。

后来，我说怎样使他们自然来开会的方法说了，他们大为欢喜。第二天开六人支部会，我到五河也是将土地法令的大纲和中央苏区过去错误、中央指示等，讲给同志们听。二同志说我加入半年了，他们从未和我谈这些，我早些知道这些，工作老早好了，我的困难就是遇到人谈话，他们就没饭吃欠债怎样办？这一解释他们自然高兴了，又继续问他们这是不是马上可以充饥呢？不行的，还要发动斗争，几位同志都高兴得跳起来，五河三个支部会是从来不开会的，特委所谓不好的同志。

□□同志到□□去巡视，也得到同样，□□同志介绍□□同志去时嘱□□小心〈是〉刘叛是他介绍去的，实际上晚上同志自动来谈话，并报告刘叛后他们准备土枪，晚上轮流守夜，反对逃跑，绝对不像□□同志所说的怎样害怕。开始去时，我同□□同志特别谈到，省委指示反富农斗争是在开始要深入下层去。

我们是一面建立特委县委，一面巡视支部，虽然只有几天功夫，确得到不少成绩。这更证明刘叛后长淮富农路线复活，未去深入反富农斗争矣！

（六）盱眙游击战争的失败经过及其教训：

1. 盱眙游击队开始了反富路线斗争以后有了新的胜利，从八月十五日到二十五日游击队扩大至14小队，生活比较健全，武装力量加大，增四十支武装步枪、盒子炮，群众基础有了扩展，在四十里桥毛洪关分粮，群众比前增加一倍，并且继续解决了四十里桥毛洪岗豪绅，当时声势确是凶赫盛极一时。

2. 反动国民党豪绅地主用新的方式进攻游击队，第一是调动骑兵旅全部、警备旅一部，汇合当地民团计四千之大举包抄；第二宣布如某某几处将屠杀净尽，早来可免死；第三利用土匪在我们区域扰乱，并勾引我们游击队，甚至将我们领导人暗杀，当然我们捉的豪绅被土匪劫去，王士举同志被打死，并且与大股土匪暂时缓和不冲突；第四实行封锁断绝交通关系。

3. 领导的错误：①对进攻策略进行还不坚决，虽然解决一些豪绅地主，瓦解一些土匪小股，但对群众斗争领导仍旧是消极的，反地主估租的斗争未去执行，雇工斗争说说都算了，国民党宣传将屠某村某岗，我们没有抓着这些事实深入反国民党豪绅地主斗争，组织群众武装自卫，更深入游击战争纲领的宣传，发动广大群众反对围剿，反而有部分群众跑到豪绅处洗说自身；②战术的错误：八月廿六日早晨，敌以四千之众漫山遍野而来。当时有两种意见，县书一同志说把游击队遣散，各人背枪跑，总指挥武装同〈志〉说打一仗，结果战了一天，敌未越雷池一步，我死伤十人，敌死伤三、四十人，我方政委死了，总指挥重伤，调人指挥，晚退至荷叶滩，三面是水，一面陆地，被敌包围剿去一部分。其实当时正确的办法，应该将游击队化整为零去袭击敌弱点，不能等待敌进攻，并两天以前就知道敌人来，不去准备此其一；第二晚退不应该跑到死地去，荷叶滩三面是水如何可以，游击队员大部反对，有一部中途自动离队，这种不虚〈心〉认识群众正确的意见，也是错误的；③群众工作没有转变，也未开始建立；④党的领导，支部未建立起来，县委跟着游击队跑；⑤解决问题的机会主义无能软弱，敌人大举进攻之前二天，王士举同志被匪胜算，拉了十个土匪来，为这个问题弄了两天两夜未解决，把预定的解决豪绅武装也未执行，敌人来攻的报告也置之背后，甚至捉来的豪绅也无法处理，一个同志随便可以保走豪绅，处处表现机会主义的无能；⑥对地主、富农和平共居，冯营子一部武装不去解决，相信他们是帮助游击队的，恰恰这次战争是他通风报信的。

（七）今后的办法：

1. 我们估量盱眙游击队还是有发展的可能的：A. 过去有很深的政治影响； B. 农民斗争要求迫切； C. 苏红影响之深入；D. 有相当组织力量，还有部分武装（现不知流于何处），坚决反对特委那种机会主义观点，认为完全没有办法置之不理。

2. 怎样去恢复？A. 将逃散出来的游击干部重新训练派回工作，现已有四人；B. 加紧领导抗租斗争和雇农加工钱，反对解雇斗争，并将设法将零碎武装集中起来开始游击，夺取流［留］在土匪中的下层群众，将领袖及不良分子解决更好，不然退出也可以；C. 经过城市关系进去，仍以前书记去；D. 士兵，特别是骑兵，十月革命纪念前，起码派去七人到内部活动；E. 健全盱眙县委。

（八）团的问题，特委瓦解了，现在没法建立，只找出一人做团的工作。

（九）途中的遭遇：险些儿被捕，十一日夜八时在浦口下车走几步，遇刘叛和四个军服人谈话，从旁绕过出了站，跑到轮船码头暗处，将通讯处握在手中窥动静（因只有一个渡口，别无路可通），后来他慌慌忙忙又是前招呼后招呼，跑上楼去了，随后十个宪兵押着大小朱二同志，皆破［跛］不能行，四人扶二人，船将离岸，我复跳下来回至浦口，当天搭船来此，因此十三日早十时抵此，途中若不遇见故人借得五元，几不能回来了。

1932.10.31抄完

选自中共蚌埠市委党史办公室编，《中共长淮特委》，安徽人民出版社1991年7月版。

朱务平

朱务平（1898—1932），原名朱焕明，字镜秋，安徽宿县人，中共党员。

1923年加入中国共产党

1926年任中共临涣独立支部书记、中共宿县地方执行委员会书记

1928年任中共徐海蚌特委委员兼凤阳县委书记

1930年任中共长淮特委委员

1931年6月任中共长淮特委书记

1932年9月因中共长淮特委遭破坏在蚌埠门台子火车站被捕，解来南京，11月牺牲。

给团徐州地委的报告[①]

（1925年10月13日）

第委[②]先生：

1. 今把陇海工校[③]概况报告如下：

过去之现象。虽有工会之名，而无工会之实。工友对于工会毫无关系，也因工会住兵，工友不能到会之故，也不能开会，只挂空牌而已。委员长要解散工会，几乎破坏，副委员长已去，无人负责任，仅有二三个工友负责支持危局，才不致瓦解。当时诸工友不缴会费，八月份只收七八元钱，连通信的钱也不够。我在那个时候也无法和工友接近，铁总[④]及陇总[⑤]所来的通告、通电及信件，也无法执门［行］，当时陇海全路工友向路局要求十四条件，幸工会未散，尚能派代表一人中间交涉二十多天，得完全胜利，这时诸工友闻要求条件完全达到目的，对于工会才有点转机。

2. 现在之现象。现在会址还在两处，牌在一处，办事在一处，使社会人不注意。自向路局[⑥]交涉之代表回徐，诸工友提议改组工会，遂开大会选举委员长及各科委员。前委员长原来不为工会出力，他看现在工会好办事，又愿意当

①1925年6月，朱务平任陇海铁路总工会徐州分会中共党团书记。这是他就陇海铁路总工会相关情况写给团徐州地委的报告。

②代指团徐州地方执行委员会。

③工会的代称。

④即中华铁路总工会。

⑤即陇海铁路总工会。

⑥陇海铁路管理局。

委员长，可说是个机会主义者，现在不为工会出力，还不是个机会主义者？其余各科委员，也不大十分努力（除庶务委员唐福兴外），也算少［稍］称其职罢了。近一月来，表面上（开执行委员会二次，大会二次，各部代表会一次）看来好像很有组织、有势力似的，其实还是散漫的很。九月份之会费缴了十分之七，共缴八十元之谱。每次铁总所来的通告不能完全执行。现在诸工友可分三等：第一是热心派，工会所有之事他都来做来问，不过有一二个人；第二是中立派，对于工会不闻不问，缴会费也顺势，也不破坏工会，占最多数；第三是消极派，不乐于拿会费，就拿出来也是勉强，有时说反动的话，做反动的事，也有二三十人之谱。极端反对工会的人，现在也看不出来。

3. 将来重要之工作列下：

一、工人子弟小学校；

二、补习班（无把握）；

三、在下层工友做工夫；

四、对反动派取敷衍的态度；

五、使养路处，车务处及电务处加入工会。

以上五条事项，是根据过去及现在之现象做起，有不计及处，请指导为盼。特此报告。

徐地平[1]　启

十月十三日

选自中共淮北市委党史研究室、中共濉溪县委党史研究室编，《朱务平传》，2001年6月。

①即团徐州地方执行委员会执行委员朱务平的缩写。

关于宿县政治经济情形的报告

（1926年4月26日）[①]

呈胡先生[②]鉴：

一、当地形势及人口

1. 所报告地域的范围，限宿县西永城南涡阳和蒙城北，以临涣为中心。交通方面，有汽车自宿经永城达亳州，自宿到涡阳的大道经过临涣，自临涣帆船可到固镇桥。本地虽在浍河流域，大半土地很瘦，因浍水入淮，两河都淤塞，夏间天雨几日，则田园皆为泽国，大秋一概湮没，稍旱田苗即死（因黏土），农民常有乞食于淮南。终日有土匪绑票之事，兵灾之最甚者莫如去年苏军和安武军往亳州打孙殿英。

2. 人口方面。村落之距离，都是一里多或二里，每村有二三十户至七八十户不等，每户有人口四五人至十人以上，因土地不肥，人口也不算密，也不算十分的疏。

二、政治的情形

1. 政情方面。就宿而论，政权仍操倪系之手（如丁冠军、晋恒履、张凤楼……）。尚有三五恶绅，也时时争地方的政权。

2. 政治与经济之关系。民国以来，绅士们假保卫地方

①原文未署年代，此年代系编者判定。

②即胡枢蔚，中共上海（江浙）区委代称。

之美名，成立警备队和保卫团，都是农〈民〉担任发饷，又兼直现在应酬军阀及纳税……，每亩地须出钱七八百至一千文。

3. 军阀对于农民倒没有什么压迫，也因农民现在没有反抗，表面上还安静，实际农人也都咬牙切齿。

三、社会各阶级及团体

1. 法定团体。（1）全宿县各镇乡都有农会之组织，实际是空的，绅士扩充势力起见，所以他们把持着，不让他人染指。（2）全宿各镇乡不完全都有商会之组织，就有组织不过仅有其名，也被绅士占据。（3）全宿教育会，也不完全都有组织，就有组织的话，不是恶绅占据，就是浑蛋人们把持。（4）如全宿各镇乡团防局为政治的机关，也是农民所最痛恨的恶所。

2. 自由结合的团体。（1）农民协会，全宿组织有三十多处，县农民协会已成立。（2）全宿现正进行组织小学教职员联合会；学生会自民国十二年被马联甲摧残，现在还未正式恢复。（3）国民党党员有一百六十人，都是左倾的，自国民党改组织以后，县党部已正式成立。（4）还有其他青年团体，如群化团、青年社，又有遍地将要组织起来的红枪会，现在刚刚到皖境。

四、农民阶级

本地农民没有组织，现在偶有地方有红枪会之组织。至农民阶级分述如下：

1. 大地主很少，有田千亩以上者，至多不过有千分之二，有田五百亩以上者，有百分之三；有田二百亩以上者，有百分之六七。除以上等大约百分之九强是地主（指千亩以上）或地主兼自耕农（指五百亩至二百亩）。

2. 十亩以上至百亩，都是自耕农或兼佃户（指不到百亩）大约占百分之八十左右。至不足十亩或纯粹无产者，至多不过占百分之十，这都雇农。

以上是此地农民阶级大略分述。

五、工人

1. 此地除烈山煤矿工人万余，算是没有工人，至木、泥、石、油、铁、陶等工人，同时都是十亩左右的农人，这些人都是加入农民中的，也没确数。

六、学校

1. 中等学校有三个，一个是教会办的。

2. 高级小学有九个，一个是教会办的。

3. 初级小学有百个。

以上各种学校学生数目不知若干。

七、军警

1. 宿城住苏军一旅多，警备队三营，前属地方性，现在改归苏军指挥调遣。

2. 全宿各镇乡都有团防，大约有八九百名，属地方性的。

3. 宿城内警察五十多名。

以上是宿县及宿以西的情形。肃以祝

努力！

朱务平

四月二十六日

选自中央档案馆、安徽省档案馆编，《安徽革命历史文件汇集（第1册）1922年—1927年》，1987年。

中共宿县独支的报告
——关于独支成立经过和社会政治情形[①]

（1926年10月19日）[②]

苏骞兄：

独支与区委发生关系已有二月（本年七月七日），已报告过数次，想区委已明了个大概，现在作一总报告，请按情形指定工作计划和策略。

本独支在宿县西临涣镇成立，有同学十二人，为农民运动中枢。在八月间宿城少校独支要求把大学独支移到宿城，当时我们请求区委决定移动与否，区委告知，刻已派员前往考察农运情形及〈本〉校内容再决定，后宿城少校及民校县部叫我到城内担任县部农民委员及县农民协会秘书，我即到宿城，临涣独支主任由徐风〈笑〉代理。我到宿城知有大学生六人，即在宿城组织临时大支部，作工作的中心，这是本独支经过的大概。把各种工作的状况报告如下：

---

①1926年7月，中共临涣特别支部改为中共临涣独立支部（亦称中共宿县独立支部），朱务平任书记。这是他写给中共上海（江浙）区委的报告。

②原文未署年代，此年代系编者判定。

一、民校

民校是全在本校指挥之下，关于内容也有不好的现象，如不工作，行动自由。县部九人，有一人是非同学。正式区党部有四：第一在宿城内，常务是同学，组织和宣传也是同学，青年部也是同学，其他三人非同学，组织散漫不集中，系同学能力薄弱；第二在睢溪镇，距宿城七十里，常务是同学，组织是同学，其他非同学。该处有工人性小组，工作不好，因为没有能力的领导；第三区在临涣镇，距城九十里，该处有大少两校同学二十人，区部执行委员全是同学，工作□□□；第四在□□（津浦线），该处没同学，组织散漫，没有工作，同志时常为小学教员闹意见，现在派一同学前往充当□□，以县部特派员的资格指导该区。有独立区分部十个，四个有同学指导，六个没有同学，也没有工作的成绩。共有区分部二十一个，同志二百八十四人，共有同学□□。这是民校大概的状况。

二、农民

县农民协会本年二月成立，成立时非真正农民（我们的同学及不反动的乡董），现在预备改组，使各区协会参加。现在各乡间有六个区农协，县农协正副委员长及秘书是同学。第一区农协在临涣，正委员长不是同学，也不是同志，是一个老秀才，他对于革命是□□□，他的两个儿子都是同学；副委员长及秘书是同学，有两个执行委员是同志。第二区农协，在临涣北，副委员长及秘书是同学，两个执行委员是同志，该区农协能常常开会，讨论地方的问题。第一第二两个区农协共有一千二百会员。第三区农协在县南关，会员一百，秘书是同学，不能按期开会。第四区农协在北关，会员二百人。没有同学，不□□。第五区农协在五夹沟，有一人当委员，会员八十人，组织散漫。第六区农协在顺河集，有会员二□□人。以上六个区农协，不过略有组织，缺少训练及认识，现在不能用，他们虽为农协会员，不能叫他们纳费，第一因为没有训练，第二因为农协没给他做过切身利益的事，所以他们不愿纳费。其他还有民团等于农协会，因他们是非同志组织的，人数有一千。总而言之，宿县一带之农民自动买枪的很多，农协会员有枪的很多。

三、工人

本城没产业工人，手工业工人组织一个四业（木、泥、石、油）联合会，有一个委员是同志，散漫的很，也不能开会。烈山煤矿工人甚多，大约有一万余人，现在无组织，也不能插进去。

四、教育

本县有中学五，省立一，地方立二，耶教立二。省立四农有同学十人，现在组织小组；地方师范讲习所在我们手中；地方立初中与我们接近：高级小学十二所，四所在我们手中；初级小学七十所，倾向我们的有一半，直属于本校的有十所。我们的同学大少两校，共有五十多人，小学教员占一半。

五、妇女

在县城组织一妇女协进会，分子是旧式妇女居多，会员有一百人，组织散漫，内容□□，□□一人，无能力，同志五人，第一他们没有能力，第二他们不干。

六、政治

本县地方治政，是绅士当权，绅界可分属新绅、旧绅，新绅是以前学生会落伍分子，他们对本校、民校疾视和排斥，不使我们得到政权，他深知我们是革命的，如我们得权，与他们也不利，所以他暗地排斥，但同时他们的敌人也是旧绅，有时他们〈对〉我们也表示好感，但是想利用我们，现在新绅在一县政局上当权，我们对于新绅的态度是怎样呢？新绅同时也是作恶的，如与他们合作，失了民众的信仰，如严格拒绝他们呢，他们与官厅勾结压迫我们。所以我们对他不拒绝亦不反对。旧绅怎样呢？旧绅根本是一班老浑蛋东西，自民国十年以来，他们绝对是我们的仇敌，时时攻打我们，同时也攻打新绅，他们以为新绅与我们是一气的人（其实我们也是反对新绅的），所以我们同新绅一刀两断，不叫他们疑我们也是作恶的。现在把新绅、旧绅和我们的势力列下：

1. 新绅势力：宿县商务会、宿县财政、宿县水利局及乡镇团总绅士们多半属新绅。

2. 旧绅势力：宿县农会、宿县教育局，其他如新民社、民声社、小教职员研究会（都是反动的团体）。

3. 我们的势力：教育会、小教教员联合会、县农民协会、青年社、群化团，国民党县部自然是我们的。我们和新旧绅在宿县的势力可以鼎足而立了，所缺没他们有钱，所以用钱的时候是斗不过他们两派的，但是我们的群众多。

根据以上的事实，规定以下的策略和工作：

1. 我们对于民校的工作和策略是：①没有必要使□□对于团体有大帮助，不发展民校；②以后介绍学生直接入本校，③组织其他团体，代替以前民校（是入民校再入本校），其他团体为本校预备班，直属本校训练管辖。

2. 在过去，可以公开组织农民协会，现在孙传芳压迫至甚，不能够公开组织会，今改变方针，趁现在发水正大的时候，拟组织水灾赈济会，到农村中宣传，并拥护农民的利益（要求放赈，要求豁免银米或减少杂捐）。

3. 对于教育方面工作是抓到地方教育权，安插我们的同学当教员，作农民运动的基础。

4. 工人方面，现在正预备调查烈山矿工。

请区兄按以上状况切实指导！

凭[①]　十月十九日

每月的预算案

1.负责人生活费	15元	40元已许可自十一月分［份］起
2.办公费	5元	
3.交通费	10元	
4.宣传教育费	5元	
5.农民运动费	20元	
6.我此次来往路费	20元	

皖北宿县东关河南区立第二小学校

冯心　刘之民

选自中央档案馆、安徽省档案馆编，《安徽革命历史文件汇集（第1册）1922年—1927年》，1987年。

①即冯心，朱务平的代称。

朱务平报告第二号
——关于宿县的社会环境和党组织工作概况[①]

（1927年1月10日）[②]

苏骞兄鉴：

现在把宿县近两个月之经过情形分述如下：

甲，环境方面

谢鸿勋驻宿之情形已成过去之事，勿庸多述。自直鲁军入皖，宿地即驻七军许昆部下之一混成旅，查信最严，我们的信被他查去，遂派兵数名到一同学家中要人数次，后托人才把该信要出，才算无事。以后该同学和查信之副官拉拢，又作兰谱之事，该副官以后所查之信尽数给我们看某信有作用，某信有关系，如此有半月颇觉畅快。现在第五军王栋驻宿之副军长系宿人，和地方反动之绅士颇接近，反动的绅士和他对于各派的内容甚洞悉，王之副军长即把我们的同学请去一个（这个同学以前与他认识），开口问地方有赤化没有？同学即答他说："有江刘二人，今已他去了，其他的无关重要，现已星散了"。据同学说为什么这样答他呢？因

①1926年冬，中共宿县地方执行委员会成立，朱务平任书记。这是他写给中共上海（江浙）区委的知字报告第二号。

②原文未署年代，此年代系编者判定。

事前他对我们调查很清楚，所以才这样答他。现在反动派有四五人，跑王之副军长处弄个什么参谋咨议的名目，逐在地方发风。传闻反动派说："现在千载一时之机会，可以陷害他们"；又闻反动派说："北伐军已入皖南，他们有几百人，如陷害不完，北伐军〈来〉我们也不得了。"这两种消息全是传闻，不知确否？总而言之，他们是时时想陷害我们，拿过去之事实看便知。在谢鸿勋时代，他们几次没名信向孙传芳陷害，皆被县知事李诱然答覆没有其人，又禁止我们出的宿县周报出版，这都是过去之事实。

乙，校内状况

近来因环境不好，各同学对于学校较前散漫，其原因有二，一是团体主观能力太薄弱，如客观的环境看不清楚，工作分配的方法和时机，都指导不得其当；二是诸同学没有训练，多不知找工作，只知从事麻雀勃克和游玩的生活，对于团体好像没有深切关系似的，以上是校内现状。

丙，工作的概况

一、农民方面

北伐军未入武汉以前，还公开或半公开组织农协会，以后即不能组织农协。在阴历九十月间，议决对于农运改变以前的方针，因本年水灾甚巨，我们即邀请进步的绅士组织赈灾会，作放赈之事，后经绅士们修改，组织华洋赈灾会，开成立大会时，县长同外国的牧师都与会，开会结果县长同牧师举为会长，其他各股职员都是本校同学和民校同志。有人问为什么使县长同牧师加入呢？因县长他能向省要公款，牧师许着向华洋义赈会要求赈灾，后又在华洋赈灾会内，我们提出组织一个度荒互助社，其宗旨是凡愿度荒皆可加入本社，我们的用意就是农民使他自动的解脱自己的痛苦。华洋赈灾会刚开始募款，度荒互助社刚从事组织，忽然直鲁军入皖，县长和绅士们都忙着应酬他们，不暇做这好事，我们也不敢单独做度荒互助社的事，恐他们疑我们做的有作用，这件事算中止了。放赈这件事做不通，我们和民校又组织农民纳税委员会（农民自己向官厅纳地丁税，差役额外多要钱，学生或先生们引导他们——仅限各村或区农协，差役不敢多要钱，恐怕同他们捣蛋），表面的名目即是县农协会。这件事农民很表同情，可惜做的太晚一点。现在各村农协要求我们教他读书，我们全体动员办平民学校，可是现在没有适当的书。

二、民校方面

全县虽有数百人，遇环境不好，即不工作，我们虽能包办民校，但做也不好。在这压迫的时候，民校的人完全失了作用，无论做什么事，都是本校的人，虽有数次整顿民校，终是推不动，现在还是不发生作用。其中有两个区部在乡间比较好些，还能按期开会，收每月的党捐，县城内的民校不好。

三、宣传方面

对于宣传方面的工作，几乎等于没做一样，因没接到上级学的讲义，于世界和中国的政情不知道，所以没有宣传，仅把直鲁南下的罪状和事实搜集，向农民和商民宣传。

四、组织方面

扩大方面现在到三十三人，成立六个少校，两个在城内，四个在乡村，同学都很幼稚。至于组织，根据客观的环境和工作的对象等事，因我们几个人组织定义都不能十分明了，所以也不能做好。

五、工人方面

阴历本年春天在县城组织木、泥、石、油四业联合会，现在好象无形消灭。至于烈山矿工开始调查一次，还是不大清楚，大概的情形是：利用机器做工，共有窑筒十一个，每个筒有工人五百，大约有五千工人之谱。厂主（倪道烺股最大，外有本地大绅士小股）按班次发工资，每次进窑二十四小时才能出窑，每班每人发工资千文上下不等。听说他有两次罢工，被工厂主枪毙几人，以后皆归失败。工人当土匪的很多，所以没有敢下手去做。

六、军事方面

我们曾做过军事运动，是直属于安徽宣抚使常恒芳的，现在可分两方面说：

一是土匪有四千人，实有三千五百人有枪，他们已受委了，有四个：一个是皖北边防司令，两个是队长，一个是皖北第一路游击司令，现在还没有发动。

二是红枪会，在灵璧北有五千人，已与我们接洽，他们是想升官发财，他们的领袖向我们要官，现在已委他皖北第二路游击司令，我们没与他的群众接头，不知内容怎样？

以上是近两月来的情形如此。

冯心

一月十号

选自中央档案馆、安徽省档案馆编，《安徽革命历史文件汇集（第1册）1922年—1927年》，1987年。

给中共江苏省委的报告[①]

（1928年9月）[②]

（上缺）

③土匪　口传土匪甚多，每晚八九点钟的时候，即可听到土匪□□近村落抢劫的炮声，就是在都市的帮匪也常常数见。在治安上，驻军对于土匪绝不理会，只要不抢到他的营门口。蚌埠的治安系由公安局和地方所组织的红枪会负责，红枪会的给养是由居民负责。至于土匪的成分，有三分之二为历次战争溃败的军队，三分之一为乡间贫苦的农民。

④军队　最近所有军队皆开赴前方，驻军甚少，只各军之留守处耳，计有33A、46A、10A、40A，以及新编6D。伤兵由前线运下者虽然很多，但留在蚌埠者则很少。在军队里的工作，只33A有同志十余人，余皆未找到头绪。

（三）凤阳

①组织：凤阳距蚌埠五十余里，距津浦路之临淮关十余里，有独支之组织，同志十三人，分为三组，除一士兵与一女同志外均为知识分子。负责同志为季若思，凤阳人，为北

①1928年8月，中共江苏省委委派朱务平到蚌埠地区工作。这是他巡视凤阳、怀远等地后写给中共江苏省委的报告。

②原文未署年代，此年代系编者判定。

京农大学生，现任县立高等小学教员。

②社会团体：凤阳有中等学校二——第三女师、第五中学。学联操在我们手里，曾作驱逐五中校长之斗争，胜利。总工会操在反动派手里，但只有工会的招牌，无工人群众。商民协会为地方绅士及大商人所组织，颇有势力。农民无组织。临淮关有面粉厂工人、铁路工人、卷烟工人及车夫工人等，曾由凤阳专派一同志长期住临淮作秘密工会活动，但迄无成效。

③前驻第十军之一团，现已开拔，地方治安由警备队负责。在警备队内只有兵士同志一人。

④土匪：土匪甚炽，离城五六里路即有抢劫架掳等事发生。因此同志多不敢下乡作农运，盖恐被架（同志均小资产阶级的知识分子）。土匪成分，为溃兵、山东难民及地方失业之贫农集合体。

⑤国民党：有两个县党部相争持，一派属蚌埠改委，一派属安庆省党部。我们同志已一律退出国民党活动，但反国民党的工作不敢做。

（四）怀远

怀远在蚌埠西约三十里。初有同志三人，无组织，因领导青年协会（约三四十人）与基督教徒和绅士所合组的县党部争持，因此受政治上的压迫，三同志均离开。现宋子开同志已回来，即指定他负责在本地发展。

怀远是淮河上的一个大码头，有码头工人千余人；怀远又为产米的区域，打米工人约七百余；均无组织。

驻军以前有33A3D[①]之一部分及教导团一团。军队开拔后，土匪遂蜂起，由地方组织红枪会以自卫。

（五）泗县

泗县在宿县东一百八十里，原有同志二十余人，因与国民党争持县党部，均被压迫离开，现陆续回来的已有十人，成立一独支，由王直愚[②]负责。

泗县土匪甚于皖北一带各股匪，常有扬攻县城之说。因此十七军留一部分军队在该地驻防。

选自中共淮北市委党史研究室、中共濉溪县委党史研究室编，《朱务平传》，2001年6月。

①国民党的第33军3师。

②王直愚：即王子玉。

陈原道

陈原道（1902-1933），又名伯康，安徽巢县人，中共党员。

1925年加入中国共产党并被派赴莫斯科中山大学学习

1929年2月回国，任中共中央宣传部秘书

1930年2月任中共河南省委常委、秘书长兼组织部长

1931年2月任中共河北临时省委组织部长

1932年11月任中共江苏省委常委兼上海革命工会党团书记

1933年1月在上海组织失业工人请愿示威时被捕，解来南京，4月牺牲。

河南省委第一次报告
——政治经济状况、群众运动与其组织情形①

（1930年3月15日）

刚刚成立的河南省委，全体会议所决定的总路线与策略还未完全发到下级党部的（豫南）时候，地方既无报告，省委又无统计，因此，要做一个有系统而述及全省状况的科学情形报告，实在是不可能，兹就目前状况作个概略的叙述：

一、河南的政治经济状况

河南政治是军阀战争的中心——蒋阎两大军阀集团之冲突，在目前河南已充分表示两派之收买杂色军队。一开始（在2月底），韩、石均在阎的旗帜之下而反蒋，但在3月初忽然变更态度，这种忽然当然不是偶然的，而是我们平常分析所谓其他小军阀都是环绕两大（蒋、阎）军阀的，时彼时此，即是当然的现象，但其中相互冲突，仍然是有的不可免的。这次转变的原因，远则小军阀之无能，乏政治主张，

①1930年2月，在河南省委连续遭到严重破坏的危难之际，陈原道临危受命，担负起恢复组建河南省委的重任，任河南省委组织部长兼秘书长。这是陈原道为河南省委起草并递交中央的关于河南政治经济以及群众运动等方面的报告。

近则相互利用与收买，收买的结果，开始（2月间）阎送韩50万，不久蒋又送50万，此时韩公然态度即表示无所适从，后来蒋又送200万（又说300万）与韩、石，因此韩、石遂陡变态度，军队集中于郑，而孙楚之一师人遂亦移住河北，仅即少数家具与兵械被石军扣留。现在军队之布置，阎军已退位彰德，而石军之军队遂亦进驻新乡一带。韩、石之变，自然同时影响于土匪军队之万选才。蒋之代表某，叫万表示态度，万云：我们无所谓态度，我们队伍一天只喝两顿小米稀饭，谁给饷就为谁，所以高唱入云的冯玉祥，移住洛阳，万军之东进，被几十万洋钞也收买去了，现在陇海一带之军事政治趋势，有韩、石、万等小军阀，暂时照阎之西北军东下。至于南方情形，有杨虎城、刘春暴，豫东一带之孙殿英，郑许之间之樊钟秀等杂色军队，石目前现状之下，仍对于阎、蒋有若即〈若〉离之势，自然也是韩、万之流而已！这一现象很证明我们分析之正确，而反驳这次战争中心为阎、冯。

河南是各种杂色军队集中的省份，总计有40至50万之众，因此在河南一省，就形成割据分裂之现象，万选才之霸据地为洛阳，韩、石为开封、郑州、新乡、彰德，杨虎城为南阳，樊钟秀为许昌一带，徐源泉为信阳一带，和普遍全省之土匪等。在这种情况之下，各因地方收入不同而感觉给养困难，形成相互间冲突的局面，因此战争总以河南为中心，而成为相互利益的焦点。

苛捐杂税之一般——统治阶级为要巩固自己的军事统治，唯一出路是需要大批军费，其来源自然是取之于群众；因此苛捐杂税与田赋之负担，要算奇异的繁重了。先就田赋与派饷来说，每亩田每年要完五角大洋，时常二次；但冯在豫已预征到24年[1]；但韩复榘定规不承认，又从18年完起；至于不时的抽派，每次一毛、二毛不等，或粮食，或□，他们总要抽的；但经手的人要经过地主豪绅富农派，他们又以少派多，自己的田不但一文不出，反而从中取利，这是军阀对农民压迫之概略。至城市捐税，特别厉害的，是对平民与小商人之剥削，可简单列表如下：

小挑子　　$ 1.2（每月计算）

提小篮　　$ 0.7（月计每天抽铜元十枚）

小□挑子　　$ 0.7（月计每天抽铜元十枚）

小车夫　　$ 0.7（每月计每天抽铜元十枚）

小杂货店　　$ 1.8（月计）

荤摊（凡占五人的一切摊子）　　$ 1.2

最小理发店　　$ 0.8

房租凡二元以上抽十分之二（主客各半），月计。

（以上是郑州的情形）

这是我们最近所调查的至于其他捐税（如草柴炭……）及田赋之附加捐等，确实种类数目，我们已未调查，但现有几十种以上。因此军事压迫与苛捐杂税统治之下的河南经济，当然可见一般了。

现在经济状况——因军阀战争之爆发，调兵遣将，经济上首先受损失的是交通的破坏，2月中陇海路仅能从归德至陕州后由汴至陕州，仅数百里之地，终要十数日方能达。京汉路通车不过一月，时而开，时而停，但终可以通；但现在已

①民国24年，即1935年。

由汉仅通至郑州，由郑至彰而已。交通经济之破坏，首先影响的是物价之昂贵，如洋面粉每袋已由＄4.3至5元，其他粮食之昂贵，自是意中事。

因交通破坏，在工业方面受打击是非常严重。1月间河南之三大纱厂之关门，2月间河北两厂关厂，3月间郑州纱厂亦刚开厂，但前两厂借生意不好加重工人时间，彰德12小时，卫辉11时20分，后者又有关厂之趋势，原因是〈缺〉乏原料（主要是棉花）。至于矿业，焦作中原公司已开工，但目的是为军事交通。其他又如□厂、花厂及□□业，仍是关门大吉，目前决无开工的希望。整个的说起来，河南工业方面完全是恐慌的现象。如有人说，发展资本主义仍然是迅速前进，即真是乱说瞎话的取消派，看不见事实而听天由命的瞎子！

使整个中国工业不能发展的主要原因，当然是因“？？”之贫乏，河南农村经济完全是破坏不堪的现状，这种现状真是无从说起，豫西农村，仅逃亡乞食的，也不知有几多？洛阳北门内有个大施饭场，每天坐在地上按次序要吃的，起码说有两千人，男女老弱无所不有。千疮百孔的河南农民，吃的是杂粮与草粮，最好的人家四两油不要，吃一个月，这种农村经济破坏的情形，再加上土豪劣绅之压迫与剥削，中农也变为贫农，贫农更是无指手足而维持生活，因此如果说是资本主义发展的条件，在中国仍是很好，这只有取消派才会高唱资本主义赞美诗。

依经济政治情形看起来，河南的统治阶级在政治上内部发生剧烈的冲突，经济上不但不能恢复过去的原状，并且恐慌的现象与日俱进，因此统治阶级不只是我们从前所说的动摇，而应当肯定的说是走向崩溃，这种崩溃过程中的特点，不只是上述的两种，而是为维持其统治地位所用的白色恐怖与口头革命的改组派更反动行为和黄色工会之法西斯蒂的过程日趋于显著。这些事实在开封韩复榘为工人要反对包工制而杀了职业工人的领袖（同志）及学潮的领袖□□□（非同志），而这种白色恐怖促成者，不是别党正是改组派和黄色工会，他们工人自己想出自己的要求，他们便停止工会活动，如（信阳），或用威吓，禁止斗争如（郑州），他们用告密信件，压迫的手段来欺骗而变为屠杀群众的刽子手，他们直接替军阀组织军事，工贼刘文松，正替阎锡山组织铁道队，刘松山又要投靠韩复榘做队长了。但统治阶级的崩溃，要无一种新的力量出来，仍是不会自取灭亡，这种新的力量促进统治阶级死亡的，就是工农兵的革命运动复兴。

二、河南的群众运动与其组织概况

河南群众运动，在目前形势看起来，也仍是革命复兴的现象。在这复兴运动中黄色工会的策略，在这次改选中就可证明改良主义影响之缩小，而变更他们的策略。京汉铁路改选时，过去选举领袖因不得工人之信仰，而提出“二七”时代之副委员长三［王］泉培作委员。在陇海之洛阳同样由指定小组组长中选出委员，推翻所谓民主原则，这是证明革命复兴的形势，改良主义之图穷匕见，但是黄色工会在河南仍有很大的力量，这是在工作上不能忽视的。

革命运动复兴中一个是河南工人运动，这种运动比较热烈的是开封，陇海工人之把黄色工会推翻，而组织工厂委员会，赤色工会也正在准备中。这次斗争的开始是在“二七”的时候，以纪念“二七”而组成代表会，同时要求发薪，还继续包围厂长，“二七”工人关车一小时自动纪念，接着就是厂外的示威，工人情绪更加高涨。“二七”后工人继续不断的包围厂长要求发薪。几次的行动之后，工人对于黄色工会信仰完全扫地。3月1号由工厂委员会领导，用全体工友名义写信工会指导员及工会秘书一封公开信，大意是说：“我们做工没有钞，你们来此也不为我们做一点事，反而要我们养活你们，现在我们不需要你们吃白食的了，请你们自谅……”。这是3月1日的事。第二天把工会牌子放下，工会指导员与秘书也逃之夭夭了。接着厂长自［给］工人发薪五成，工厂委员会领导全体工人要求发全薪和按月开支，现在工务处的代表会已在成立，车务也准备成立，赤色工会即可成立起来（开会一次因被发觉未成）。现在已进行召集陇海路支书会议（3月16日开），计有开封、洛阳、郑州三处及郑州京汉纱厂，各派一人参加，并日程主要的是通过赤色工会提纲及目前斗争要求，和如何组织赤色工会问题，并扩大开封斗争的宣传。

陇海现在有黄色工会的主要仅洛阳一处，但自改选后，工人有很多的不纳会费，因此黄色工会的力量也无什么影响。

洛阳赤色工会与斗争仍未起来，但我们影响下的组织，已有一个把弟兄七人（厂内六人），过去同志错误只在戒烟……自治修身为把弟兄会之纲领，现被纠正，要应用斗争口号（如反对压迫工人的工头，路局及不纳黄色工会会费，不参加国民党工会，发欠薪……）。郑州陇海桥梁赤色工会，已有五、六人，这是陇海的大概情形。

京汉路上，河北（因巡视员尚无报告）情形还不知道。信阳“二七”已有一次宣言发出，开会反对出卖工人利益的黄色工会，这一影响即在郑州也还很大的。至于郑州本身赤色工会支部，仍未成立，但因同志之消极，对改选时决定之策略完全未应用，改选时我们策略是在群众中提出过去黄色工会之罪恶，同时提出反对压迫加入工会，反对强迫纳会费，并办理自己的工会，便不参加改选，改选时我们提出迫切要求，限期办到（如赤色工会会员当选则声明限期办到，如办不到即退出工会），以至赤色工会支部未组成，并做了黄色工会中之单纯群众。在郑州自发的斗争仍然是有，一次为工会委员儿子（失业的）复工而被群众大骂，工会认不是，机务处为从前八小时，现延长到十小时工时，而向局方要求，青工为要求加薪（一毛，原加五分）而胜利，开餐车到郑，工人群众主张扣留发薪，黄色工会反对，遭群众一大打击，但我们不但未发动，并且未去领导，这次斗争恰在黄色工会改选仅三、四天，群众对于黄色领袖的幻想颇大的时候，其意义我们决不能忽视的。

郑州的纱厂工人，在3月2号已经上工，但现在因无棉花，快要关厂之势。群众要求补发停工期间工资（停工两月，每月仅发五元，但工头照发），及开工后之反对加亨司是目前最严重要求，长值班为伙食问题，已弄了一次而得胜利，并且工人说，如果厂方不允许我们要求，再来14年之罢工，工人情绪是很好的，并且赤色工会已有五人的组织。

河北两纱厂的情形，现在应用生产合理化，把工人逐的甚多（每天改为11时半工作，每天以个亨司为样本，4，c，），斗争情形不详。

工会前途与党的策略之布置——河南工人运动，据目前现象看起来，同盟罢工的前途是必然的，但最大缺点是党的主观力量较弱，故自发斗争放过去，使我们党领导作用不能跟着斗争发展。现在党的布置，在3月中旬召集陇海支书联席会议，京汉在3月底召集支书或工会代表会议，但在目前已将赤色工会纲领拟好，作广大的宣传，等赤色总工会之成立，同时决定目前斗争口号，发展斗争。

农民运动在目前的现象，比较发展的，仍然是东南、西南各地。但该地实际情形，因郭兄在沪，我们无从知道，想兄处也许比我们知道为详，故不多说。现在要说的，豫东亭临，豫西洛阳及许昌各地情况，农民普遍之斗争，是分粮，反对以少派多、乡村统治者（地主豪绅与富农），至于反捐税之斗争、抢枪等事，在豫西及各地都还是普遍的现象，但领导者是地主豪绅与富农。比方在3月中，豫西新安县一带，万选才军队与民团之冲突，及土匪与军队之斗争，是常有的例子。当然农民自发的斗争，客观上表现农民和军阀制度冲突的革命意义，并且过去革命时期和目前南方农民之发展，在这些自发斗争中，有些地方不能说是完全没有影响，但主要的是豪绅地主富农的领导，而是统治者内部之矛盾，因此要把土匪运动及民团之反对军队运动都［说］是革命的，即是不正确的。豫东之临□县，据说（但无确实报告）已有150人以上的农民组织，成份大都系贫农中农（但无斗争纲领），豫西之洛阳新发展的十几村，人数主要的有60人，其中有同志一人，据说旧的基础有十数人，也正在恢复，新发展的农民，他们自己组织一个团体，名为平民自爱团，现在指出改名提出纲领。郑州附近的密县，已恢复四、五村，人

数等？许州有四五村，开封近郊“二七”后，亦有发展。

我们对农民的主要策略，是执行土地革命任务，在最中心为豫西与豫西南之准备地方暴动，及纠正东南之不深入土地革命的错误。其次为近铁道两边和中心城市之市郊恢复，农会新发展日常斗争是取抗租债分粮为中心，渐进行土地革命。

士兵运动：在目前与我们有直接关系的是豫西之万军部下。他们在洛仅三个月，兵变已有九次，这些兵变当然是自然的居多，而投作土匪。士兵生活之痛苦，与灾民不相上下，每天两顿小米稀饭，既无面吃又无饷发，鞋袜都没穿，其痛苦难以形容。所以逃兵是不断发生，受我们政治影响而能直接领导的已有千人左右，其中虽有些群众组织，如把弟兄，但现在因受禁止，已决定秘密进行，而并有要求作为纲领。我们对此地工作策略，现在是以万师及军部为工作中心，万师三旅已二旅有同志，同志及群众工作的努力发展方法，一方派失业工人同志去当兵，一方是发展新的同志与士兵群众，在军事计划方面，已进行调查路线及布置，3月底若条件完全准备时（即主观力量，群众基础）即预备发动，关于开封之韩军有很少的线索，杨虎城部下不详，其他地方则无线索，情形也不知道。

士兵运动中主要的布置，即是如何发动豫西与西南之兵变，而与当地农民武装斗争汇合而成为向南由豫西与湖北发展的红色区与游击战争，但我们现在各种力量尚属薄弱，尤其是军事政治人才太少，这希望中央在近期内准备一部分人才留待爆发时之用。第二个中心，即是在韩、石及他种军队中，如何设法打进去，这一工作刚在开始。

学生运动——河南之学生运动，近来比较发展。在寒假时洛阳第四师范因检查学生谁发C.P.传单的，而致学校令停季考，教员被骂不敢回校，我们无一点作用，但反学校当局是当然的。最近开封学潮已形成同盟罢课的形势，发难者为第一中校，因反对校长而被开除七人，于是各校起而援助，成立后援会，加入有九校，如中大、高中、一师，这一团体有互济会和反帝同盟的代表参加，显然是革命学生代表会，而与改组派包办的学联对抗。一中学潮，虽被武装压迫而上课，但学生中情绪仍然非常高涨。同时中大预科也为反对预科主任及教员而发生罢课，本科也起而援助。这些运动完全在我们影响和指导之下，我们现在之策略是要如何扩大罢课运动，以争自由为口号，一方发展及接会之组织，一方把中大、高中、一中、三校，文科与社会科学团体联系起来。在思想上与改良主义斗争，这种争斗在发展之时，改组派无能为力，遂进行告密工作，已枪毙一人。

平民与灾民运动——开封已有四、五十群众组织，有组织的灾民（去栽树）200人，但缺乏是未成立工会性质的组织，而有斗争纲领。

济难会——开封已有 50群众，并且直接派人参加总会指导斗争。郑州已成立有群众9人，在“三一八”中并组织宣传队出发宣传。

反帝同盟——开封已有群众四、五十人，并有纲领，几次斗争均有发动群众参加，但最大缺点，是市委对纲领已决定有许多小资产阶级的性质（如公开外交），已经纠正。

妇女解放会——共有十数人的组织，开始时的基础是女学生，也有参加的同志与济会反帝代表，提出拥护苏维埃（未多解释，是口号），致一部分学生分子退出，但现已由女学生转向女工群众，“三八”节领导平民女工厂，失业（已停工）工人示威，到建设厅把张厅长骂得一塌糊涂，并喊出打倒帝国主义，反对军阀打仗等口号，要求开工，第二天又去，后被警察捕去，但40余群众毫不变动，各家庭也非常强硬，官厅无法，只得放出，现仍在扩大，这是女工运动之大概，至于别厂女工运动我们正在布置，着人进去做发展女工之初步。

二七示威冲破了同志的狭隘秘密工作观念——接受中央指示，在开封各种群众的调动，利用公开团体反帝人道会及陇海工厂委员会之成立，在“二七”那天，竟在开封南关之陇海厂外举行示威，时间正是12时，他们出厂，于是与调来的群众汇合并有几分钟的开会演讲，陇海之工人，尤其是青工，喊出打倒黄色工会口号，当时的兵士正在车站欢迎韩复榘回汴，对初次的示威，也不注意，因此毫无损失举行了这次示威，过去同志之秘密狭隘工作观念，也打破了不少，提高同志的兴趣，推动了开封工作向前发展。

C.Y.工作——2月底开了全体省委会议，对全省工作也有了详细计划，与省委之关系也比较过去为好，但C.Y.本身工作仍少有头绪，而缺乏中心，尤其在青工工作，可说刚开始工作，如全体会议时所讨论经济斗争的时候，竟然因不了解青工情形不能讨论。

河南省委

选自中央档案馆、河南省档案馆编，《河南革命历史文件汇集（省委文件）1929年—1930年下》，1983年8月。

关于监狱中情形的报告
——关于监狱斗争，对反省政策、日常斗争及上海抗日问题的争论[1]

（1932年9月7日）

一、一般环境与生活特点

1. 这是在军法的直接统制的而且时常加政治进攻企图软化人们的监狱。它在去年9月初才正式新成立的，一开始是打算为感化院，后因“满洲事件”发生才作罢论，到了今年3月间又改为反省院。

这里人们的刑期概不宣布，这就留给他们（当局者）可在某种条件之下随意轻重的地步。但在人们生活上按照伙食费每人每月四元五角，这与普通监狱是稍为好些。可是伙食经理人扣囚粮太利害了，二天三吨［顿］米饭一吨［顿］馒头，一人一中碗菜汤，就是如此伙食而已。把一切费用算进去每人每月至多也不过吃二元的伙食，其余二元半就被管理伙食人放在口袋中去了。每月洗一次澡理发一次，这在三月

①1931年1月，针对北方党内部分裂主义造成的严重混乱情况，中共中央政治局作出《对河北党的问题的决议》，决定派遣以陈原道为首的中央代表团赴天津处理北方党有关问题。陈原道到达天津，即被国民党当局注意。4月8日，陈原道等人被捕。这是陈原道被关押于北平草岚子监狱时写给中央的报告。

后才实现的，并且是要求得来的，在这一点上比普通监狱就更坏了。

散步与放风的时间，开始每天二次（中午与晚六时），每次半小时，所有犯人一块放。后来改为分班放，分班吃饭，每次仍为半点（因大家要求生活改良，当局对付的方法），不让彼此谈话，并防止甚严。到了夏天大家要求才延长为一小时，均在一块放了，但监视谈话更加严厉起来。每人均带着铁镣，开始多是头等镣，总在七八斤重，后来要求才改为二号镣，也有四五斤重，三号的现在是比较多了。病人如何沉重开始也不下镣，后来因要求的结果，才下了一些，但不下的仍是很多。

总之，人们待遇上与一般监狱相比是大同小异，吃的方面虽较好些，但管理上与监视上，尤其是企图感化上，这是较任何狱中为严格了。这就是特点。

2. 所谓犯人们，一向总有70多人（也能容下如此数量）。去年开始时，均是政治犯，但现在不同了，也送来15名军事犯（为义军事），并且与C无关系的政治犯及在组织上已叛变的他也送进来了，因此成份就异常复杂。现在可分为二种，政治犯与非政治犯。政治犯分为两个对立的营垒，这种对立形势尖锐而显明的是从去年才开始。一为非委方面，有韩等13人，筹会分子坚决站在那方面的，有曹策、徐世义、蒋小孩、葛光违4人。在非委领导下的亦有数人（如崔平舟、王方、陆一），他们一共至多十六七人，在我们方面的占绝对大多数，此外尚有二个叛徒（张次平及朱恒）。军事犯共15人。这种成份的复杂，这〈是〉决定斗争策略的要素之一。

3. 我们近40人的生活（物质的），多半外边是有接见及亲朋送东西的，但是无亲朋接见或有而无力送东西的亦属不少。因此他们缺乏衣服和必须品特别利害，尤其是病人，总在十数人以上，其病多系关节炎及胃、肺等症，他们需要药品更是特别利害。这种药品（因为病系慢性的居多）而且一盒二盒是无济于事的，因此个人帮助简直是件困难的事体，只有依赖互济经常救济才是办法。病人需药为急，同时需调养费亦甚急，不能到饭厅吃饭，或能去一定要买点小菜，都需要费用及物品。但这种费用及营养品私人只能帮助一部份，主要的又要依赖济兄经常接济的。现在病的人有黄□□（殷）、李烈飞、董旭生、赵璞、万去非、周斌、吴维德、胡锡奎、刘锡五、郝清玉等十数人，特别重的是黄□、李、胡、吴等，恰恰他们都无钱无药，奄奄待毙的情形实令人痛心。

4. 根据这些特别情形，我们的任务是：反对反省政策，加紧政治教育，武装我们的理论与实际，改良生活待遇及互相救济，中心是反对反省政策下进行我们一切工作。这是自有反省院以来就是如此，这是一般的。在大赦令颁布期间，特别的任务是争自由、争一律释放为中心，但这也不是说别的任务就不要了，而只是特别加强这一工作罢了。而这任务之执行，必须执行反对不正确倾向，尤其是右派的影响为前提。

做了些什么？

可分三方面来说：

1. 关于最中心的反对反省政策斗争。我们认为反省院之成立，是当局在政治上向我们企图软化我们主要政策。实现他们政策的方法，是每月二次考试，每周二次讲演，主要的方法当然是写文章。对策是有条件的写，但一、二次仍争取不写，凡病者、不识字者及个人有理由可应付者不写。在有条件写的决定之下，并包含着各个人按口供去对付，总是不失立场，也不是向他们（当局）宣传的性质，并且多说到生活及个人痛苦、杂感一类，不上政治的话居多。这种决定无论如何是正确的，但执行的情况更可以证明。

第一堂考试，派数人要求不写文章，结果科长与法官均不允许，并说写什么东西在各个人，并逼迫人写，结果就写了一些人，不写的除病人不能写者的以外，仅十人左右未写。第二堂考试，对□出不写，并说拿下去写，又遭法官之严厉拒绝，结果拿下来也未办到。一直写到第八次的时候，一般的均在有条件写的条件进行的，无什么政治上错误，除了周、刘二人外，犯了不可容许的政治错误外，其他至多是词句上的毛病或者是□学思想上的毛病，政治错误是没有的，这就是显明的成绩。

第八次后就发生查出文件的事件，遂使问题严重化（如发展下去确有追询组织者……严重制裁之可能）。因各种关系和平解决后，从前无理由不写的，才开始写文，并且当局深深注意了那些人不写的行动与这次事件的关系。以后写文就经常下去了，增加的人们在政治上（文章上面）无重大错误外，可是有偏于宣传政治论文性质。

写文在当局方面，究竟得些什么呢？可说什么也未得着（除了少数人按题写外），给他的影响［印象］多半是胡说八道，与题不相干。所以最近又有取消写文的意见，这就是有条件写的结果。“左”倾空谈者硬说一写就是投降的初步，事实证明了，反省院成立后，在这种决定之下，未满期的人们都能早数月出来。这更是铁的事实，证明有条件写的对策之下，有出去的可能，更加证实了，这就是我们在政治上做了一件较大的事（讲演早已不举行了，因为法官上堂要求讲古书、讲科学、改良待遇……）。事实上，我们出来的人及未出来的人谁写过悔过书呢？谁立［离］开立场呢？如果说这不是成绩，或者说太小（不写成绩更大），那只是离开事实与环境的空说。

2. 日常斗争。主要条件是多放出散步，改良伙食，官家出钱洗澡、理发，下镣，病人出外就医，反对虐待。关于这些要求的斗争，今年共做过数次，择其重要的来说：一次为不吃陈坏馒头而斗争，首先有很多人说，后来管理人竟把说话的数人关闭独居，于是大家一致要求反对错误处罚，一顿饭一顿馒头，处罚宪兵。结果，由管理人召集大家说话，公开承认处罚错误，不吃坏馒头，允许多吃馒头，这些要求都允许了，但因为韩□之调和，只获得部分的胜利。一次为下镣斗争，这斗争是长久的，院长来要求过一次，其他法官讲演、科长考试，均不断要求，文章上写的是下镣，口头说的是下镣，这样的斗争结果仅得到病人普遍的下，重镣都换成小镣，只是少数人还带着头号镣，这也算是部分的胜利。一次为洗澡的要求。一冬未洗过澡未理过发，在新干会成立之时，即提出要求，结果也胜利了（每月一次理发，〈洗澡〉也是一次）。一次为放风的斗争，暑天当局把我们分批放风，每班只有30分，在小小屋中4人共居，如何受得着呢？于是提出要求延长时间，开始允许40分，我们认为不行，结果吃饭后就自动不出来，这样实行了二、三次，结果延长放风时间为一点至一点半，南北号合放，这是完全胜利了。又一次为洗澡时间的斗争。本来的时间为15 分，后来被改为10分，后来又改为8分，一人要求被闭于独居室，于是大家一致要求，在饭厅上请管理人撤回命令，延长时间，结果也胜利了。总而言之，在干会领导之下，进行的日常斗争是不断的发展。不料竟有人说不斗争，不知是根据什么事实，而且斗争均有相当成绩，不知根据什么事实，完全怕引起压迫而无斗争成绩之可言。这种说法如果与事实对照起来，恐不免有不断思索的判断、武断吧！

3. 争自由——无条件释放的斗争。在平常写文的时候，关于政治的多半写K.M.T.统治引起帝国之瓜分中国，而进一步出卖中国，唯有C.是反对帝国、保护中国的，为中国民族利益想，C.无任何犯罪行为，并引西欧民主国为例，这已经含着有争自由的意思。到大赦正式颁布后，每个人写文均批评大赦之狭，当局应一律释放。这种进行也有一月之久，后来共同上一呈文，立场政治犯系为民族解放的，现国家危亡之时应一律释放，并指出无任何犯罪行为。也提到病人过多、青年失学的痛苦。结果，当局把大赦条例及解释公布了。后来又进行第二次呈文，但被职委破坏。后又联名上呈文，又被一些不执行决议而未达到目的。后来又写信给院长。这一斗争，我们早已估计，一律释放是绝对办不到的，不过这种要求，主要在揭破大赦的骗局及促进三年以下的释放及多放些人。这一工作可算达到部份实现，但外边报纸未公布我们呈文，这是很大缺点。

4. 教育工作。这一工作我们认为是很重要的，唯有加强这种工作，才能算达到我们真实任务，这就是武装我们思想与理论，出来时才会起到更大的作用，这种工作分三种：

（1）原理方面东西：社会进化、经济学、哲学、革命根本问题及主要策略。

（2）各部门工作做法（苏区、职工、农——）及目前政治形势与中心任务（这主要靠外边供给材料）。

（3）日常斗争教训。这一工作做了些什么？经济学讨论了一些（如价值），反宗教讨论了，国际形势与中国经济问题讨论了，上海问题也讨论过了。但这一工作做得异常不充分，一直到7月后，新干事会从反省政策执行后工作上轨道后，才积极布置这一中心工作。

5. 组织工作，做了些什么呢？……把过去临时省委未解决的人们都继续解决了。经过一二月的谈话才完全分化过来，更经过日常斗争才更明显起来，结果世平、赵卜、化之、京人、周□□、小高、李□□、何□□、许□□等均在我们领导之下，公开承认错误。除已被开除者、未恢复党籍而发生个人关系外，均编入支部。这是殷兄时代决定的。这一工作，我们认为是有很大成绩，不知省兄根据什么，反说叛徒恢复党籍与右派联合？如果认为犯过右派错误业已承认错误又未开除过，难道就不要了吗？你们这种说法未免过于不合事实，未经过审查而做的结论。

第二个组织工作是审查口供，这一工作做得不完全。

第三是群众组织工作，由Speech之组织，领导日常斗争。开始是少数人上层组织，后来才改为群众组织，非委也参加，后因斗争尖锐他们退出，遂秘密起来。除了非委不参加外，均参加在内，反反省政策及日常斗争、争自由斗争，均经过Speech之领导。这种组织已成了斗争领导的机关，是成立于3月间的，不为斗争，难道为的什么呢？唯有3月前之状况才是无政府之状况，什么斗争也未领导过。

根据上述的事实，从3月间起，我们组织的确做了不少的工作，领导了群众进行各种斗争，进行政治上各种问题反非委的斗争，把自觉的与不自觉的犯过右派小组织（筹会）错误的同志斗争过来，教育了党员，教育了群众，这就是一年来的成绩。固然在工作上仍有许多缺点，甚至个别错误的，但绝不能因此就说无成绩，或者右派不斗争，这与事实不符的。

争论问题中心在什么地方呢？

首先要说明的，我们政治问题的争论，是一年来未看到外边任何决议及对外边实际情形完全隔绝条件之下开始的。第二，政治争论是限于上海事变，而且在事变发生后三四天就开始的，这就说明政治争论是自动的发展，政治讨论的现象，而且在党未有任何决议前是应有的现象。现在我们来说明政治争论问题的本身，到底是"小孩"与"大人"的说法，还是有别的内容呢？我们想我们许多干部已经是"大人"了，不管这些"大人"是否有毛病，但总不会弄得"小孩"与"大人"的说法，就是资阶学者及政治家，现在也不会如此说的。遽听到这种说法，竟以为真，这恐怕是"事体过忙"，"来不及用思索"的唐突吧！

二月初我向干会对上海问题的报告大意是：

（1）满洲问题是在帝国与苏国根本矛盾及帝国内部（尤其日、美）现实利益矛盾之下发生的，日本之侵略满洲进一步进攻苏国，及进一步干涉中国革命，这是反苏联大战具体布置。然而在这总矛盾之下，帝国矛盾之大战，可能亦向前进展了，虽然这种进展无反苏进展之迅速。

（2）日本唯有利用这种矛盾，才敢侵略满洲，因为如只利用反苏根本矛盾，而不积极联合别国（如英、法……）及拉拢美国，日本亦不敢单独进攻苏国。因为现在的苏国，绝非1904年沙皇俄国可比，一二资国武装进攻必遭失败的，况且满洲革命亦向上发展了。所以在这一点上联合别国，方克［可］抵抗，因此日本就做了反苏与中国革命的先锋队了。

（3）然而反苏战争，因是一切帝国的主要目标，但满洲内经济势力（如筑与南满平行线铁路，葫芦岛及大豆出口）及张[①]之倾美（中东路事件发生后，联蒋反阎、冯及打败石[②]军）均在美的投资与领导之下日益发展与威胁日之利益，日、美之冲突在这点上亦发展了。同时这种战争可能性也存在着的，美之经济军事力量较日是雄厚的，因为日亦不得不利用英、美两大帝国系统间之矛盾，联英、法而对美了。

（4）事件的发展更是证明了，蒋政府之下台（12月），孙科、陈之上台，就充分证明英、日、法联合对美的趋势。但美在国际间发表一月七日之申明，国联底下各小国对日之不满，及汪、蒋合作之重新上台，是美在国际上又有一新的发展与布置了。

（5）然而发展最显明的，使一切帝国警［惊］惶的不得不改变阵容的，是满洲及中国革命之突飞猛进的发展。这种发展的特点是全国反帝怒潮高涨，由工人起了领导，广大工人开始发动反帝K.M.T.的罢工斗争。在这种形势之下，苏红便向前发展，以实现一省数省首先的胜利。我很显明的说，

①张，指张学良。

②石，指石友三。

上海事变前夜，中国反帝怒潮到了第二阶段。这一阶段的内容是：反帝群众的分化，广大工人参加，并已由他们开始来领导，更充实这反帝的反K.M.T.之阶级内容了（我与陈尚友对此问题小有争论，他说已经领导，我说开始领导）！

（6）上海事变就在上述我们已知道的复杂情况下发生的。这一事变是因日本经济危机深入，满洲事件之继续发展，作进一步瓜分中国的行动，即亦进一步进攻中国革命的手段。

（7）更进一步观察上海战争的整个情形，我们完全可说，因日本之进攻，引起广大士兵在反帝怒潮影响下，违反K.M.T.军官意志，做了反攻的自动的起来反抗的行动。在开火了以后，K.M.T.军官才去领导了，加入战争。这样才延长了一月之久大规模的战争。K.M.T.军官之领导（虽有［然］只有一个月，后来又出卖了）一个月，是在群众开火之后，尤其是在帝国指使下（主要是美），才敢参加领导的。要□后者力量帮助蔡[①]也好，帮助张也好，〈不然〉早已（一定在一月前）向着作战的士兵开伙［火］了。就是因为群众越革命，K.M.T.越反动，投降帝国，向革命进攻。

（8）根据这种真实状况（情形虽然复杂），我们说上海战争就含着两重性质，因广大士兵在反帝怒潮影响下自动的起来作战，虽未完全觉悟到（尤其是开始）反K.M.T.与日同时进行的程度，但这种英勇战争，无论如何是有革命意义。但因K.M.T.在另一帝国指使下去领导，因此也就含着出卖中国、瓜分中国的意义了！这后一意义就表示日、美冲突之主

①蔡，指蔡廷锴。

要内容，也因为如此，上海战争，我们只能说客观上有革命意义，而不能说是民族的革命战争。

（9）正因为这两重性（是从两方面看的），所以他的前途有转真正民族革命战争与帝国大战的可能。但在这国际形势（主要反苏）之下，日本是尽量挑拨反苏战争与进攻革命，以求各帝国之谅解，缓和帝国内部大战，这也是日帝惯利用的政策，以求得瓜分的利益。所以，反苏与干涉中国革命的战争，还有较大的可能！

（10）我们处在这种严重时期，应采取与坚决执行下列紧急任务，方得实现我们党的总任务。这些紧急任务就是：

a. 反对帝国瓜分中国，转变上海战争为真正民族革命战争。

b. 在中国苏维埃政府与C.P.号召之下，工农自动武装起来，驱逐日本帝国主义及一切帝国主义在华的统治，工农自动武装起来，推倒帝国主义代理人K.M.T.政权。

c. 只有苏维埃政权才是中国民族真正解放的道路。

d. 中国无产阶级亲密联合起来。

这就是我对干事会报告的大意，经过干会讨论以后，认为无问题，就向下传达。不料在传达过程中就发生不同意见了。殷与博就说K.M.T.之领导与参加战争，主要是革命群众推动起来的，殷□还说K.M.T.如下去领导、参加，部下的士兵及群众都跑了，而且要打倒他了。我说这种说法是不妥的，下层士兵之自动反抗起来，固是事实，对K.M.T.之参加与领导也是有影响的，但主要的是K.M.T.之参加领导还是受帝国之指使，这样问题就争论起来了。

为问题明了起见，再说明K.M.T.为什么参加与领导一月之战争，主要的推动者是帝国主义呢？还是革命群众？这里两方边均未否认帝国帮助反革命，群众发动的影响与关系，而只是主要推动者是谁？（所谓主要的是指无他就不成的意思，我想这是无人否认的）

现在来批评主要的推动，是士兵反日战争的错误，谁也不敢否认士兵自动开火抗日，不管他们对K.M.T.还有何种程度的幻想，但他们主观上客观上均是反日的，就在这种行动上可证明他们是革命的，也就在这点上，说明这种战争有革命意义。你们想：士兵革命的，虽然还未枪对K.M.T.开火，但已对K.M.T.之一主人开火了（K.M.T.帝国走狗）。无论从那方面来说，“守中立呢？”还是怎样办呢？我想没有这样傻奴才，既不表面上守中立，反而同士兵一块竟向主人开火了！就在这点上说（如果不去找别的原因），不管K.M.T.参加是一周或一月，不管是放了一枪或十枪，但这也总算有革命作用了，这是必然的结论。

但殷□说他虽参加了或领导了，不能说他有革命作用，因为K.M.T.目的不在打倒帝国主义，而在欺骗士兵与中国群众，表明他也革命，实际上仍是反革命。这种说法是否对呢？还是不对？因为K.M.T.的目的在反革命，竟敢用革命手段（一月的开火）去对付他的主人，这种行动仍有革命作用的，这在1927年后之K.M.T.是不会再有这种胆子了！谁也知道（只有陈独秀不知道），1927年前的K.M.T.最终不在打倒帝国主义与土地革命，但他在短期内对帝国与地主竟然采用革命手段，虽然这种手段与我们所采的手段，早已有多少分歧了，但他在二年期间仍不失他的革命作用。国际路线就在这点上才决定与K.M.T.作短期之联合。现在的K.M.T.还有这种作用吗？六代决议早已指出了，1927年后K.M.T.完全成为各帝国之工具了，不再有丝毫反抗帝国之行动了。在中国革命发展阶段还未到高度时，K.M.T.与帝国还会有冲突的表现，可是到了革命发展高度时，K.M.T.与帝国冲突的表现都要缓和下去，这是铁的事实，难道1932年的K.M.T.会变了本来性质吗？当然不是的，那末还有什么理由呢？

或者有人说，工人罢工起来了，为什么黄色工会为欺骗还去领导呢？如说K.M.T.领导上海战争一月是革命作用，黄色工会领导已发生了罢工，不也是革命作用吗？这种比拟完全错了，黄色工会领导已起来的工潮，当然是反革命的，但要知道的，黄色工会与K.M.T.所领导的工潮，只限于工潮。因为工潮行动还未同资本家开火，并且只限于小规模罢工，总罢工或同盟罢工（一产业）K.M.T.不但不去领导，马上就直接干涉，这已有数年的事实，证明了对罢工都如此，难道对拿□枪向他主人开火的战争，还敢领导吗？

根据这种说明要不去找别的原因，而说士兵推动K.M.T.去领导已起的上海战争，无论如何K.M.T.也有革命的作用，并且还要申说如果士兵□帝国主义者，K.M.T.就不帮着士兵方面，表面上守中立，这固然表示K.M.T.无能力，那末在客观上对革命士兵行动也是有利的。上海战争中K.M.T.不但未守“中立”（当然也不会），反而去领导战争一月，这到底是什么原因呢？如果谁是革命士兵推动起来的，那末，马克思“革命越发展统治阶级越团结”的说法，到中国来变为相对的了。

在这里只有两个方法，才能这解决这个问题，或者去找另一推动力量，或者否认K.M.T.参加与领导。但第二个方法，一定要说上海战争自始至终是士兵自动有组织的进行反日战争。这种说法的结论，一定就认上海战争就是真正民族革命战争了，不过C.P.领导薄弱而已，这自然是不合乎事实的，而且夸大上海战争为革命战争性质了。这种说法我们里面是有人说过，但这是极不正确的，我想谁也不会如此说法吧！

因此，我们只有找推动的另一原因，这一原因是什么？就是帝国主义之指使（美）。蔡、张不是中国的基马尔[①]，而是帝国之小狗，K.M.T.之任何军阀不敢向任何帝国开火，只有在另一帝国帮助之下才会开会［火］，这次开火（一个月）就是如此。一月七日之美帝国之申明九国公约，太平洋之会操，蒋之上台及上海战争中美国之首先出兵，美向日抗议，上海自由市之提议及美国公开帮助军火（180,000,000），南京与蔡、张之事实，就证明K.M.T.是在何种条件与指导下去参加领导上海战争的□□了。当然如果K.M.T.再继续下去，只有在革命不向前发展及反苏联紧张与否之条件之下决定的，绝不是形式逻辑论者。K.M.T.既参加了应参加到底，既未参加到底反而屠杀参加士兵，当然K.M.T.未参加了。我想这种说法我们当中是不会有的，所以我也不必解说了。

所以说，上海战争在士兵已起来以后，K.M.T.之参加与领导固在欺骗，但其主要推动者还是美帝国主义，说是士兵做主要动力的，必然承认K.M.T.还有革命作用。因此，我们对上海战争，不是反K.M.T.，而是同K.M.T.争取领导权了。这

①基马尔，即凯末尔，土耳其共和国第一任总统、元帅。

一错误的发展就是重演1927 年对K.M.T.的策略，这不是机会主义是什么？我们认为，争取上海战争的领导权，是打入士兵里面，组织广大工农群众参加，转变为反K.M.T.反帝国主义的革命战争，这种战争才是真正民族革命战争。

这就是我们争论的内容，我的主张在支部中得着很多人的同意（如刘西五、胡□、小胡、陈尚友、小□，已点［占］组织内绝对大多数），后来干会提出外边来，得到你们指示后，后来就放下了。但你们的指示有两点是不正确的：a. 认上海战争是整个帝国一致的（这在对待革命一点上是对的），但未看到美、日冲突也因此而加紧，即是不看见一致当中有不一致之存在。b. 说到K.M.T.领导战争，我们要与之争取领导权（大意如此，原文我记不清楚）。我当时对此二点也是不满意的，在现看来，仍然是不正确的。

我们这种争论，难道是“小孩”“大人”的胡说八道吗？难道是武装□□C.C.C.P.被全世界工人联合起来代替了吗？我不明白你们所看到的报告为什么如此谎［荒］唐无稽，真令我们奇怪！

再一个政治争论问题是7月间发生的，这是我与胡、杨等争论，内容是世界大战问题及反苏联问题。这一问题争论的中心：反苏联大战与帝国内相互大战是否都是必然呢？还是反苏战争成为必然呢？因此就联系到苏与帝国根本制度矛盾（阶级矛盾），基础上是否有现实利益（通商与租借）矛盾，及这种现实利益的矛盾，与帝国内相互现实利益的矛盾的比重如何，及其发展如何？关于这一问题的争论，现在不打算详细来说明，只有我当时在两个小物件上的结论列下（详细我打算写文章交你们发表）。

（1）目前国际形势是社会主义苏联与帝国主义各国的根本制度矛盾对立形势之下，因苏联五年计划之完成，社会主义之更进一步胜利，遂而超过一切矛盾，成为世界矛盾之中心。并且在这种根本矛盾基础上而产生的苏联对外贸易与租借的现实利益，与帝国间的矛盾，也因五年计划完成而发展了。这一表现特别是在北满与日本，在东欧与法、英更为清楚，所以反苏的战争，就成为主要危险。近因满洲与东欧问题而更加紧迫了，日、法遂成帝国主义的先锋。

（2）但在这种根本矛盾形势之下，帝国主义相互间现实利益的冲突，因经济危机深入与扩大亦向前发展了（这种发展速度因赶不上□□矛盾之发展），及因苏联对外，帝国对外通商的现实利益还未超过帝国主义现实利益的矛盾，所以帝国相互间重分世界大战的战争仍有可能。这形势之严重，在最近国际事变中也显明表现了。可是这种可能在一致进攻苏联的形势之下，是比较小的了。

（3）所以认为两个战争都是必然，那么一定会忽视反苏联战争的主要危险，或者认为反苏联战争后才爆发帝国大战，这就认为资本主义还有第四时期之到来。一样现在否认帝国主义与苏联根本制度矛盾上还有现实利益（通商租借）的矛盾的存在，那就否认苏社与帝国有外交关系的存在，也就否认一致进攻苏社的形势中各国间还有差异的程度（日、法先锋，其他为□□）的存在。同样认为苏联对外通商（苏联生产品之输出），已排除帝国市场，已超过帝国相互间争市场的形势。同样的结论是否认苏社与帝国有外交关系之存在，并夸大了苏社之经济力量，这都是不正确的估计。

（4）因此，我们认为帝国主义反苏联之战争，已是目前之紧急问题了。但我们应看到社会〈主义〉建设的胜利，与苏社经济生活日〈益〉与世界广大工农群众接近，而促进世界革命运动之日益发展，及帝国主义经济危机日益深入扩大，及彼此相互间矛盾也还在生长。在这种情势之下，进攻苏联的困难也就日益增加而□□。谁要看不见这二方面，与我们伟大力量去争取武装保护苏联的胜利，只看到进攻之危险的一方面，必然会得着极右的机会主义的结论，□□对此的错误就是如此。

这种分析是我当时的结论，经过详细的详论后，两个战争的必然□□也取消了，只是现实利益还未同意（就是在根制矛盾之下——大于一切矛盾——所产生的通商租借的现实利益矛盾，是否超过帝国的现实利益的矛盾，给个肯定的答复，但也承认帝苏在根本矛盾上有现实利益矛盾之存在）。这一问题是比较更理论的问题。如果你们有意见可以从长讨论，但对目前根本矛盾的意见是一致的。因此，对目前路线是无妨碍的，但绝不是轻信殷□的“小孩”“大人”矛盾与小孩的说法，我想只有无常识的人才会如此说吧！

二、对反省政策的争论

这一问题的争论，我们干会及我个人已有许多报告给你们，并且你们亦有正式信指示，有条件写文章是正确的，不料你们后来又不同意（不过我们未接到这种指示）。因此你们对此问题已有相当了解，现在只将这问题争论焦点与绝对不写的错误，及其错误根源到底何在？简单指出，供给你们重新估量。

第一个中心是写文章是否就是反省。我们认为写文章只是敌人叫我们反省的一种手段，写文章本身根本不是反省与否的本身，只是在文中表示反省与悔过的内容才是反省。殷□认为写文本身就是反省，或反省第一步，这是把真理当作抽象的唯心的□具体的错误。

因此，他们反对写，绝对不写。我们干会主张争取不写，不可能为有条件的写。他们主张就压迫也不写，至多也不过加大镣送陆监。我们是反对压迫与逼迫我们照一定内容（反省的）的去写，按一定内容去写，我们就拒绝写，这才是为政治生命而斗争。

第二个中心就是对敌人进攻分析的不同。殷□等认为进攻都是一样的，因此反对进攻方法只有一种。我们〈认为〉政治进攻是一致的，但在进攻方法上是不一致的，因此我们反对的方法也是多种的。因此，我们认为这里的政治进攻是以旧道德做主要方式的，这种方式与三民主义不同，与修正□□更是不同，因此，我们反对的方式就针对着第一种方式，如果同第二种或第三种方式，那我们就用别种方式；如果〈用〉三民主义，〈那〉我们就用反三民主义；如果用改良马□主义，那我们只有反驳。这同打仗一样，用各种各式交锋的，绝不是空想出一个原则，拒绝就是拒绝，而是要怎样拒绝与敌人交锋的各种□术。我们殷□等只知一个方法，而且这个就是不打以保持清白。

第三个中心就是反省院成立后，在有条件写文（不反省）的情形之下，能否提前出去的问题。我们认为有可能的，因为他的进攻不是如三民及修正马克〈思〉主义进攻之利害。殷□等说绝对不可能，因为只有在反省条件下才有可能，甚至说期满了不反省的均无可能。我们认为有可能，当在不失立场的条件下去争取。他们认为不可能，当然就不争取了，只静待无期吧！这就是他们写也不能出去，所以就反对写了。

这两种不同主张，一个就是有条件的写，一个就是无条件不写。一个就是用各种方式和敌人交战、坚决不反省的；一个是唯一方式不和敌人交锋以表示不反省的，一个是不争取出狱，一个是争取早天出狱。总之，一个是“左”倾的空谈，徒招压迫，一个是正确主张减少压迫，并□得一些自由，这就〈是〉干会与反干会的路线的实质。

在不允许的是反干会的人们，竟不服从组织决定，自由反抗干会，甚至要成立第二组织的对立。在这种破坏组织原则之下，反干会人们写什么东西（向外边报告），也不经过干会，干会要也不许看。这种情形下就发生了□□文件的事件，几乎发生血的教训。这就是这次斗争的教训。

我们不了解你们“原则应当拒绝反抗”，不知根据什么原则决定的，不知根据什么条件决定的。反干会人们之唯一错误根源，就是不了解在什么条件下怎样行动的，马列主义真理是具体的，就是以条件来说明一切的，无条件的话就变成抽象的真理道德律了，这的确是你们不懂事的地方。

殷□等对于干会意见之反对，竟涉及陈□个人问题，把干会掉开，竟把拥护干会的人们当作叛徒。这种说法只好改为殷□的意见，就是反党的叛徒较为正确。再进一步考察当时编入组织的成份，均是殷□时代编入的。谁为右派的，如果指筹会分子而说，确实筹会分子赞成殷□意见到居多数；如果以口供来说，赞成殷□意见的口供不好的却占多数。个人意见的失败，就把别人不成文的账（如政治问题）加上改编，油□造谣以蒙蔽一时，这真是错误已极的行为，不料你们竟受了蒙蔽了。

三、日常斗争的争论

这一斗争自始至终也是两个不同的主张，这两个不同主张就是为什么要进行日常斗争，及怎样进行日常斗争？干会（自3月起）的主张是为改良待遇及便利我们的行动而去斗争的。反干会的主张是为斗争而斗争的。所以老殷曾说“至多不过再加上一个大镣，禁止我们说话而已”。干会主张有计划有步骤的斗争，到必要时采取绝食的方式。但反干会的主张是无计划无步骤的斗争，非用绝食方式不可。所以老殷曾说，只有用绝食方法才能得着自由（释放）。所以，干会主张在可能条件下，取得犯人一致向当局斗争。而反干会的是主张我们单独的斗争，不争取一致的。这些表现在下列斗争中：

3月间斗争的事件：反省院刚成立时，决定开始有计划进行改良待遇的斗争，要求是下镣、洗澡、多吃馒头、病人送医院等。步骤是先经过院中管理人，再直接向院长与法官提出，并用公开路线由Speech领导，以取得一致。正式开幕时即向院长提出下镣及病人问题。但殷□什么主张呢？□已提到院长面前去，不经过Speech党团即乱指定一些人说话，并主张举行绝食。他说“只有在直接进攻中才得及自由”。这就是他不顾一切环境与条件的进行左的空谈的说法。结果怎样呢？根据干会计划的结果，洗澡、吃馒头、增加医官、改下镣，这就是有计划的斗争〈得〉来的部分胜利的结果。

第二次为吃陈馒头的斗争——干会决定立刻开放独居人，一天一顿馒头，处办宪兵，要管理人公开召集大家答复。结果虽被韩□部份出卖，但部份胜利了。立刻放出，承认处罚之错误，多吃馒头，以后不再有此种行为。殷□认为不是干会领导与布置的，是群众自动起来的胜利，正因为干会主张与韩组织Speech（所谓勾结左派）才被韩□出卖，更证明干会之右倾。当时事实上韩是Speech负责人之一，在大会上决定有数人说话（老韩说话内容均规定了），但老韩改变内容，致有些主要要求未能提出，Speech虽纠正了一部份，但因时间不足，未充分，这难道是干会领导的错误吗？据他们说法只有不要条件，不要Speech别人参加，所以□□说（3月前系书记），我们很早就看到了，所以一开始就不主张韩派人参加Speech，这就充分证明不了群众下层统一战线的应用，英雄式单独去斗争。

因其他事件因很多，无时间再述了。尤其严重的是□自由斗争，殷□等也犯了“左”倾空谈错误，并不执行干会的决定，而在群众中执行自己的意见。但在政治上却同意韩□起草之二次呈文，结果二次呈文未上去而失败了。这一错误仍是继续过去日常斗争错误而来的。

这些斗争都是二届三届干会发动与组织的。一届干会做了什么呢？反抗自己出钱理发，只是在组织内20人不理，其他都理发了，还不知为什么我们不理发。第二次天主教捐款（是天主教在为大家医病数月后才要的），干会是决定不捐，但后来如何呢？18个号子统统都出钱，就殷□一号说无钱未出，这就是斗争。第三次是殷□ ·人在讲堂上反对听天主教讲演，反对方式，李□说他一人不对，他反说李□是走狗。第四次是过年给钱，事实是韩□已分批答应给钱，并告诉班长向殷□与我二批要钱，班长也向我及殷□说了，第二天早晨殷□可以给钱以取得方便。但在过年后［常］我主张将韩□□□一块给他也可［不］加可否，于是我就进行了。进行□了，他反对给钱。这种无主张的顽意，当然不能同意，于是我将韩□六元拿来，我们拿四元给班长了，代表大家给的。这种办法当然是正确的（在那种条件下）。这就是第一届干会所领导的斗争，“不出门的”不公开的斗争，岂不令人笑死！

其他关于组织问题，最大争论是第一届干会反对解决筹会分子的问题。在我们一批未去时，筹会分子找我们解决，殷□拒绝了。筹会分子在号中谈政治问题，干会决定不理，说他们都是侦探。因此我们同志也不讨论政治问题，别人更不知道我们政治主张，这种方式决不是C.P.的正确方式，只是小集团的手工业者的方式，因此非委就活动开了。

我们认为这是错误的，我们应公开在号中谈政治问题，争取领导，不让非委有趁机可能。对筹会分子或动摇分子应积极去解决，使在我们影响之下，尤其要在行动中政治上打击非委的政治主张，这是布的路线。觉得有□好笑的是殷□□同住三人未谈过一句政治问题，日常斗争未和别人谈过一句，这是尾巴也赶不上了，还谈到领导。

我们去了，与得标等向干会建议立即继续当路线解决筹会分子问题，在号中公开讨论非委与筹会问题，应有群众组织以领导斗争，他们还不坚决执行，只决定我们去解决筹会问题。于是我们公开谈政治问题，道□、金人……化之等解决了。但他们不相信，于是其他人就叫干会来解决了，这样才完全解决了，完全初步分化了，经过二月多功夫，除一些人及已开除人外，才编入组织了。这件事做完了，我们才进行群众组织工作，Speech才产生了。干会是同意的，于是我就参加了Speech工作才，Speech开始领导些日常斗争，这是我去了后才把干会路线改变的。但这种路线在二、三届干会才完全执行了，因此殷□就进行一贯的反干会的工作。

总之，我认为干会路线一般是正确的（从政治上到组织上），□□□仍存一不正确路线，这一不正确路线从各种问题上都表示一种“左”倾的空谈，掩盖右倾之实质。这就形成组织上不服从干会的行动，这是你们应注意的事件。

现在再简略传述两次破坏的教训及各人的口供：

天津临省的破坏——事实经过是：在韩□已叛变，并积极找我谈话（我未去）后及信箱发生问题后才发生的。韩之叛变在先已至公安局后就明白（王仲一之被捕都与他有关），因秋常与筹会发生关系，韩亦常到该地去，因此吊线这是一种情形。信箱破后，侦控吊线亦是一种情形，不过奇怪的中央交通在我们被捕前数天也用信箱，并说住何处，但未被捕。到底由那种线索破坏的，现尚未弄明白。但敢断定我们被捕是韩早已知道的，并在我们被捕前二天他托□回家，实际上未回家，并已知韩先叛变了。

但这次破坏无论由那种线索，有一严重错误的是未有警号及知道人太多，致大批破坏。这是在秘密条件下不允许的现象，这是我们要负责的。但绝不能因此否认这次破坏是韩□之告密，起了主要作用。

这一批口供的无问题，也不必说了。

北平省之破坏——事实上是许多叛徒之告密不用说了。

但严重的问题为什么在秘密条件下老廖什么地方也知道，什么人他也去接头，小郭也是如此，这是不允可的现象。而老殷反而很多人不知道，竟把什么事都交把［给］老廖，这确是老殷要负责的。这并不说否认告密的主要作用了。但如果他们知道地方少，至少要捕这些人是绝对［不］可能的。

这批人的口供一般的说起来太不□了，一种是什么也承认了，一种是政治上软化的，并且有人承认反C，这是你们应当注意的。

报告者　玄涛　九月六日

四、其他问题

省委：

有数件事要你们办的与参考

1. 反省院中之万去非同志（系山西来平□□□□□被捕），因山西破坏之嫌疑未编入组织。据李□舟说，山西之破坏是由景山中学□□□转小卢信而开始的，先将转信□□被捕，□□即供出卢，他叛变于是完全破坏了（万□未被捕前写信给卢住处信未发，当时有人以为晋破坏是万口供的，万以信来骗人）。由李□负责说话，证明与万无关了，望通知院中支部，恢复万之组织。

2. 院中争论问题。上海与国际问题，认为报告中还不详尽，尤其对第二次争论完全未发挥，我回来时定再写文章。关于你们今天结论：上海战争系一种反日民族革命战争，国党未领导也未参加，只是尽力破坏。不过因革命力量的领导不够，遂未能发展下去，成为完全民族革命战争。所以说国党的领导与参加的（不管怎样说法），均是机会主义的。当然说日指使或革命推动他参加与领导的都是错误，虽然说上海战争有两重性，也是错误了。这些错误都是右倾的机会主义的，只有这样才能道破争论的中心点，把各方面都□□着的。第二个争论结论："两个战争必然的说法是错误，现实利益的说法是可以的，但把苏联与帝国现实利益矛盾与帝国间现实利益矛盾的比较是不妥的，因此要就不能说超过或未超过了"。这样中心就抓住了，望你们看做参考。

3. 关于秋潮住机关的破坏问题，应给他一个明确结论，因为有人提到这个问题的。

4. 我们出来时允许酬谢的60元事，望你们有钱时一定要办，可叫吴化之代表办就是了。

5. 我出来时对保借吕□□三元给对保人，望你们一定还他（小万与潘珣知道吕），给他一人转还即可以了。

6. 静生同志来时，可叫他帮助你们工作，并让他多看些文件，以补一年来之知识荒。

7. 张之问题，叫他申明书写好后，如果政治上无问题，你们应有个决定，请求中央批准。关于他的报告回来时再补写。吴山声明书写好后，可以直接解决他们，我们认为是可以恢复党籍的。

玄涛

九月七日

选自中央档案馆、河北省档案馆编，《河北革命历史文件汇集（甲）第23册 1925年5月—1937年2月》，1999年。

罗登贤

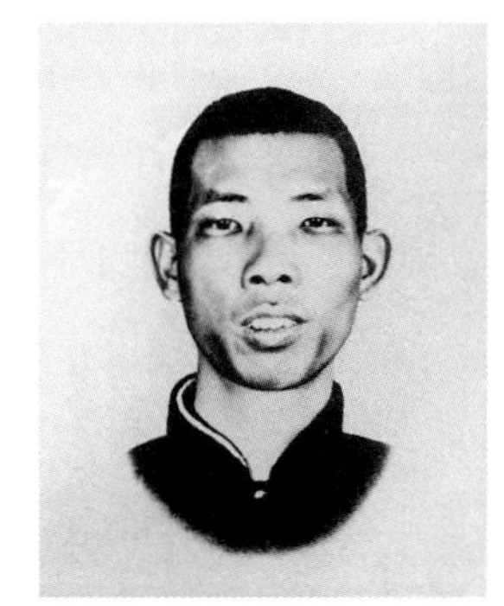

罗登贤（1905-1933），原名罗举，化名达平等，广东南海人，中共党员。

1925年加入中国共产党，参与组织领导省港大罢工

1928年5月任第五届中央临时政治局委员、常委，6月在党的六大上当选为中央委员、中央政治局候补委员，后递补为中央政治局委员

1929年1月任中共江苏省委书记，8月任中共中央组织部副部长

1930年任中共广东省委书记、中华全国总工会党团主任、中共中央南方局书记

1931年2月任中共中央驻满洲省委代表，12月任中共满洲省委书记兼组织部长

1932年12月任中华全国总工会上海执行局党团书记

1933年3月在上海出席全国海员工人会议时被捕，4月解来南京，8月牺牲。

满洲省委致中央信

——关于士兵工作的错误和缺点及今后工作的布置[①]

（1931年11月16日）

满洲省委来信（85号）

中央：

1. 对于满洲士兵工作的指示信，已详细讨论过，信中批评过去的几点，我们大都同意，然在我们的观念上对于推动全党去进行士兵工作是未忽视的。但在实际工作上所收动员的成绩很少是事实。但以前（六七八三个月）我们准备派人巡视，正［整］顿已有的基础，数次决定之后，经费十分窘迫，旅费无着未果执行，此种情形，付维钰知道很清楚，我们虽曾向中央提出帮助巡视特费，始终未见答复，而我们又未再三提起中央的注意，这是我们的疏忽。再我们最大的缺点，对于过去工作的检查可说没有，这对于工作推动上是有很大的关系。我们在自我批评的精神上，认为中央对我们工作的检查也很不够的。我们以上这些错误和缺点，在今后工

①1931年夏，根据中共中央指示，罗登贤以中共中央代表的身份来到东北开展反帝反军阀斗争，并亲身经历了随后爆发的九一八事变。这是罗登贤以中共满洲省委名义给中央写的信，报告了满洲地区士兵工作情况。

作上应该即去纠正的。

2. 关于今后工作布置，除将中央提出各点，根据各地情形转给各地党部外，省委本身决定：（1）今后动员工作上要加深，即党内外刊物上多加注意和对各地工作的检查和帮助。（2）办一训练班并调人到以下各地工作，锦县三人，东边一人，辽西一人，新民二人，吉林一人，南满各县二人，龙江二人，中东路西线二人，人已有去的，办法已有。但需要一笔较大的经费，在我们目前经济状况中实无办法，特请求兄方帮助此款，即刻寄来，这是很需要迫切的，务望批准，预算以下：

a. 一人去北平30元　　b. 由平调来受训练四人60元

c.三人去锦县45元　　d. 一人去辽西20元

e. 二人去新民40元　　f. 一人去东边30元

g. 一人去吉林30元　　h. 二人去龙江60元

i. 二人去中东西线40元　　j. 二人去南满各县30元

以上共385元

k. 训练班60元（这是经常的需要）总共450元

满洲省委

16/11

选自雨花台烈士纪念馆馆藏史料。

满洲工作近况

——关于政治形势、群众斗争特征、党的工作检查、组织概况及目前工作的布置[①]

（1932年1月27日）[②]

1. 日本帝国主义积极完成满洲的占领与进行满蒙殖民地政策

日本帝国主义占领锦州、山海关，利用蒙匪进攻热河，指使与帮助熙洽消灭吉林旧的部队与宾县政府。目前则在剿匪名义之下用尽一切方法来镇压广大农民士兵（义勇军变兵等）的武装反抗与一切革命运动。

同时则出兵天津，扰乱青岛，以及最近公开在上海的暴行，正与这一占领满洲计划相配合。

与它这一军事计划同时进行的则是积极实现他的满蒙殖民地政策。日本帝国主义在政治上利用所谓“民族自决”积极进行满蒙国家与统一政权的建立。在经济上则积极解决铁路交通土地关税统一币制以及投资等问题。

日本帝国主义这一满洲占领计划，不仅是在国际联盟的同意之下进行着，而是国际帝国主义亦都在实际上争先恐后

①这是罗登贤以满洲省委名义写给中央的工作报告，主要涉及满洲的政治形势、群众斗争、党的工作等重要问题。

②此年代是文件戳记上的时间。

的进行他们瓜分中国的工作（英国出兵北宁路，占领康藏，法国出兵广西等）。

日本帝国主义为得缓和帝国主义相互间的争执与冲突，不仅指使他的新工具——独立政府，一再声明承认各帝国主义者在满的一切权利，而且自己公开的积极宣布他的门户开放机会均等的政策。更主要的是日本帝国主义用尽一切方法破坏苏联的和平政策而积极向苏联挑战（切断中东路，取消特别区，以及组织白俄在哈暴动等），证明他之所以占领满洲镇压中国革命运动完全是为的消灭国际帝国主义的死敌——苏联。

日本帝国主义这一计划明显的完全是在各派国民党统一政府可耻的投降政策之下实现的。张学良、张作相是有无抵抗主义的，因此锦州和吉林一带的士兵群众则直接交给日军屠杀，以至公开命令投降（最近张作相命令二十八旅二十六旅等受日本帝国主义走狗张景惠收编）。熙洽、臧式毅（经过日本帝国主义短期的训练）、张景惠等忠实同志用所谓“苦肉计”已成为天皇陛下的开国元勋了。改组派的马占山将军更利害了，一面将日本帝国主义引至北满中东路地带接受日本的枪械及经济上的接济，将成千成百的英勇士兵送给日本屠杀，一面则装腔作势的当“反日英雄”。

在目前日本帝国主义的计划进行中，马将军已无法掩蔽其狐狸尾巴（公开解散学生军，拒绝接受慰劳金与日本帝国主义代表公开来往等），并引起了群众的愤怒与反对。于是改组派的忠实同志们，则在军队中特别是在学生军中制定纲领［1. 绝对拥护马主席；2. 绝对服从命令；3. 义［牺］牲抗日（义［牺］牲革命主张，服从马占山的“抗日”）；4. 肃清一切反动份子（？）］，以压迫士兵的革命活动。同时积极在农民中进行拥护马主席的工作。国家主义派的冯占海同志完全是张作相的走狗，他在“抗日不忘剿共”的主义下尽了他的走狗作用。

II. 目前群众斗争的特征

在苏联社会主义建设与中国工农红军伟大胜利影响之下，在全国反帝高潮之下，满洲群众斗争有极迅速的发展。群众中最流行的口号是：“誓死不降日”“中国官相没有一个好东西”“只有苏联派（指共产党）才能成事”等。群众斗争目前则有以下的特点：

1. 农民斗争的开展与农民群众自动武装起来进行革命的反日的民族战争。目前满洲在政治经济一般的危机恐慌基础上，中韩农民斗争，阿城、庆城、宁安、饶河、磐石等，如雨后春笋般的发展起来，甚至有些地方解除豪绅地主的武装。尤其有极严重的政治意义的则为农民义勇军的反日战争。辽西（目前正在发展到满洲各地）一带的农民群众，在反日的愤怒中，自动的武装起来，实行驱逐日本出占领地（这些地方已完全为义勇军占领），并开始实行游击的策略，给日本帝国主义空前的打击（日本有许多小的部队完全被义勇军所消灭）。义勇军的数量仅在辽西一带只［至］少亦在五万以上。社会成分虽然包含着胡子、溃兵，但基本群众则多为农民。至于义勇军的领导则为胡子头、奉系残余的军官及一部分学生，完全缺乏正确的党的领导。因此，目前日本帝国主义一面积极调动大军来消灭义勇军的主力；一面则又积极采用收买分离政策来破坏这一武装组织。义勇军目前显然的有两个前途：一个则在胡子头、军官、豪绅地主的领导下走到一时的挫折失败；一个则是党能够打入义勇军中去树立党的领导，开始游击战争，实行土地革命，建造工农红军与树立义勇军占领地，以及满洲的苏维埃政权。

2. 兵变成为潮流。近来满洲兵变次数增多，而且十分普遍。最著者，如：熙洽部队吉长线的兵变，张作相部队中东路线的哗变（在铁岭河），以及最近哈尔滨的兵变。满洲士兵在反日的潮流中经过江省士兵英勇战争与受到农民义勇军的影响，特别是对于长官投降的愤恨，所有这些兵变无例外的都打着反日的旗帜而带着反国民党的色彩（枪毙国民党长官）。

3. 学生罢课斗争与要求武装。学生群众罢课罢考（如哈尔滨各校），与反对学校当局压迫反日运动斗争已在开展，一部分学生为要求武装而投军，在马占山公开降日后，则多到农民中活动。

目前教育及行政当局则采取提前放假政策，以解散学生群众的力量。

4. 工人斗争刚在开始发展。目前最严重的现象则为日本企业内及一般的工人斗争尚未成为反日的主要领导力量。最近北宁路工人为争斗要求两次包围厂长，兵工厂工人自动拆除兵工厂的房舍以及东铁工人反对路局中国官相及黄色工会的斗争，只是说明满洲工人斗争尚在开始发展的形势。

Ⅲ. 党的工作的检查与目前工作布置的方针

满洲党的工作一般的说来虽然有些进步——满洲各铁路工作的建立（中东、南满、北宁、沈海、呼海均有党的或群众的组织）——相当的领导工人斗争。敌人主要部队中工作的开展（丁超、邢占青、张景惠警备队），中国农民工作的开辟，新的区域工作的建立（庆城、呼兰、新民等），反帝运动的领导——但是满洲党过去在总的方面确犯了极严重的政治错误，没有看到群众斗争的迅速发展，没有坚决的去领导群众为自己的政权而斗争。目前在义勇军占领的区域国民党政权已不存在，更显然的建立工农兵士民众革命政权成为一个实际问题。经过中央红旗对于这一错误批评以后，省委的工作仍然没有彻底的转变，这给予全省工作以莫大的危害。

在策略方面满洲党亦曾犯了不少的错误，最主要的：

2. [①]对农民斗争的取消主义——东满特委认为延吉一带不能发展游击战，因此对农民武装斗争取消极态度。

A. 九一八事件后，辽西的党在农民英勇反日斗争形势下完全溃散。B、对于农民武装斗争的发展特别是对于义勇军的民族战争事先完全缺乏注意。

3. 士兵运动中的军官路线与军事投机

在兵变潮流中没有一次在党的领导之下发动起来，这绝不是党的组织薄弱所能解释的。主要的则在过去士兵运动并没有十分艰苦的去组织士兵日常的斗争，在政治上、组织上去夺取广大士兵群众，而取了上层的活动与周旋，对于兵变的组织则多脱离工农斗争的军事投机倾向。

职工运动中仍带着浓厚的立三路线的残余。

对于工人斗争没有系统的准备与切实工作，空喊组织罢工，因之在党的政治号召下，一部分工人等着有枪再干或依靠苏联红军来保护他们，另外有许多群众的日常斗争因缺乏

①原文如此。

领导亦不能有大的发展，但在另外一方面则表现着对于组织斗争和罢工的悲观与消极。

4. 反日斗争的尾巴主义狭隘路线与关门倾向

过去反日工作之所以散漫而无力量，主要的则是不能抓住一切实际机会，利用一切公开可能去活动，没有特别注意发动反日的部分斗争。对于开展群众反日的斗争，完全落在后面，对于学生斗争亦缺乏充分的领导。

目前满洲党在领导广大群众要政权的革命任务之下，主要的策略路线和工作方针则是：

（1）努力发展反日斗争，尤其是要设法打入与领导农民义勇军反日的革命战争。

（2）开始哈尔滨等中心城市工农兵士民众代表会议，运动与开辟新的苏维埃区域（辽西、宁安、东满）。

（3）切实建立日本企业（南满路、抚顺煤矿、北满电气）工人的工作，与加紧组织工人的斗争与罢工（北宁路、中东路、海员等），特别是要在失业工人中发展工作（兵工厂、东北大厂、丝厂等）。

（4）发展中韩农民武装斗争，开始游击战争。

（5）切实建立日本帝国主义走狗（熙洽、马占山、张景惠等）部队中的工作，真正组织士兵的兵变（邢占青、丁超等），应采取一切可能方法在日本士兵中建立工作（散宣传品，利用日本革命分子进行工作等）。

（6）积极发展与组织群众的武装力量——工人纠察队、农民游击队、义勇军、工农红军。

（7）要继续发展学生斗争。

满洲党要胜利的完成这一历史的任务，必须在党内广泛的发展反倾向的斗争，根本改变过去的工作方式，在中央领导之下执行彻底的较变，在广大工农劳苦群众中加紧揭破改组派、国家主义派的一切欺骗与蒙蔽，树立党的布尔什维克的领导。

IV. 满洲党的组织概况

A. 党员

一、1931年年终满洲党团员的数量2132〈人〉：

1. 东满——900（破坏后无报告）

2. 北满——725（最近可靠统计）

3. 南满——381（比较旧的材料）

4. 奉天——126（最近可靠统计）

二、中心城市及地域的党和团之组织情形（一月份的）：

1. 哈尔滨——党员113人、团员60人——共173人（1931年初四中全会后哈市党员26人）。

东铁19人（哈市15外站4）、呼海路3人、平民女工厂3人、皮鞋10人、洋车夫3人、士兵16人、警士3人、农民11人、造船厂3人、海员4人、窑工3人、船夫3、汽车夫1人、职员11、学生6、裕庆德毛织厂2、手工工人8、苦力2、家庭女子2。

性别

男　108

女　5

社会成份

工人 —— 61（产业工人35，手工工人26）

农民 —— 11

警兵——19

其他——22

2. 奉天（沈阳）——党员36、团员14——共50人。

北宁站（皇姑屯）7（新4旧3）、香烟厂9（新4旧5）、东北九厂5、被服厂3、汽车2、街道4、失业工人8、保安队1、教员1、铁工厂1、店员1、其它2。

社会成份：工人31（产业工人30、手工工人1）

警士1

其他4

性别：女3、4人（不详），北宁路外站6人未列入。

3. 大连——党员26、团5——共31人。

南满路大厂6人、油房13人。

码头及其他7人。

4. 抚顺——除派去2工作人外，共有同志3人，2碳工、1店员。

5. 长春——共有党员6人（系工人同志）。

6. 吉林——共有党员团员15人。

7. 安东——最近派去5人尚无报告。

8. 洮南——最近派去2人（1军事1铁路）。

三、全满组织详细统计表：

1. 奉天特委下的组织126人

地名 PY数目	沈阳	大连	辽西（台安）⊕	辽中	北宁线	抚顺	敦化	安东	总计
C.P.	36	26	5（15）	25	6	3	6		
C·Y	14	5	（40）						

⊕注：过去党15团40后失掉现恢复5人。

2. 南满特委下的组织381人（旧统计数字）

地名 数目	磐石	海龙	柳河	草市	长春	吉林	山城	其他	总计
党团员	200	80	20	10	6	15	20	30	381

3. 北满特委下的组织725人

地名 数目	哈市	宁安	饶河一带	汤原	穆棱	珠河	阿城	宝清	青岗	庆城	双城	呼兰	海伦	勃利	总计
党员	100 ⊕	114	55	50	24	32	11	13	9	16	5	3	5	2	439
团员	60	78	16	47	18	28	9	9	6	6	1	7	1		286
党团员	160	192	71	97	42	60	20	22	15	22	6	10	6	2	725

⊕注：旧数字100人最近加入13人。

北特下：中心县委三（宁安、汤原、饶河），正式特支四：珠河、阿城、青岗、庆城。

4. 东满特委下组织不详。

四、党的组织发展中的有以下应注意几点：

1. 铁路工人中有相当发展（几条中心铁道）。

2. 外县党的组织有新的发展，在完全韩国同志的组织中开始有中国同志的发展。

3. 工人和雇农的成分太弱，许多重要城市党的组织仍然薄弱，甚至没有。

B. 支部组织（仅就所知道的计算）

一、重要产业支部12个

东铁3、呼海路1、北宁路1、南满路1、松花江海员1、香烟厂1、东北大厂1、平民女工厂1、造船厂1、被服厂1。

二、手工工人支部9个

皮鞋2、油房2（或作机器工人）、洋车夫1、船夫1、码头1、窑工1、苦力1。

三、乡村支部没有统计

四、支部生活：乡村支部一般的都能按期开会、分配工作与征纳党费，惟缺乏自动工作与政治训练。城市支部多半缺乏群众工作，按期开会非常困难，党费能相当征收但不普遍，哈尔滨有一二区可以经费自给，外县党部一般的都是经费自给。满洲党目前必须用尽各种方法巩固各县支部组织。

C. 干部问题

一、干部的分配，除外县委及特支负责同志外比较好的中级干部分配如下：

1. 哈尔滨10人

2. 奉天7

3. 抚顺2

4. 安东3

5. 洮南2

6. 南满、东满不详

7. 大连3

三、[①]干部的培养与训练，主要的方式是分配干部适当的工作，并曾采取训练班的方式，外县的县委应多流动训练班的工作。

①原文如此。

四、目前满洲干部的主要问题是在加强对于干部工作上的教育和帮助，特别是新的工人干部，扩大党内政治讨论，提高新干部的政治水平。

D. 群众组织

一、工会组织。一般的说多不健全，目前赤色工会会员的数量仍异常微弱，工会亦缺乏生活。

1. 哈市工会会员142人

东铁30、皮鞋21、老巴夺6、女工厂11、海员5、船厂7、船夫30、呼海10、车夫40、木匠6、印刷8、玻璃5、失业及其他。

2. 奉天工会会员几乎没有，皇姑屯除同志外有3会员，东北大厂失业团5人，香烟厂有4、5群众关系。

二、反帝反日的组织。反帝工作主要的是狭隘方式，目前哈市反帝会共有会员60人，多半是学生成分，奉天约四五十人，外县有党组织地方多半都有反帝会或中韩反日会的组织。

三、互济会。过去奉天与在狱同志关系尚好，哈市亦有相当关系，因破获关系工作还无大的发展，奉天被服厂有会员7人、车夫有10人、电车有5人，沈海路则有数10人的关系。

四、群众工作目前主要的问题则在健全党团与改变党团的工作方式，务使党团能依照党的决定经过群众组织去实现，将群众组织系统与独立工作切实建立起来。

F. [①]反倾向斗争问题。过去满洲党对于反倾向的斗争，

①原文如此。

最主要的错误与缺点是没有联系到每一个实际问题上去。满洲党目前主要的危险显然是对于群众斗争发展估量不足（客观形势的估量不足）的尾巴主义（不能积极领导群众开展反日及要武装要政治的斗争），取消观点（取消游击战争取消反帝会等），以及组织上的悲观论（认为组织弱什么事不能做），同时对于立三路线的残余在实际工作中的肃清（如在工会工作中军事工作中），以及根本克服一切虚浮敷衍的工作方式仍要求满洲党严刻的注意。

E. [①]团的工作。团的工作一般的比党还要落后，需要党在各方面的帮助（政治上人力上及物质上），目前团内的严重问题则是组织上的悲观与消沉（如哈尔滨），团省委书记最近被捕更予团的组织上以极大的损失。　完

1931年底宁安县党的组织状况

1. 党员数量：114人。

2. 性别：男99人，女15人。

3. 社会成份：雇农4人、农87人、知识分子29人。

4. 党员来源：未参加斗争的50人，曾参加过火曜派的42人，曾参加过ML的18人，曾参加过西上派的4人。

5. 区的组织：

A. 东京城区。

B. 丹区（牡丹江、海林、铁岭河、磨刀石）。

C. 城市区。

D. 南区一、四区最好。

6. 支部数量：13个，经常开会——通过指令每人能做工

①原文如此。

作，缴党费经常5毛，外有特别捐。

7. 县委组织：数量7人，社会成份知6人，雇农1人，质量[1] 2人有派争残余。

8. 群众组织：农协256人（女会员106人），80%贫农、5%雇农、15%知及其他（农协附有讲习会）。反帝会89人，农协团体加入——附时事报告会。

9. 经费：党费完全自给，交通、宣传、生活机关同志自筹。

10. 训练班——流动、短期二种。

11. 宣传——传单……。

庆城反日会50人，农民互助会36人，贫农80%，农民通信两周一次，妇女讲习会14人。

附属组织：讨论会、演讲团、烽火报。

选自雨花台烈士纪念馆馆藏史料。

①原文如此。

邓中夏

邓中夏（1894-1933），原名邓隆渤，又名邓康、邓重远，字仲澥，湖南宜章人。中国共产党创建时期的重要领导人，中国工人运动的杰出领袖，无产阶级革命家、理论家。

1917年考入北京大学

1920年在北京加入共产党早期组织

1922年7月在党的二大上当选为中央执行委员，会后任中国劳动组合书记部主任

1923年8月在中国社会主义青年团二大上当选为中央执行委员会委员，任团中央执行委员会委员长

1925年5月任中华全国总工会秘书长兼宣传部长

1927年8月在八七会议上当选为中共中央临时政治局候补委员，同月任中共江苏省委书记

1928年3月赴莫斯科任中华全国总工会驻赤色职工国际代表

1930年9月任中共湘鄂西特委书记、红二军团政治委

员兼前敌委员会书记

1932年任全国赤色互济总会主任兼党团书记

1933年5月到上海法租界环龙路骏德里37号，与互济总会救援部长研究工作时被捕，被关押在法租界巡捕房，因叛徒出卖身份暴露，被引渡到国民党上海市公安局看守所，9月转押至南京宪兵司令部看守所，同月牺牲。

给长江局并转中央的报告[①]

（1930年10月6日）[②]

长局并转中央：

前两次报告想已收到，兹继续报告于次：

（一）第二军团军事行动问题

中夏到后，立调第二军团回来，六月二十日中夏赶到周家咀召集前委军事会议，全体接受中央所指示的路线（即渡江与一、三集团军配合行动之路线），但在未渡江以前，大

①1930年9月，邓中夏被中共中央任命为中共湘鄂西特委书记、红二军团政治委员兼前敌委员会书记。这是邓中夏到任不久，写给中共中央长江局并转中共中央的报告，主要涉及红二军团军事行动及内部整顿、扩大湘鄂西苏区、湘鄂西特委组织等问题。

②原文无年代，此年代是戳记上填写的年代。

家觉得有攻下监利再行渡江的必要。理由：（1）鄂西赤色区域不致因红军渡江完全抛弃。（2）攻下监利，可以立□（第二军团因二次进攻监利失败和进攻沙市去，无形中减低声威不小）可以声东击西，乘敌不备以渡江。（3）大家估计攻下监利只须三日，并可保障必胜，因此决定先攻监利再渡江。

二十二日拂晓进攻，当晚占领县城，二十三日肃清各处残敌，得见敌人报纸载一、三军团已经退往醴陵，因此渡江问题，不能不加以审慎，据白螺矶派去侦探回称，亦云一、三军团都已退去，但我们决定不管一、三军团是否退去，我们依然渡江，其任务与前不同，前在截断长武铁路并占领岳州，堵住武汉白军，好让一、三军团在湘境内覆灭所有在湘敌人，现时任务在于占领岳州，即长驱直捣长沙，以激起一、三军团之反攻。当将军队向东移动，一俟渡江船只准备妥贴以及侦查对岸地形，敌情的报告回来时即行渡江。正当此时，二十八日夜半慕汝鸣赶到，报告中央最近决定，二十九日当召集紧急会议，决定随时可渡江，以与一、三军团配合行动之总原则下，暂时攻下新堤及收复沔阳，攻下新堤则我们渡江线可以扩张，并可相当解〈决〉经济问题。收复沔阳则可扩大及巩固赤色区域（北极会以沔阳为根据地，势极猖獗，北极会与北方之红枪会性质相同），俟新堤沔阳解决后再看形势。如果不须立时渡江或须移师西向进攻沙市。

自然红军在鄂西一日，便须攻城略地，肃清一切反动武装，将各零星苏维埃区域联系成为整个苏维埃区域，这一点工作，以前确未成为鄂西党的政治观念，应须立刻纠正。

（二）第二军团内部问题

二、六两军自会师以后，叠受挫折，因此两军间不免彼此埋怨，特别是上层领袖意见很深，在进攻沙市无功以后，裂痕愈深，大有分家倾向（由二军分路游击可证），幸中夏即于此时赶到，将两军调集一处，特别是此次攻下监利，再加上中夏根据中央指示，极力用公开方式与各方不正确倾向斗争，现在算纠正不少。据中夏观察，亦确有不少进步。二军成分现已改进（但战斗力却稍减）大烟确已戒了（秘密吞烟者自仍不免，曾枪毙数人）。六军极端民主化倾向，亦有相当纠正，战斗力亦相当加强（现颇受节制指挥不止冲锋一次，可冲锋几次了。如此次进攻下监利可证），假如我们有很正确的领导，不难整顿成劲旅，此次慕禹来得正好，恰当其时。

芸卿本人政治上确无问题，其部下大半均入党，党的观念虽弱，但均忠实勇敢，过去领导同志不从积极方面加以政治领导，而却从消极方面反对服从个人倾向，显然是左稚病的表〈现〉。六军同志确反映农民意识不少，而且掩蔽自己错误，成为惯性，一切问题不示人以大公，如何能同化人！中夏正在政治方面对各方厉行反倾向斗争，同时从组织方面尽量消灭可以引起不平的现象（如经济分配问题，补充问题等）。

现人员大有更动，在监利集城的前委会议上，议决周逸群同志调地方工作，代理湘鄂西特委书记（中夏事实上须随军工作）及充任鄂西苏维埃联系［县］政府主席。六军军长以段德昌同志升任（照长江办事局意见），政治委员为柳克明同志。十七师长以许光达同志任之。慕禹来后，知中央决定以慕禹继任六军军长，在朱河的前委会议上认为段德昌就职不到数日，又复变动，殊属不好，由云卿提议以总指挥部参谋长孙德清同志改任二军军长（云卿专任总指挥）慕禹调任总指挥部参谋长，大家认为此种分配甚为适宜。应请中央加以批准，并用军委下命令来：

（1）第二军团总指挥贺龙专任总指挥，其留任之二军军长，以孙德昌[①]继任。

（2）第二军团第六军军长邝继勋另有任用，遗缺以十七师师长段德昌同志升任。第十七师师长以许光达同志继任。

（3）任命汤慕禹为第二军团总指挥部总参谋长。

再则，须用中国共产党中央执行委员会及中国苏维埃共和国中央工农革命委员会之两名义下命令来：

1. 第六军政治委员以柳克明任之。

2. 第二军政治委员以朱勉之任之。

3. 任命刘鸣先为洪湖红军军事政治学校校长。

（三）湘鄂西苏维埃区域问题

从前真是笑话，不要县城，成了党内的国是，“国是”，所以县苏维埃都设在乡里，监利县苏维埃设在剅口，沔阳县苏维埃设在峰口，潜江县苏维埃设在四面皆水的湖岛上，江陵县苏维埃设在郝穴，县城本无敌人（沔阳、潜山[②]）我们却不去拿。在乡里造洋房子以为偏安久居之计。直到最近才算是占领石首、监利县城，但同志们却不愿保守县城，还提倡一种“跑兵主义”，反动势力一来，苏维埃政府打锣叫群众跑兵，并不叫积极反抗，他们还说：“跑兵是

①孙德昌”似应为“孙德清”。

②“潜山”似应为“潜江”。

革命的群众”，跑兵实成了两年来鄂西党毫不致［置］疑的天经地义。习非成是，此种余毒，至今深入群众中，此次由中夏召集旧特委与旧前委的联席会议，极力批评此种倾向，如果不打倒此种倾向，则湘鄂西苏维埃区域，永无扩大和巩固之可能。我们拟定第一步须将监利、沔阳、潜江、江陵、石首、公安、南县、华容、安乡九县打成一片，成为整个的苏维埃区域。除江陵外，各县苏维埃政府必须设在县城中，并在全苏区内，除红军外，须设地方性质的红色警卫队，由联县政府统一指挥，负保卫苏区之用，又须设立驿站，把各县亲密的连系起来，自监利攻下后，联县政府挪来，已开始此项工作。

旧特委与旧前委的联席会议已于二十四日在监利县城举行，讨论下列决议案：

（1）湘鄂西目前政治任务决议案。

（2）土地问题决议案。

（3）经济政策决议案。

（4）鄂西苏维埃联县政府问题。

（5）军事问题决议案。

（6）党的组织决议案。

以上决议案已函湘鄂西特委另寄，请立即审查，加以指示。

（四）湘鄂西特委问题

湘鄂西特委已由旧前委联席会议产生共二十一人，第二军团中占七人，其余十四人为地方党部同志，内包括有女子一人，青年一人，名单已各特委另寄，请赐批准。

特委准备委员七人，中夏（书记），逸群（在军委代理书记），周小康（组织），彭之玉（联县政府党团书记），崔琪（农民，联县政府主席），关大顺（工人、职运），贺龙，事实上，中夏、贺龙不能参加工作，特委地点，暂设监利。红军之前委，我们意见名义不必取消，但以参加特委之七人组织之，为讨论及决定战略之机关，如果红军与特委之距离太远，则尽量请特委参加，否则前委有单独决定战略之权，但须立即飞马报告特委。此种办法是否适当，请指示。

（五）其他问题

（1）柳克明同志，我们主张留六军工作，中央须知在上海找克昌［明］一类人容易，在鄂西则很困难。

（2）中央独立师留在监利一部分（二百余人）特委决定归二军改编（枪枝一百三十枝）理由是①独立师事实上不能回汉川，如单独回汉川，半途必归敌人解决。②独立师政治倾向及战斗能力都非常之坏（监利县苏维埃及群众怨声载道，供给粮食，但不能为抵抗反动之用，均主张缴械，因中夏不赞成作罢）。③二军此次攻下监利，死伤太多，枪多于人（六军此次得枪甚多，亦枪多于人）当此渡江急切需要补充，故有此紧急处置。请长江局及中央批准。

（3）孙德清同志（即现任二军军长）要求中央另调工作，是否允许请予答复。

（4）第一次报告中所要求各事均请办理，特别是无线电话要紧要紧，又军事侦探人才□□□□人才，亦请派数人来。并致

布礼！

中夏

九月三十一日朱河军次

附：鸣先来信

中央和中央军委：

我于九月八日起程，十三日到汉，过三天与长江局接了头。停五天即乘我们自己的帆船于二十八日到赤区白螺城（系监利一沿江市镇），时值二军团于六天前（九月二十二日）攻下监利县城……三军团……二十八日晚用马赶赴朱河二军团总指挥部与刘……同志面晤……

至我个人工作问题，中军原已指定，在前委会上，乃改派为军校校长。关于军队中政治组织系统和各部分关系，指定我作一报告，并以具体条文暂时规定政治委员职权、任务及与军官政治部等关系。下月二日部队由朱河移动，我亦于是日到监利某城，遵照前特委决定，将军校白［自］洪湖搬到监利县城，一期已毕业约三百余人，第二期正筹划中，一切均无头绪。昨经特委临时会议结果，决定目前招收第二期新生四百名，三百名在湘鄂赤区内，百名专收武汉、上海的工人（计上海五十名，武汉五十名）如工人能多更好，但在沪、汉各不能超过百人，招收期限以十二月十五日为止。此外最重要的就是教练军官（无论政治的军事的）非常缺少，务须中军从速派来，不然下期实难进行对整个学校工作计划，并希中军能及时给以指示和意见。

此致

布礼！

鸣先

十月六日

选自《邓中夏全集（下）》，人民出版社2014年5月版。

给长江局转中央的信[①]

（1930年10月15日）[②]

长江局转中央：

我于初九日搭船动身，经过五六天才到赤色区域之白螺矶。在樟州时，我的船虽被白军拦了一次，差与白军同船行走，因应付得宜，幸未发生变故，一路平安无事。十日午抵白螺矶，此处离后方办事处尚有约九十里之路，十一日到军事政治学校，十二日才到后方办事处。兹将所得情形择要报告如下：

1. 第二军团开往江陵，进攻沙市、荆州，虽沙市未攻下，据说得省总行委命令变更策略，放弃荆州进攻武汉，于是第二军团分二路回师，一路由潜江、荆州、天门等县由襄河北，一路由江、监、沔、汉川由襄河南，此项战略显然与中央与长江局所规定者不符，当即派人飞至传达，每日一函已共去四函，嘱其将军队调回，先集中洪湖附近，候开军事会议后再行渡江，截断武长路及占领岳州。惟据我观察，第

①这是邓中夏写给中共中央长江局并转中共中央的信，主要涉及红二军团进攻方向、赤区反水、工人人员腐化等问题。

②文件年代是以收文戳记定的。

二军团是否能担此重任尚是问题，因其战斗能力实属有限，从上次进攻监利失败，此次进攻沙市无功可证，虽然如此然无论如何，须望中央决定执行。至于第二军团本身之弱点，迅速设法予以补救。

2. 监利自红军开经荆沙后，地方空虚。只是农民枪枝在扩大红军口号之下，全数提出，赤卫队亦宣布解散，因此地方毫无自卫能力，监利白党政府见此弱点，即乘虚派队清乡，于是有几乡的苏维埃政府尽被焚毁，监利白党军队虽非正式军队，但其常练队为桂系陶广残军所成。人数共七百，枪亦如之。战斗力甚强，最近亦学会我们的游击战术。分为小队四出下乡，至焚毁苏维埃机关，大杀、大枪［抢］，呼啸而去，甚至我们唯一的河口、白螺矶亦十日前被陷一次，因此农民大起恐慌，监利县党部、县苏维埃不得已搜集余枪，将军事政治学校学生编成游击队抵抗白军，所幸数日以来接战四、五次学生皆获小胜利，前后毙死敌三十余人，学生亦损失四五人，虽未缴得敌人枪械而敌人气焰消戢，但赤区恐慌状〈态〉仍未过去。

3. 最重要者为赤区反水问题，现监利已有数乡完全反水与白军完全合作为之响应，并组织硬肚会、北极会等团体，甚至有一次在某处开群众大会，群众突起暴动，当场杀苏维埃工作人员四十余人及党部共产党三十余人，其严重有如此者。农民反水纯非偶然，有与经济原因甚或土地政策之不当，原来鄂西土地并未平均分配，凡从地主处没有［收］之土地只转给原佃农、贫〈农〉等少数，人民均未得到土地。所谓流氓、地痞即党部苏维埃负责指导责任的人，亦认为不良份子。当然不得分配土地，因此我们的基本群众雇、贫农以及失地的游民无产阶级，都未得到苏维埃的实际利益，这显然〈是〉过去富农路线的结果，反富农斗争方法之不当。自从此地接到中央反富农的策略以后，他们并不是动员雇农、贫农群众与富农实行阶级斗争，而是利用苏维埃权力，〈对〉富农实行一种特捐，甚至还有绑票的行为，最出奇的有一飞条子办法，侦知富有数钱，即由政府下条子征收其半，名为借贷实同夺取。总之，以此种办法代替阶级斗争的正确办法。最错误的是土地连中农亦不分与，将中农亦当富农看待，党的出版物公开的指出富农、中农均是反革命。以监利来说，中农确占农民之绝大多数，据说占百分之八十，我不相信有此大，因苏维埃政策的□□，于是使中农群众由怀疑动摇而跟富农走了。因此我们的同盟群众中农，亦觉苏维埃政权为不当。所有农产品完全禁止出口，以监利来说，谷米、黄豆、芝麻、棉花有得出口，现因禁止出口，于是金融异常枯竭，现只发行信用卷［券］以度日。信用券，人民虽不用，而暗中却有拒用行为。盐与煤油大起恐慌，在现时并非不可与外面交通，如白螺可以直通汉口，而是自己封锁。总之苏维埃政府只有防止奸商的消极办法，没有活泼金融的积极政策。财政方面更是些无计划，直到现在还未实行革命的累进税，何以尚不执行，他们说有何标准呢，又［各］色各样的捐费如互济捐、少年先锋队之费、鞋袜捐等。如一家子，父亲加入互济会，儿子加入少年先锋队，女儿加入鞋袜缝纫队，则一家人捐费就不少了。而此种捐费并非乐捐，只是强迫征收，因此这在农民看来与国民党苛捐杂税无异，因又引起群众绝不满意。

4. 工作人员的腐化，党部苏维埃的工作人员造成另一风气，衣履极为整洁，饭食必有鱼肉，手上金〈戒〉指亦屡见不鲜，并且扯拼［皮］绊，即暂时夫妻，上海话所谓打炮等行为。再滥用专职，对苏维埃表示不满者，则往往加以反革命之罪，用非法拷打及逮捕下狱，农民说，现在的牢我都有份。党部苏维埃与群众之间，隔着一条深的洪［鸿］沟。一般的说各级党部各级苏维埃工作人员能力非常之弱，并不知如何领导如何工作，即不如此则饱食终日。一时风气而觉有党、红军可爱，苏维埃可恶之风，因红军中工作人员皆能刻苦，纪律亦极严肃，亦无骚扰农民行为。上述种种皆透［遭］农民斥这［责］的重要原因，现时鄂西确有极大危机，鄂西旧特委并且改组，现正派人往各地改组去，但旧特委本身对土地问题、经济政策根本不明瞭，他们虽从实际教训中知道现状不能继续下去，然而他们并未找到正当的补救方法。关于农民的分析仍是一踏［塌］糊涂。土地分配虽提出要分，但又提出没有残废、孤寡及革命家属的土地，又提出什么生产合作社集体农场等幻想的办法。并说要在最近召集监利县区委开第四次代表大会纠正这些错误，并确定新的政策。汉川红军中央独立师，前些时被敌人截击分为一、二部，仍在汉川一部，后窜监利之一部共二百余人，枪有百余支，他们到监利时正是监利反动正盛。监利县委及县苏维埃请其留此就［前］去镇压反动，该师亦允许，但给得粮食子弹充实之后，都□□回汉川，他们说省委所给我们的任务是进攻武汉不应留监。但该师行至沔阳又遭失败而回监利，该县县委当不满意，甚有人主张缴该师之械者。我适到此召集县委苏维埃中央独立师军事学校共合会议，指出该师过去错误，并决定该师暂行留监游击，并将监境内学生军、农民梭标队、少年先锋队与中央独立师组织指挥机关，实行镇压反动并恢复旧有赤色区域，又由学校派人帮助该师整理。该师士兵中地方观念、极端民主化观念及浪漫不守纪律都极深。师长吴英甚好，政治委员黄一光因能力弱故观念不好。士兵中政治观念错误，多有由黄同志助长者，该师原由他一手造成，而他又是汉川人，因此对从外派来的人颇有歧视，此点我即当面批评他已接受。鄂一切重要机关并不集中后方，办事处与学校相隔一日之遥，与特委及鄂西联县政府更隔三日之程，而且途中常发生障碍，以致联络上非常困难，似此如何实行该［统］一指挥，我拟候旧特委及前委负责人到后，商议一适当地点，把些机关集中起来。这是以上数日观察所得，□行报告，当然还不详细，容后详述，望加以指导。

另有要求数项如下：

1. 请将国际最近关于中国的几个决议案及中国接受国际指示的决议火速寄来，此时正得其用。

2. 所有书籍，应大批寄来，我们已有数船□走汉口，可以代［带］《红旗日报》及〈其〉他单行刊物可由邮寄收到。

3. 请将中国全国地图，湖北、湖南、四川地图，湖北分县地图，武汉三镇地图，单张的或本的各样至少购五份寄来（此地一张也无）。以后还望源源寄来，越多越好，至要至要！

4. 请派得力军事政治同志来，刘鸣先、叶剑英应即刻来。伯丞［承］如留汉，非宣熊来（？）[1]更好。列宁院工人

---

①原文如此。

如回汉，须派数人来此。旧特委要求李灿英同志来作妇女运动，湖北省委派来之□宇同志何以未到?

5. 洪湖军事政治学校下期招生，请于武汉招工人上，招集湘鄂籍工人百人送来。

6. 请派无线电话的同志来，并携带应用电器，又须与中央长江局约好密码。

7. 写信药水送来并示知用法。我所存留特科之铺盖行李请交人带来。此致

布尔什维克敬礼!

中夏

十月十五日

选自《邓中夏全集（下）》，人民出版社2014年5月版。

关于红二军团的报告[①]

（1930年10月19日）

长江局并转中央：

朱河发一报告，计达。此后是因出征，特别是因得疟疾（每日一次，特别在攻打仙桃镇时最利［厉］害，神志昏迷，困苦万状。攻下仙桃镇后方愈。但回师至监利时又复发一次，现已愈），以致直到今日方作报告。兹择其重要者报告于次：

（一）在朱河时，原决定攻打新堤，嗣得报告，新堤工事太坚，有电网，有战壕，有土坑，最苦是战地太小，我们虽然兵多，苦于不能展开，只能用小部队，而且地形太坏，左江右湖，只能打冲锋，不能打包围。我们估计，占领新堤虽然绝对有把握，但一定须准备极大牺牲。再我们攻下新堤，主要目的在解决经济问题（如说占领新堤为通江口岸，意义虽有，坚守则难），据侦查，新堤大商家早已迁移，其收获不会比监利为多，因此前委决定，以不可弥补的牺牲，而取得有限的经济，殊为不值，故改变军事行动转向仙桃

①这是邓中夏写给中共中央长江局并转中共中央的报告，主要涉及红二军团进军及整顿、地方工作开展情况、湘鄂西干部等问题。

镇，攻下仙桃镇后再攻岳家口。攻下岳家口后，分两路出师：六军取天门、京山；二军取钟祥、荆门，目的不仅在解决经济问题，而且主要的在扩大赤色范围版图。九月七日很顺利的占领了仙桃镇。前委临时变更计划，决定不再北进，移师南征。理由主要的是地方组织太薄弱，譬如红军攻下仙桃收复地域百余里，然而地方组织无力接受，这样即使红军向北冒进，事实上等于太平天国〈之〉攻城略地，随得随丢政策，好似猢狲抓板栗，抓一个丢一个；此与扩大赤色版图意义不合。再则大军冒进，敌情固然复杂，后方失其联系，亦为军事所忌，又天门、钟、荆等县，并非富庶之区，经济只能小解决，不能大解决。因此决定红军及汉水而已，不再北进，移师南征，故占领仙桃镇只两日，便退回峰口。

（二）此次攻打仙桃镇，系从两路进攻，二军从西路收复沔阳县城，经过张家沟里仁口消灭敌人前卫，向仙桃进攻；六军从东路经尤据彭家场，消灭敌人前卫，向仙桃进攻。两路皆有北极会匪，我军皆须搜索前进。（北极会匪者发生，专门与赤色区域为敌者也，其性质与红枪会相类，其信仰谁儒释道之家，亦以“吃灵符炮打不进”的鬼话欺骗群众，其实是出发吃灵符时，每人喝仁砂酒一大瓶，人受此刺激，的确神昏［魂］颠倒，天不怕地不怕，象火牛一样向前直奔，但不到两小时，酒解人醒，便失其效力，于是匪首解嘲说：“灵符过两小时无效”。或用其他鬼话：“被打死者系心不诚，夜有房事所致。”首匪名“老师”，设佛坛早晚拜佛。征收会费，完全胁迫，不加入者则杀其人，火其居。入会金至少一元，还不时征发，群众引为大苦，然而无可奈何，不能不在淫威下挨家加入。（再则赤色区域的策略错误，亦为促成群众加入北极会之又一原因，下面再说），再加上国民党政府现时无力统治农村，无兵可派，极力利用此种组织，该会匪得反动政府援助，故其势太张，蔓延沔阳一带，监利亦□发展多）。六日进攻，二军不战收复沔阳，即到张家沟打破敌人前卫，缴械二连，直追至新里仁口；六军收复尤据，直进抵彭家场；七日上午两路会攻仙桃，敌人不战退过汉水（俗称襄河），夹河相持，仙桃完全为我军占领。当晚召集工人数百开会，成立总工会。翌日午召集群众大会，成立苏维埃。宣传颇为普遍，民众亦颇热烈，影响甚好，占领两日，敌人在对岸鸣枪，疏疏密密，昼夜不绝。汉口飞机，七日下午来投炸弹四枚而去，一枚炸毁房屋一栋，死市民一人，伤红军五人，市民数人；一枚伤战马一匹。我们才决定引军渡河，消灭对岸残敌，无奈所有船只尽数为敌人引往对岸，上下数十里，觅不到船只，以致未能渡河。八日晚我军退出仙桃镇，适敌人援军二团亦至，跟踪追击；西路无战事，东路至彭家场，六军给以反攻，打溃敌军，缴获敌械。九日完全安退峰口。

是役也，我军死十余人，伤二十余人，敌军死伤七八十人，缴敌械二百余支，子弹数万发，俘虏二百余人，算是一个小胜利。敌军系川军郭汝栋一团，敌人援军不大明，闻系谢彬一团及郭汝栋□汉川之一团，在政治上的胜利，特别是给北极会一大打击。本来当我军进攻，北极会武装队伍皆闻风逃匿，我们的策略是“杀尽老师，保护群众”，我们提出口号是“北极会是豪绅地主的走狗，是我们的敌人；群众受豪绅地主的压迫，是我们的亲兄弟，‘杀尽老师，保护群众’”。北极会的群众与我们联合起来，杀尽欺骗压迫他们的老师。这一来，的确使北极会的群众受了莫大的影响，事实上，我军所过未杀一人，未烧一屋。将北极会匪首之宣传失其根据，不仅如此，并且连带改正赤色区域群众向来对付白色区域群众策略上的错误。从前是这样的，白色区域见人杀人，见屋烧屋（实际上是农民意识原来如此），于是赤色区域交界之处三十里往往无人烟，赤白区交通完全断绝。赤色区域的人固然不敢过去，白色区域的人亦不敢过来，因为一来则杀无赦，造成一个相互仇杀的地带，地方党部及政府不仅不纠正此种错误，而且造成理论说这是赤白区域对立，他们不了解赤白区对立，是赤白区两个政权的对立，而不是赤白区两地群众对立，他们把地域的对立，代替了阶级的对立。的确这一策略可以使苏维埃区域陷于灭亡，不仅不能把赤色区域的政治影响扩大出去，而且使白色区域的群众仇视赤色区域。北极会之存在与发展，赤色区域此种策略，实为一大助力。红军此次进攻仙桃，的确影响赤色区域群众改正此种错误，譬如沔阳暴动队、赤卫队三千余人随红军前进，随红军在北极会根据地搜索，他们确未杀人放火，只在一处地方烧佛坛一间，逮捕了六百群众亦全数好言赦放。的确这一来，使北极会群众根本动摇，据我们退出白色区域以后所得的消息，北极会老师回来，群众说："请莫再来了，你们与共产党有仇，我们与共产党是没仇的，你们如再压迫我们，我们只有向赤色区域跑。"于是北极会的，现时都是白色区域的反水了，这不能不说是此次政治上的一大成功（赤白区域群众对立的现象不仅沔阳，其他各处亦有，我们已去函湘鄂委讨论此一问题，成立专门决议案，训令各县严重注意纠正，前时特委亦有委员震于北极会之发展，有用武力肃清倾向，当时□则说不用害怕，主要原因是北极会不建立在阶级利益上，何能发展，但因当时弟还未深切见到赤白区域群众对立之危险。）

（三）自我军退到峰口以后，前委决议留一星期加以整顿，慕禹传达国际新有决议，要中国造成红军铁军，使我们感觉得这一任务的重要，六、二军两军是不敢自负有远能造成红军铁军的资格，然而国际既有此愿望，那么二、六两军亦不能妄自菲薄不加努力，的确二六两军的毛病太多太大了，实是难于指□，最主要是红色军事教育在全军中，只是沧海一粟，军官的教育有保定的，有黄埔的，有讲武堂的，有行经的，有游击战争的，五花十色，各师之教，再则战士的成份，当然最多是农民，然而亦有不少投诚的土匪及俘虏的兵士，现时虽然绝对不是乌合之众，然而我们不讳言我军还是以勇气胜人，而不是以战术胜敌，的确打冲锋是我军的天大本事，并且现时还进步到能打几个冲锋，但是说到战术就成问题了。二军老军务多些，还有时有几分采取战术，六军多由游击战争产生，对于战术的采用就更少了，前委有决心将军队加以改造，自然此次在峰口一星期之改造整顿，只是因军队总在战争的状态中，借此一星期，做一□的整顿，还说不上是改造的开步走（我们在宣传上虽这么说，那是另一会事）。所以这次的整顿，我们仅注意三件事，①战斗的教练（择其最感迫切者加以大概的训练，如射击、驻军警戒、行军警戒、攻击、防御、夜战、遭遇战、山地战、攻城、渡河等）；②政治的教练（择几个基本问题，对全军讲解，相当的作统一全军思想的尝试，题目不录）。③各级机关的整顿（尽量裁汰冗员，特别尽量裁汰闲杂人，减少行李，减少毛匹等）。现整顿期满，其结果如何，还未能做总结，此地不述。现军队已开动渡江向南华安进攻，此后战略以夺取常德为主要目的，至于与一、三军团配合行动，我们已另立专门机关与专门人员先行把交通建立起，使双方发生联系，我们已派几个人带信去了。

（四）我与云卿于十五日赶到监利县城，适在湘鄂西苏维埃第二次代表大会之前夜，□底地方工作有极大进步，虽还不到一个月，举其最著者于下：

（1）上次攻打监利，被我们所击溃散在各处之常练队、现在已完全肃清，只尺八口还有一小股，从前的白色区域及汉水区域亦相当立有基础，我们一路来见农民哨所已设立，苏维埃乡政府及少年先锋队，亦是好几处已有，虽然不如老赤色区域之整齐严肃，但大体已有规模，我们虽未下马考查，但路上所见农民确有欣然气象。

（2）监利县城甚为安静，工会已组织起来，工人亦颇积极参加工作，特别是学徒及青年农民更为热烈，十六日晚庆祝苏维埃代表大会之提灯巡行，参加者本城工人及四郊农民约近万人，而且热烈高呼口号，革命空气异常紧张，据说为鄂西空前未有的现象，由此足证群众确已起来。

（3）此次召集湘鄂西苏维埃第二次代表大会到代表八百余人，如到齐约近千人，而且成份极好，工人雇农占绝对多数，次为贫民再次为中农，知识份子只数人，青年倒不少，但女子只一人，是极大缺点（此有其政治原因，就是以前苏维埃富农当权时代，其工作人员凭借政治的地位与权力，的确有假自由恋爱之名，行夺人妻女之实，自然其中有不少女子有趋炎附势的事实，农民则屈于淫威之下，敢怒而不敢言。再则女子也有浪漫放纵生活奢侈者，这一来刚刚与农民根深蒂固的封建思想相冲突——实际与他们以女子为私有财产的观念相冲突，苏维埃政府又不从积极方面加以解释，只从消极方面提出“反对妇女流氓化”“反对无条件的妇女自由”口号，大贴标语、以迎合农民。红军政治部亦混蛋，也有上述口号标语，自然有其背影［景］，因红军战士也有不少老〈婆〉被人骗去者，战士愤怒已极，政治部即反映此种情绪——好了，这样便开辟封建思想复辟的道路，此次女子不被选，实以此为大原因。即此一端，又证明土地问题解决之不当），会场革命空气极高，开会六天，我们只参加两天，第一天开幕。第二天下午政治报告（中夏报告），代表讨论颇为热烈，整个大会报告将亲由特委做来。据我观察，此次大会的确是湘鄂西一大成功，此次大会之后，其影响将有不可思议的效果，现在鄂西群众的确在红军□胜之余，特别是攻下监利，其革命〈热〉情突飞猛进，湘鄂苏维埃县政府的声望必随此次大会而高度增加。

（4）农民银行之建立，亦为一大成功，原先红军发有纸币，滥极了，其纸币亦极不堪，用毛边纸成一小条，而且草书油印，以致用不到数日便破碎了，所谓兑现，亦属空谈。现联县政府成立农民银行，全鄂西只有此银行发行纸币，红军及各县政府一律停止发行纸币，并由此银行将红军及各县政府纸币收回销毁，以后只此一家纸币流行。联县政府并决定于各县及各重要市镇，设立分行，并准备相当基金，实行兑现，又决定以后政府征收公益费（即累进税）只收纸币不收现金（而以现金去银行换纸币来完税），以增加纸币信用，的确现时人民乐于使用银行纸币了。如果办理得好，红军向外发展现金，再添基金，其前途实未可限量。

（5）地方军事组织，亦开始建立，现名为红色警备队，原来赤卫队，因从前扩大红军时，将其解散，不便再用赤卫队名称，一时想不到其他适当名称，只得用了红色警卫队，后接中央局关于地方的红色军事组织大纲，可以设红色警卫队，其性质等于中央所拟的红色野战军，现既将红色警卫队名义打出，而且各县亦已沿用，似不宜于骤然更换，特委决定仍采用红色警备队，请中央同意。其他如红色补充队，红色守备队，拟照中央指示进行，地方军事组织详情由特委详报，兹不赘，自然我们已注意地方军事组织如何帮助红军发展问题，即最近则由红色警卫队准备徒手兵，整个中队□加入红军，将来则由红色守备队吸收自愿兵，关于征兵制名义，特委决定暂不抬出，免引起群众怀疑，只按照征兵制精神去做，一俟补充队守备队做到，就告诉群众，这就是征兵制，自然征兵制的思想就须开始宣传。

以上五点举其大概者而言，至于有决定没有决议案而未实行者，概不说及，如平分土地问题，经济政策问题等。但请中央及长江局严重注意湘鄂西特委之决议案，望迅速审查，是否错误，立即指示，假使有错不少，致实行太久，一时改正不来。

报告完了，另有数事须请中央及长江局严重注意：

1. 湘鄂西干部人才实在太少，我是知道中央实情及全国现状的，提出要求实觉困难。但湘鄂西实情不能不报告，湘鄂西党最大弱点，是无产阶级成份的万分微弱，领导机关几乎绝无仅有，又何怪农民意识牢固而不可拔，巩固无产阶级领导，就现在说绝无保障，长江局及中央应尽可能的从莫□

中特别是列校工人班中选派几个硬脚来（最好十几个），请求把余□□派来，为二军团总政治部主任，兼党书记，并从上海、武汉工人同志中选一大批来。

2. 理论人才绝无仅有，中夏、朱勉之据说是“蜀中无大将，廖化作先锋”，岂不笑掉牙齿！此二人又在红军之中，打下监利时，原决定出一《鄂西苏维埃》三日刊，直到现在还未出版，真是莫大损失，比损失一万兵还大，现时策略解释之不普遍，反对倾向及纠正错误之不深入，布尔塞维克思想之极端微弱，皆因无此刊物。务望尽可能派几个此种人才来。

3. 洪湖军事政治学校只校长刘鸣先一人受过红色教育，其余军事教官大半拖枪过来的连排长，黄埔学生是顶呱呱脚色，政治教官傅先夏（原名戴君实），笑是超等名角，以如此脚色而希望造成红军及地方红色军事组织干部人才，真比登天还难！鸣先变成孤掌难鸣，弟初坚决主张续办，最近有变动，主张改为教导营或教导团，即是因此。但特委最大多数委员坚持续办，既续办必须加强领导者，红军中调不出人，地方更调不出人，请长江局及中央从苏联步校学生匀出一、二人送来。

4. 无线电话成为我们火烧燃眉的迫切要求，务望派人并购买机器送来。

5. 李剑如已到，但汉川事实上送不过去，再则中央独立师变为溃不成师，其留监利一部分，上次报告已说被二军团吸收，其余留汉川一部分，渺无消息。因此前委决定李剑如同志暂留此任六军第十七师政治委员，请批准，并请勿怀疑我们拦路劫抢，一笑！

6. 红军兵士名称，我们已决定废除，改用战士或红色战士，请批准。

7. 红军的党，中央军事会议决议政治委员为党的当然书记，据我们经验，此决议有变通办理必要，第二军团一万二千余人，只五百党员，党不发展，政治委员兼党书记顾不过来，要为原因之一。苏联红军亦不是政治委员必兼党的书记，其关系如此：政治委员必参加党的会议，如党书记或党委员会，与政治委员发生不同意见时，党书记或党委员会必须服从政治委员意见。但党书记或党委员会可将不同意见，呈报上级党机关；又党书记或党委员会，有违反党路线和策略及不遵行军□策略时，政治委员得将党书记撤职或整个党委员会解散及改组，但政治委员须立刻呈报上级党机关□□办理，实际有益而且正确，前委决定如此办理，特委同意，请求你们批准。又特委决议在前委之下，设一组织委员会（我提议用党务委员会不必隶属前委，但被推翻），专门管理党务，此则是否适当，请批示。

并致布尔什维克敬礼

弟 中夏

十月十九日于调弦

选自《邓中夏全集（下）》，人民出版社2014年5月版。

中共湘鄂西特委关于政治经济及各种工作情况给中央的报告（第五号）①

（1930年11月22日）

中央：

兹将湘鄂西政治、经济及各种工作报告如下：

报告目次：

Ⅰ 政治经济情形

Ⅱ 组织工作

Ⅲ 宣传工作

Ⅳ 工运

Ⅴ 苏维埃工作

Ⅵ 土地问题

Ⅶ 军事问题

Ⅷ 经济政策

Ⅸ 青年工作

Ⅹ 妇女工作

Ⅺ 反帝及互济会工作

Ⅻ 破坏改组后经过情形

XⅢ 特委对中央意见

①这是邓中夏写给中共中央的报告，主要涉及湘鄂西苏区政治、经济以及其他工作等情况。

I 政治经济情形

（一）湘鄂西政治经济中心及其他重要市镇

沙市，现只有二十一军（川军）佟、杨二团，但其实力却不过有一团余。沙市因军阀战争的影响，红军的进攻，苏维埃区域对他的封锁，以及土匪在附近骚挠，商业衰落，商店倒闭，工人失业，经济至为恐慌。尤其是红军攻沙市后，沙市各机关人员长在船上过夜，衣物尽量放在船上，时时准备逃跑，市上更常造谣说红军到来，白昼跑兵。宜昌系川军郭勋部（廿一军）驻防，队伍比较整齐，给养比较充足，但宜昌的经济恐慌，以及对红军进攻之恐怖，仍不减于沙市。常德、澧州近闻我二军团攻下（二军团多日没有来信，故尚不敢确定）。沿江自白螺至郝穴三百余里一带重镇（如郝穴、藕池、石首、监利、白螺），均为革命势力占据，新堤虽尚未经红军攻过，但是内部恐慌不减他地。近日团防夜间在市上抢劫，仙桃为红军攻下两次，大商家均已搬空。岳、临、沙洋为红军攻下一次后，情形与他市同样。

（二）各县情形

江陵、石首、沔阳、监利、□□赤区中心，其苏维埃政府日臻巩固。潜江、天门、南县均亦正式成立县政府（潜江，华容）或革命委员会（天门）。京、荆、钟、松、枝、宜亦均为游击区域，不过占领县城至今尚能保存者仅监利、石首，华容、南县、公安、潜江四县县城均占领不久复失。最近沙市川军向江陵进攻，夺据郝穴及其他数区，监利剩余常匪，新堤驻军，开往赤区边境扰乱，沔阳仙桃驻军向沔阳进攻及占据一部份，白色区域潜江及岳口驻军，摧残天门、潜江两县赤区。赖心辉、郭勋部队以及南县、华容残余常匪进回南华县城，但不过表示豪绅地主阶级人们的前后挣扎，革命群众斗争力量仍要使他们不敢在这一赤区内安心睡觉一夜。鹤峰全县为赤区，有县苏维埃政府，惟其下层尚为农协。五峰有一半是赤区。巴东亦有一半是赤区。兴山、秭归、建始、恩施、宣恩、松滋、枝江、宜都、远安、长阳、荆门、京山、钟祥等县，虽有赤色游击部队（或以前有），然其斗争并未深入，苏维埃政权并未建立起来，完全是豪绅地主统治。许多小块赤区及游击区域并未打成一片，现在积极从事铲除这些区域中间阻隔的反动势力。尤其注意松枝宜的工作，松枝宜若能造为苏维埃区域，则上游各县俱可联络而发展成整片赤色区域。

（三）湘鄂西政治、经济情形

总括的说来：在白色区域是一般的紊乱、衰落、破产、失业。白军团防、豪绅地主的苛捐杂税，鞭笞屠杀，焚烧掳掠，使一般群众，水深火热，求生不得。同时豪绅地主一天天不能维持其统治，而仅能逃聚于最少数之中心城市如沙市、宜昌、新堤等地，负隅图守，苟延残喘，而且最近这些地方都不敢安心居住，而相□向武汉、上海跑兵去了。

附：在此报告写起时，监利又被常匪夺去了。

II 组织工作

（一）党的组织状况

一、湘鄂西党的发展是顺利的形势。在国民党军阀混战之下，豪绅统治阶级残酷的压迫与剥削之下，城市工人失业，农村农民破产，士兵团丁数月不发饷，贫民群众日益增加，所谓土匪遍地皆是，这一形势都证明工农群众都需要斗争，更加迫切，特别是白色恐怖的严厉，革命群众只有与统治阶级作垂死战的出路。同时，苏维埃政权之实际成为工农群众自己的武器，土地加深，工人群众得到赤色工会的保障，红军迅速生长，切实为工农而斗争，广大的群众已认识共产党是阶级斗争的先锋前导，许多群众都来找共产党要加入为共产党员，广大群众团结到共产党的周围来，所以在客观上党的组织发展是很顺利的。

二、自红色五月运动后，党在斗争中确有不少进步。党员数量增加，地方党部逐渐的土地工作，江、石、监、华、沔、钟县苏维埃政权之建立，红军迅速生长，保守观念右倾等不正确倾向逐渐纠正过来。这些进步的事实是不可否认的。

三、但是下面的几个严重弱点，还是在湘鄂西党不可忽视的：

A. 党的基础转变得很慢，工人占百分之八，雇农百分之十九，小资产阶级分子党员多为腐化，同时党的组织发展太慢，全区党员约一万五千，群众数量约百万，党员占百分之一强。党的组织确偏在赤色区域，没有向白色区域发展，有许多同志以为只有先用红军打开，再发展组织（如松枝等），是特别没有从斗争中发展群众组织、党的组织。有些同志怕富农反动，不敢提出雇农雇工斗争纲领（如天门、潜江等），没有把群众严密组织到党的周围来，特别是富农活动（如潜江宁富农捐田入党，不提出雇农斗争纲领等）。这些都是组织上的右倾，是改组派活动的基础。

B. 逃跑主义是目前湘鄂西党的严重现象，不坚决建立城市工作及其近郊工作，不坚决动员消灭反动势力，不相信群众力量，放弃群众而逃跑（如南县、天门跑出县境），这是保守观念之反映。

C. 地方党部工作没有地方化，没有正确的建立政治生活与集体指导。地方党部执行不够，上级的决议运用到下级去很慢。

D. 支部生活还是没有一般的建立起来，更没建立民主主生活（很少有政治与斗争问题的讨论，并且有极端民主化的倾向）。

四、组织工作的布置

A. 特委于十一月二十二号召集全区组织会议，出席者仅特委机关附近各县——计有十六县，主要的精神是：

1. 湘鄂西革命形势前面党的任务与组织路线。

2. 湘鄂西党的组织上的进步与主要缺点的表现。

3. 目前党的组织中心任务及其决议。

4.巩固党的基础——发展质量，工人雇农成份应占百分之七十。引进工人干部，建立工作，在斗争中与发展中。

B. 扩大党的组织——在斗争中扩大党的组织，在列宁纪念日以前要发展党员一倍。

C. 严密党的组织——肃清右倾改组派富农分子。

D. 巩固党的纪律——在列宁主义之下，执行铁的纪律，巩固支部纪律，肃清惩办主义。

E. 建立工人支部与支部生活。

F. 加强教育工作与引进新干部。

G. 建全地方党部。

H. 加强巡视工作。

I. 党员军事化与组织军事化。

J. 加强对青年团的指导。

K. 建立党报组织刊物与发行工作。

L. 注意秘密工作。

M. 在党的组织路线之下建立组织部门独立工作。

N. 党在群众中的组织任务。

O. 反改组派及右倾之正确路线。

五、中心区域工作

A. 以宜昌为中心的附近各县工作，因种种关系，客观上等于放弃。最近用行动委员会指挥以宜昌为中心的附近各县，目前此区工作主要的是建立宜昌市的工作，扩大党的组织，造成小块苏维埃区域，变游击队组织为红军，组织联络大块苏维埃区域（自然要扩大游击战争，执行土地革命的工作，比较宜昌要建立起来争取广大群众）。

B. 松枝宜公为鄂西中部之重要点，对这一县区工作，是以松滋□县委，因为机会主义路线之错误严重，最近决定从下层来□□□组织后□[①]

Ⅶ 军事工作

（一）红军

A. 二军团的行动。二军团自攻下监城，即拟自白螺渡江，与一、三军团配合，夺取湖南政权，一面派探到岳州

①原件抄者注“以下直至土地问题，原稿不清”。

侦探敌情及一、三军团的行动，一面准备进攻新堤，以解决红军经济问题（因为攻下监城，红军本身经济问题不能解决）。嗣因新堤防御太固，乃移师进攻仙桃。本应沿襄河而上，将荆、钟、潜、京、天五县的反动武装肃清，建立五县政权。殊知在仙桃休息一天，前委又以该五县非富庶之区，而土匪、红枪会又遍地皆是，地方党部又极不健全，又变更原来之计划，移师沔阳之峰口，休息七天，专事整理。特委开会，有云卿、中夏等参加，决定由石首过江，进攻南、华、安、公、澧、常等县，造成湘鄂西赤色政权。于十月二十二日南、华两县城同时攻下，各缴得敌枪二百余支。继在官塘、藕池、公安县城均缴得敌枪各二百余支不等。十一月一号以后，红军向津、澧开动，公安群众力量太弱，不能保障已得的胜利，所以走后不上三天而公安又为敌人占领。同时，南、华两县又到有何键部队约两团之谱，南、华相继失守。因此，红军与赤区交通完全断绝，红军最近究竟到了何处，我们不得而知，攻下津市还是由津市得来的消息。

B. 内部情形。二军团自攻下监城后，连得几次胜利，枪支增加到五千余，并有迫击炮五架，很能作用。沙市没有攻下，没有炮也是原因之一。惟士兵训练太差，斗争力量仍不甚强，只能打几个冲锋，没有持久作战的能力。好在几次胜利之下，士兵的勇气还好。其中党的工作做得非常不够，这是因政治工作人员太少，而红军没有休息、训练的时间所致。改组派在红车中，尤其是六军有相当的活动，幸而破坏［获］得快，还未酿出严重事变。

（二）苏维埃区域的军事组织。过去鄂西的党机械的执行扩大红军的策略，都把地方一切武装集中到红军中来，以致赤色区域没有保障，敌人少数武装都能到赤区清乡。红军向外发展，而赤区组织又发生动摇，至攻下监城后才根据长江局颁发的红色军事组织大纲，讨论配合鄂西实际情形，乃决定各种军事组织。

A. 赤色警卫队：现在已正式成立了十个大队，因各区太宽，总队部指挥不便，乃又决定成立两个指挥部，以董朗为江左军指挥，以林丹为江右军指挥，合计枪支不过七百余支，人数将近二千，惟子弹非常缺乏，以致斗争情绪虽然高涨，而不能与敌人正式作战，尤其不能与坚强的敌人作战，不过江右军子弹稍为充足（平均每枪有四、五排）以此还能在斗争中得到发展。

B. 赤色教导军：现在各县尚未完全编好，不过正在着手进行，联政府军委会办一干部大队，准于十二月一日开学，训练时间两个月，教育计划是按实际的需要，以土枪、土炮、梭标、大刀等为主要内容。比如大刀、梭标是聘国□教练来训练的，而把他内部科目科学化，使学生于最短期间得到实际本事。又如土大炮则用科学方法改造之，使每架炮能配三个罐，每连共附炮六门，每排二门，即一排炮兵只有一班有炮二门，每架以六个武士负责，其余两班则用梭标、大刀掩护大炮前进。如距敌稍远，可先用炮击，而梭标、大刀埋伏大炮之左右，候敌人冲锋接近时，则左右出伏兵袭击之，而大炮则停止射击。并只留少数人负炮及搬运责任。其余只由正面出射击。在此混战中间，我们若于大刀、梭标有点训练，必能击溃敌人。若遇敌人后退，又可以大炮击之，这些办法我们悉加研究，务使能够运用于我们的要求，但将来的成绩怎样，以后再行报告。

C. 赤色守备队：现在因赤色区域日益扩大，守卫工作确实松懈，在最近敌人又乘红军向外游击，已加紧其进攻赤区工作，许多城市都已失去，许多同志对于守备工作已经相当注意了。

D. 少年先锋队：关于少年先锋队成份问题，颇值得我们注意，若是不准富农参加，便是拒绝无知的儿童来革命，如准许富农参加，又恐其占取领导权。我们现在决定准许富农子弟参加少先队，但不得参加指导机关，是否有当，请指示。现在赤区都有少先队的组织，青年男女都参加，不过训练工作不够，感觉干部缺乏，团特委准备办一训练班，养成小儿队、童子团干部人材。

（三）军校：关于军校情形，前已报告过了，现在军校第一期，已有学生三百余名，已移至石首之焦山河开办，准于十二月一日开学，不过请求中央供给我们的训练教材□□□曾派来，即使介绍来的军事人材，都是介绍到二军团的，我们若是留几个人，都要遭红军负责人的批评。说我们是扣留，我们觉得军校工作非常重要，请中央无论如何要派几个军事、政治人员来校担任训练。

刘鸣先同志现任军校校长，他不能调，而且交通不便，好容易来了一个人，又派回武汉去，岂不往返吗？所以特委决定他在此办学校。

（四）兵运：自今年兵运训练班公开训练，为反革命破坏后，我们已知道这种训练的方式错了。现在准备□忠实的同志及群众单独训练，秘密派到各地去做兵运，但现在还没有成绩可以报告。

Ⅷ 经济政策

（一）总的原则

A. 赤区经济务须与白区流通，封锁是自杀政策。

B. 正允与中小商人正当营业，对中小商人不要过于苛刻的限制，但遇奸商故意提高物价，挠乱经济秩序，苏维埃必须严格处理之。

C. □产品的输出与工业品的输入，苏维埃不要企图垄断，也不要幻想赤区的工业品由苏维埃以全力来供给，这就是说，经济流通与赤区工业品的供给，必须以商人做中坚，苏维埃只是调剂作用。

D. 政府的经济收入，应为公益费，支出应有精密的系统计划。

（二）具体的决议

E. 公益费必须开始征收，事前应特别加紧宣传工作，使人民自动的缴纳，视缴费为应有的义务，征收标准如下：

（甲）农民以田为标准，按田之肥瘠分为上下两等，并须规定尺亩，每年秋收后征收，上等田十亩以上征收百分之十（十亩以下不收），十五亩以上收百分之十五，四十亩以上抽百分之三十。下等田十五亩以上收百分之十（十五亩以下不收），三十五亩以上抽百分之十五，六十亩以上抽百分之三十。

（乙）商人以资本计算，二百元起码收费，二百元以下不收，二百元资本以上者，抽百分之五，五百元以上者抽百分之十，一千元以上者抽百分之十五，五千元以上者抽百分之二十，一万元以上者抽百分之二十五，五万元以上者抽百分之三十，拾万元以上者抽百分之四十，每年分五、八、十二〈月〉三次交纳。

F. 由联县政府建立农民银行，发行纸币，调济赤色区域经济，办理农民储蓄借贷，但禁止滥发纸币，各县已发出各种纸币，设法收回，统用鄂西农民银行。同时银行建立单独系统，在联县政府监督与保护之下，湘鄂西设总行，在各县设分行，在各区或市设支行或汇兑所。下级银行绝对受上级银行的支配，政府不得在银行提款，万不得已时，也只能借后加息偿还。各级银行必须办理汇兑、储蓄各事。

G. 苏维埃马上组织合作社，尤其要鼓动群众自动组织合作社，调济赤区工业品的恐慌。因此，合作社一定要购买日常用品，尤应以乡为单位的普遍建立，并正式建立其系统的组织（组织法另定之）。

H. 现在赤区内农民有粮食无处卖，油盐布匹与日常用品无处买，这现象必须很快的转变过来。

（甲）赤区内无论粮盐物，绝对允许流通全苏维埃区域。

（乙）赤区内无论粮食货物，一概不能规定价格。如奸商抖抬物价，苏维埃政府可以严格处理它。

（丙）粮食绝对允许出口。

（丁）谷米马上调查，能供给赤区群众及红军有余的允许出口。

（戊）行可不取消，已取消者可用别的名义使之营业。

（已）许多白区商人来赤区卖货，绝对禁止“见钱眼花”的没收，但商人一来，必须到政府〈报〉告其资本，政府按资去征收其公益费，发给护照，公益费五百起码，五百元以下的不收。

1.五百元资本以上者抽百分之五。

2.五千元以上者抽百分之七点五。

3.一万元资本以上者抽百分之十。

4.十万元以上者抽百分之二十。

（庚）政府于沿江各重要市镇（如监利、藕池、郝穴）设货物登记处，专门登记赤区□□产品数目、白区所运来工业品数目，并按月统计报告联县政府。登记处绝对不能收卖。

（辛）白区商人到赤区购货，所带之现洋一律到农民银行换纸币购货。

（壬）白区商人运货出口时，可令其运必需品进来，按价购买，打破赤区运货进口之困。

I. 以后各级政府按月须有预算与决算，呈报上级政府批准，禁止浪费，尤其要向群众〈公〉开。

J. 党除向下级提取党费外，绝对不向下级提款，办公费用可向同级政府领取。

K. 附合作社条例：

1. 现时革命日益高涨，赤色区域日益扩大，反革命以经济加紧封锁我们，自不待言。在苏维埃下的工农群众及一切劳动群众，只在湘鄂西一带不下几十百千万，为冲破反革命经〈济〉封锁及解除劳苦革命群众日常食用受缺乏的痛苦起见，遂有合作社的组织。

2. 合作社分消费与生产两种，以经济和人材种种关系，暂时决定先设消费合作〈社〉，稍带即设生产合作社。

3. 现时合作社管理组织，于各乡市设合作社，于各区设办事处，于各县设管理局，于湘鄂西设总管理局（详细组织另定之）。

4. 合作社得□苏维埃保护和监督之下征收工农及一切革命群众为社员。

5. 凡社员入社时，只征收入社金、常年金，由总管理处发给社员证书。

6. 入社、出社均系绝对自由，入社时交纳社金，出社时全数退还，但无利息。

7. 凡合作社社员持有社证者，到合作社购物时，得享受一切优待条件，如发售货品首先尽社员购买，次则及于非社员。非社员购货时价则另定。

8. 凡社员有监督，不得将社证转假他人义务。

9. 合作社可由革命群众自由组织，请合作社总管理处批准编人组织以内，方得进行营业。

10. 本说明书和简章自施行日起有效。

附组织图：

湘鄂西赤色合作社总管理局——全县赤色合作社管理局——县区赤色合作社办事处——县区合作社——合作社社员

Ⅸ 青年工作

（一）最近湘鄂西团在转变基〈础〉上及发展组织上均有很大的进步，不过在青年群众中的领导还是非常薄弱。成份：工人五分之一，富农分子占少数。团的主要弱点：城市工作没有大的进展，干部缺乏得厉害，团特委原是九人，因工作的变动与牺牲，现只六人了，指导上实不健全。现团决定在广〈暴〉节举行第二次全区代表大会，改造特委及重新布置工作，届时团的中央或湖北省委务须派人来参加。又团特委是否亦应改称湘鄂西特委，请明示。

（二）党团关系确已日益改善，不过在下级尚有取消团的现象。最近党团特委联名通告，建立党团正确关系。

（三）青年群众组织总共约八、九万人，各种组织的人数和成份尚无分别统计。团的计划，在广暴前少先队要发展到三十万，童团二十万。

X 妇女工作

妇女工作停顿在封建势力下面，少数地方有相当多数的妇女参加少先队、童团或组织于贫妇协会之中，其余则仅有少数先进的妇女自愿的参加革命工作。妇女不是一般的组织起来，有些地方更因纠正过去妇女工作方式之错误，迁就封建思想而走入取消妇女运动方面去，致特委□□妇女尽量编入赤色教导队、工农□□队（湘鄂西的农村军事组织）、少先队、童子团内，城市贫妇尽量组织于贫民协会或贫妇协会内，使一般妇女有组织的参加革命工作。

XI 反帝及互济会工作

赤色区域大半有反帝及互济会组织，但只是空心招牌，没有经常的反帝工作。

互济会组织较为普遍，但因工作方式不好（不懂互济会作用，只是挨户上册勒交会费或捐款），以致脱离群众，引起群众怨恨。最近已极力纠正这些错误，并且拟不日成立湘鄂西互济总会，现在正筹备中。

XII 特委对中央意见

（一）现有特委系与前委合并组织而成，在二军团中的特委七人不能出席特委会议，名虽特委实则前委。这样，特委无法召集全体会议（且连常会亦不能召集，因中夏与云卿在红军中），前委并非正式具有形成指导工作，两边牵扯，于工作进行上，除［诸］多妨碍，究竟特委□□□□□□□□□□□? 乞示。

（二）全国苏维埃代表□□□前委十一月七日，至今尚未得到中央关于选派代表之通知，一说大会展期至广暴纪念节举行，究竟怎样，亦希答复。

（三）洪湖军校教官实在缺乏，应请速派得力教官数人前来。

（四）特委与中央交通太不灵便，我们拟办无线电台，前数日已拨款到长江局，转请代购，以便建立中央与我们之灵便交通。

（五）我们最近未得着中央的指示，连一般的通告都未得到，务［请］经常送指示通告来，以便湘鄂西工作得□□正确的路线上进行。

以上各事，前已报告，恐未达到，特再告。

邓中夏、湘鄂西特委

一九三〇年十一月二十二日

选自《邓中夏全集（下）》，人民出版社2014年5月版。

施 滉

施滉（1900—1934），化名赵声，云南洱源人，中共党员。

1917年考入清华学校（清华大学前身）

1924年赴美国斯坦福大学学习

1927年春加入美国共产党

1929年被派往莫斯科任少年共产国际翻译

1930年回国，在中共中央从事翻译工作

1931年赴香港任海员工会秘书，11月任中共河北省委委员、代理书记兼宣传部长

1933年3月任中共河北省委代理书记兼宣传部长

1933年7月在北平艺专召开会议时被捕，解来南京，1934年牺牲。

在美国的中国同志报告[①]

（1929年2月22日）

中国党驻莫代表团：

美国党中国之部第二次代表大会于本月十九日在纽约举行，廿一日告终。此次大会对于世界现状，美帝国主义，中国革命，华侨情形，及中国之部工作有很详尽的讨论。一切会议结果，将由新总部报告。

大会选出李道煊、徐永煐、张恨棠、罗维良、骆一伦五同志为下届总部委员。谢创、莫震旦、欧阳碧三同志为候补委员。施滉、李道煊、骆一伦三同志出席美国党第六次全国代表大会（三月一日）。新总部已互推李、徐、张、罗、骆五同志分担总秘书、宣传、劳工、组织及反帝工作。总部地点决定在纽约。

现有中国党员三十三，工人二十六，学生六，店员一。工人成份已由百分之五十六（一九二七年九月）增至百分之七十八点五（一九二九年二月）

此致

党的敬礼！

施　滉　二月二十二日

选自中共云南省委党史资料征集委员会编，《中共云南党史研究资料 第三辑 施滉》，云南民族出版社1987年1月版。

---

①1929年2月19日到21日，美共中央中国局第二次代表大会在纽约召开。这是施滉在这次大会结束后向中共驻共产国际代表团汇报此次会议情况的报告。

致中共代表团的信[1]

（1929年12月29日）

中共代表团：

最近在古巴被捕的四个中国同志是李钜芝、容寄麈、邓海山、苏轰轰。他们被捕的原因施他们曾在古巴华工群众中进行反帝国主义，反古巴政府，反古巴（中国）国民党及组织华工的工作。今年五一节，他们领导一部份华工参加古巴共产党所号召的示威游行以后，引起驻古巴中国国民党的仇恨及古巴反动政府的注意。十月间被国民党人向古巴政府告发，指他们宣传共产。因此他们被捕，押在军舰，古巴总统下令驱出境外。

古巴名义上是独立共和国，但外交权在美帝国主义手中，最重要的糖业由美国资本家垄断。事实上是美国的殖民地，一八九八年从西班牙夺来的。古巴有华侨六七万，差不多全数是广东人。在西班牙统治时代，华人多属苦工，曾积极参加古巴革命运动。现在华侨大多数是工人和小贩卖，失业者甚多。华侨中的反动势力的代表就是国民党，其重要份

①这是施滉在莫斯科时，就古巴华侨党员被捕问题寻求中共驻共产国际代表团帮助时给代表团写的信。

子是商人及堂号会馆的头目。他们勾结古巴政府压迫华工的事实很多。

古巴共产党是秘密的，工会亦无自由。许多党的及工会的活动份子，或被暗杀，或坐监狱，或流放出境。

李、容、邓、苏四个同志都是工人，容、邓是产业工人，容寄麈曾在一九二四年领导一个大糖厂的华工罢工。邓海山是建筑工人，从前加入过广州的工会。一九二八年十二月我被美国党派赴古巴工作时，把李、容、邓三个介绍加入古巴共产党。他们未加入党前，曾组织美洲拥护中国工农革命大同盟古巴干部，积极与国民党斗争。苏轰轰是后来入党的。

据美国党中国局书记滔地同志来信，美国党及古巴党拟把容、邓、苏三同志派到其他中南美国家工作，若作不到，则送他们来莫斯科共大学习。但前一个办法是很难做到的，因为中南美各国同美国一样的有法律，禁止华工入口。且他们自被捕后，报纸上已宣传他们是共产犯人，行动更不自由。所以我们不得不准备他们来莫斯科。滔地同志来信请求代表团介绍他们加入共大，并请设法津贴路费四五百美金，亦因此故。至于李钜芝同志则因得亲戚经济上的帮助，自愿返香港。我以为此次被捕同志，都是很忠实很积极的工人同志，应予以来莫学习机会。希望代表团给他们充分帮助。

此致

共产主义的敬礼！

施滉

一九二九年十二月廿九日

苏轰轰何时入党，我不知道。我已致函美国问明，并言必须他完全忠实可靠，具有工作能力，才可送来。

选自中共云南省委党史资料征集委员会编，《中共云南党史研究资料 第三辑 施滉》，云南民族出版社1987年1月版。

顾　衡

顾衡（1909–1934），化名翟大来，江苏无锡人，中共党员。

1927年考入第四中山大学（1928年5月改称中央大学）

1929年冬赴北京参加革命工作

1930年加入中国共产党

1931年任中共安徽省太和县委书记

1933年6月任中共南京市特别支部书记

1934年初任中共南京市委负责人

1934年8月因中共南京党组织遭破坏后，在中央大学附近的秘密住所被捕，12月牺牲。

顾衡是中共南京党组织第八次遭破坏时牺牲的主要负责人。

太和党团临时指导委员给寿县中心县委转中央报告[①]

（1932年）

寿县中心县委转中央：

李同志来太和转达中心县委的指示，召集太和党组织前去解决组织问题，因此乘□同志应召前去之便，把太和党和团过去、现在的情形作一概要书面报告，以便中央和中〈央军〉委明悉太和情形，从而很明确指示太和组织问题解决的方针和最近的工作路线。

报告分下列几部〈分〉：

1. 一年来太和的政治经济状况的变动。
2. 太和党和团的组织状况。
3. 宣传教育工作。
4. 群众组织和群众斗争——“四一九”以前。
5. “四一九”地暴经过及检阅。
6. 其他。

①1931年，顾衡任中共安徽省太和县委书记，组织农民武装，领导太和农民暴动。这是顾衡代表太和党团临时委员会写给寿县中心县委并转党中央的报告。

一年来太和的政治经济状况的变动

太和自去年水灾后，工农群众的生计突然加速破产，土地加速集中，中农加速贫农化，阶级分化日益加甚，统治阶级的财政也濒于破产，教育经费落空，民团警备队军饷无着，军政费用大部分发行纸币挪扣账款来维持。今春麦收以后贫农、中农，甚至小部分富农、小地主的收获多半偿给地主高利贷者（麦前借麦一斗，麦后还麦五斗，借现款普遍为串钱五升麦稞，但是最低的利率也是在五分以上）。夏季的苦旱，使秣秫减收，豆子又因旱灾、虫灾而几毁十之七八，今年春季粮食恐慌，已使很多农民逃荒或饿死。不死的也只是剥树皮、草根以为食。冬季和明春的将较今春更厉害，统治阶级虽然也曾企图以放赈限制借贷利率等以改良欺骗来缓和阶级斗争。但是灾荒的普遍和严重，使这些改良欺骗大部分行不通，豪绅地主对于被灾的农民，采取非常残忍的态度，反对办赈，囤粮不卖，价银不贷，卖地不买，客观上，工农群众已到除掉斗争只有死亡或匪化的两条道路了。

在政治上，太和的政权，本来大部抓在改组派手里。自国民党中央和改组派正式分裂以后，太和的改组派首领大部逃亡在外，但地方政治仍由较灰色的改组派掌握，一切行动都听命于在外的首领。他们一方面和“左”倾的“青芒”派斗争（“青芒”派为一部分旅外学生组织，其中有极少数在党同志，但是并没有正确的斗争路线，他们尖锐地揭露了统治阶级和改组派的罪恶，确曾给一部分青年学生以相当的影响，但他们主要的只是攻击个人，他们的目的注重于夺取上层政权，希望统治者能分一部分地位给他们，因此他们的主张的革命的部分也不能影响群众），施以残酷的压迫；一方面不断和本地旧绅派发生冲突，实际势力此起彼落，变化不停。自去春本党工作开展，暑假中一部分改组派领袖返里，他们在外读书受日渐高涨的革命浪潮的影响，而逐渐左倾而逐渐转变，他们回来半公开地号召过去曾受到改组派影响的青年转变到革命方面来，以后改组派及其群众开始分化；一部分同情于革命，给革命工作以部分的上层掩护；一部分向旧绅派接洽积极进攻革命。改组派和"青芒"派，及"青芒"派的封建派别斗争，在革命斗争与不断的批评之下，消灭了。凡是左倾的分子都站到赤色的旗帜下来，"四一九"暴动使太和政治起了一个很大变化。旧绅派在地暴失败后，借铲共的名义投到豪绅怀中，进攻革命的一部分也统被排斥，建立露骨的清一色的统治约有三个月之久，以残酷的屠杀、拘捕来对付革命。被排斥的反动改组派分子不能甘心，使改组派的首领朱葆华的活动，得省政府党部的命令，卷土重来，便调县长民团总、团副、回太〈和〉再行抓取政权，企图以反对豪绅的假面具欺骗一般青年，重整改组派的组织（他们有团结三百青年巩固土劣势力的口号）。他们和一部分文明豪绅（不露骨反对他们的），要接洽瓜分政权，他将以改良欺骗的工具，以代替清一色豪绅统治时残酷屠杀。

太和党和团的组织状况

太和党和团自皖西北特委黄伯领（？）同志于去年夏前来巡视一次以后，始终是经常地和上级断绝联系，虽曾派县委顾同志赴合肥中心县委处接洽一次，但顾同志返后，合肥中心县委始终无人来，也没有文件传达。因此，太和县委对于一切工作路线只得凭本身的讨论而决定，自行印发通过太和的组织和群众工作，也只是在县委独立斗争之下开展，自然免不了许多部分的错误，太和县委诸同志的党龄大部分都很小，对组织问题和实际工作经验都很少，只有在不断地自我批评之下，纠正本身的错误。

现在先把太和的组织状况分几期报告：

A. 第一期：旧历六月至十一月，党全县指导机关为特支干事会，团归党特支干事会指导。

太和组织：本仅是阜阳县委指导下的一个特支，到去年六月，党团共有同志十一人，皖西北特委巡视到太和，把太和组织从阜阳划分出来，单独成立特支干事会，选定梅、顾（衡）、王（凤皋）为干事会干事，梅同志为书记，党成立两个支部，团一个支部，同时又把阜阳北乡柳集区划归太和指导。经过六〈个〉月的工作，党发展至十人左右，工人约占百分之十五（雇工在内），贫农约占百分之五十，知识分子约占百分之三十五（伪地主〈出身〉一人，富农〈出身〉七人，余为自由职业者、贫中农），分为城区、西北区、东区、东南区、南区五区，区委三分之二为知识分子，三分之一为工农，但区〈委〉书〈记〉仍全为知识分子。团发展至五十人左右，系寒假前在北关中学突跃之发展。小半已发展成团同志。回家在城乡工作，新发展均知识分子，占百分之九十以上。此时太和党感到有成立县委的可能与必需，于是派特干事会干事顾同志赴中心县请求中心县委及中央派同志来太巡视，指示工作路线，并成立县委。

B. 第二期：旧历十一月至正月底，党全县指导机关为太和县委。团指导机关为特支干事会。

顾同志去找中心县辗转去合肥才找到。往返一月，太和党工作日益繁重，不等顾同志返太，即由特干事会召集全县党活动分子会，正式成立县委，并检阅过去特干会工作，规定工作方案，选梅、顾、葛、王（象贤）、王（凤皋）五同志为县委，梅、顾、王（象贤）三同志为常委，顾任书记，梅组织，王宣传。后葛转移他乡，王凤皋辞职照准。王象贤自由脱离组织，县委先后改组补充傅、冯为县委。傅为常委。团在党县委及团特干事领导下，致力于阶级基础的转变，至今年旧历正月又有突跃之发展。各支部匀（均）引进工农同志，工农同志之百分比增至百分之十五以上，团的工作在第一期实际工作上只成党的尾巴，本期逐渐转变，渐能注意于青年群众工作，领导少先队、童子团、革命青年团等群众组织，但因特支干事会的独立指导能力还是十分不够，有改组特干会为县委充实指导机关之必要。

顾同志自合肥返太和时，中心县委嘱其转知阜阳县委谓由中央转知何义垓同志，由沪转来，介绍入阜阳组织，经阜委召集县城同志成立特支（阜城特支部都在无组织状态中），举何同志为支书，刘、钱二同志为干事，后阜城特支要求划分归太和县委指导，太和县委也感觉到阜阳城和太和在工作上有密切联系之必要，于是一方和阜阳城特支部发生联系，一方去函阜县委征求同意，后阜县委及复顾同志许可。阜城组织群众工作渐经太和帮助及阜城同志之努力而发展。

C. 第三期：旧历二月初至二月中旬，党团县委：党县委〈书记〉、团县〈委〉书〈记〉顾同志受枪伤请假，由组织部傅同志代理县〈委〉书〈记〉，补充张明远（农民同志）为县委〈委员〉，冯同志为常委。团召集活动分子会，成立县委，选孙仲佛、王仪义、王崇之、刘森林、徐廷楷为县委（前三人为常委）。

在本期党、团组织发生严重变化和破坏分述如下：

1. 党县委自第二期末，已发生斗争，因傅同志已犯了许多组织的错误：

如：变更县委决议，作个人意志，布置机关，变更县委会期，不经通过调阜城一同志来太，对女群众态度不郑重，并有挑拨男女同志恋爱问题嫌疑……引起严重的批评。傅同志和梅同志因辩论事实发生冲突，当时县委整顿区委干部，改造并整顿群众组织，准备发动游击，领导部分斗争的工作，非常忙碌，对傅同志的错误，经几次县委会的讨论和斗争未得解决。县书顾同志告假后，梅同志以批评不能贯彻而自由离太去阜，留函请将此问题提请阜、太、新、息四县委联席会议解决。当时立即派交通赴阜函梅同志返太继续工作，并在县委内对傅同志错误问题继续斗争无结果。梅同志即自行转达苏区省委处，县委只留傅、冯两人，日益形成傅同志个人独裁形式。

2. 党〈员〉刘宗飞同志被捕后，党秘书处（正在建立中）人员、团县〈委〉书〈记〉相继被捕，团县书孙仲佛被捕后泄漏组织秘密，供出若干同志，各地豪绅乘机呈挖许多同志。群众陆续被捕（大多数无证据，被捕严刑逼供），役吏任意拘捕敲诈，王子斌被捕后供出多人（同志、群众、反动派都有），一时组织完全陷于混乱状态。许多同志都不能在本地存留，阜城特支支书何同志亦被阜县政府拘询，释放后来太〈和〉转蒙〈城〉。

本期有汪〈楚宝〉、潘〈滨〉二同志，由南京经长淮特委转赴蒙城，知阜〈阳〉太〈和〉有组织，派人来太接洽，调几个同志去蒙帮助工作，并和太和组织发生兄弟联系。

D. 第四期：三月中旬至五月端午前后，党、团完全陷于无组织状态。

阳历四月十八夜（旧历三月十四）在代理县书傅同志独裁之下，举行地暴（地暴情形报告详下），地暴失败后，城内外有十余同志被杀，被捕者先后不下数十人，白色恐怖万分严重。县委傅同志去北乡李功臣土匪中工作（系自由前往，亦系县委会派往无从稽考）后，转往〈阜〉阳。代理县书傅同志，自由离太赴蒙未将组织交代给任何同志，各区区委多半逃亡或被捕，前县委王凤皋自首叛变，代理秘书长王毅轩被捕，全党全失去联络，因此县委改组为特支干事会，虽继续存在，但完全失去活动能力，同时亦有不少人动摇和叛变。

梅同志于“四一九”地暴前已赴阜（据团同志报告），携有省委对阜太两县之指示信。但梅同志居住阜西乡近一个月来未作任何活动，四月中旬方将此指示信传达给团特支干事会，同时派团同志找顾同志。因顾同志病中迁移地点未晤，翌日即领团特干事会书记（赴省参加团省代大会）及三个赴苏区受训练的同志（党一、团二）赴省至今未返。

省委的指示，分为两部分，一为对阜太两县的工作指示，二为太和县委纠纷的处分。关于第一部分在下面群众组织和群众斗争中合并报告，关于第二部分主要的是：

1. 省委认为傅同志为预备党员，顾同志提出傅参加县委为严重错误，傅同志撤消县委责任。

2. 顾同志在负责中进行的工作，犯了许多机会主义的错误，撤消〈他〉县委〈书记职务〉参加常委。另选一工农分子为县委。

3. 号召太和全党进行斗争，纠正过去党的一切错误。

省委的指示简直未能执行，这一错误责任主要的是要梅同志负的。傅同志个人独裁，个人行动表示他对党毫不忠实，他的个人行动而使太和党完全破碎，应受组织最严重的处分，但是梅同志负责省委的使命来太和改选组织并进行坚决的两条战线的斗争，而梅同志回阜一月不返太，既不找县委负责同志，（顾虽找不到为什么不去找张、冯）也不把指示传达下级去，进行讨论。连一个交通的职责都没有完成，完全表示他的恐怖心理和出一口气、争个面子的个人意气的行动。究竟县委怎样改组才能健全，是否已经改组，全党自上而下，自下而上的自我批评斗争怎样去执行，完全不在他的心上，新的太和组织的破碎，梅同志同样负着严重的责任。

顾同志提出傅为县委〈书记〉，当然是严重错误，省委的指示完全正确，但顾同志所犯的许多机会主义的错误，省委仅根据梅同志的口头报告，并欠明确指示。

E. 第五期：五月端午至现在：全县指导机关：党团临时指导委员会。

五月间顾同志找到团特支干事会干事刘同志，见到省委的指示信，初以为梅同志回太已将省委的指示执行，成立新的县委，后经半月方知太和陷于无组织状态，顾同志枪伤迄今未愈，五月间正当伤发甚重，新居地点不好，且因避白色恐怖及主人不许可，以致和一切同志隔绝，传达消息迟缓（居所经十余日之久始达到）。当由顾同志用书面建议特干会党〈员〉同志、团〈员〉同志，认为在目前实际状况之下，无从成立县委，暂时由团特干会，党旧县委张同志，秘书长王同志，并补充一二坚决不动摇的同志赴各区，对旧同志予以个别审查，重建立支部，支部恢复至相当数量，然后召集活动分子会，成立县委。当经党和团的联席会议讨论，同意顾同志的建议，组织太和党团临时指导委员会，进行整理恢复工作。但直至现在没有很好进展，仅恢复了四五个支部，工作不能进展的主要原因：①干部非常缺乏。②负责指导工作的同志大多失去秘密活动的自由，受统治阶级豪绅地主及家庭之种种监视。③经济非常困难，若不是顾同志向外募捐，工作同志不能维持生活。另外对傅同志，临时指导委员会根据其自我批评书和顾对傅的批评书，经讨论开除党籍。

六月底曾派团特干事会干事徐同志，经阜阳组织前往苏区请求省委命梅同志及其领去受训练的回太和工作至今未得复。

“四一九”地暴前后，因通缉而转赴临（邻）县的同志，大多集于亳、涡、蒙三县，蒙城正式成立支部，并继续工作，亳、涡两县都派同志秘密来太接洽。

总结太和组织在一年来工作之中，的确曾经有很大进步，只因傅同志代理县书后，根本动摇了过去县委的政治路线和组织路线，以致突然遭受总的破坏，太和党虽然没有很长久的历史，但是他（它）的影响确曾普及全县，并及于临（邻）县。党、团的大部分同志的党龄都很小，在不得上级经常指导，断绝关系，被明暗通缉不能自由行动等种种困难之下，冒险化装行动，始终坚持独立斗争，的确表现真正布尔什维克的精神（当然在经常组织原则上，同志之已经不能存在者，冒险存留原地活动，是非常不对的，应和外地同志调换工作区域，但是在找不到上级的太和，冒险实是布尔什维克于万不得已时的斗争精神）。

目前太和虽然所有组织都处于散漫状态之下，但是许多同志经过许多斗争，获得相当的斗争经验，受了“四一九”地暴的严重的教训，经过白色恐怖，而始终坚决不动摇者如能得到适当的干部整顿指导，一定能逐渐成为坚强的布尔什维克的党。

宣传教育工作

太和党在去年六月间发起组织灾民救济会，曾发过两次宣言，以灾民救济会筹备会名义，发起组织的通告，一为灾济会告被灾民众书，去年十月间，反帝运动时，党特支干事会，印发党的反日宣言，这是两特殊的文字宣传，对革命纪念日的宣传工作，始终是忽视了。

县委成立后，即注意于经常的宣传工作，发行太和《红旗日报》，以此为同志们及赤色群众宣传教育的刊物，《红旗日报》主要内容为：①实际斗争消息。②政治路线的论文。③国内外政治消息和分析。④列宁主义通俗论文。⑤工作检阅。⑥革命歌曲。⑦短小宣传文字（以一个中心口号为标题的短文）。至八期止，又发行红旗副刊。西披（C.P.——“共产党”的英文缩写）周报三期，为党内教育刊物。

对于党内教育工作，县委自发行通告，指示工作路线，计曾先后发灾荒斗争、反日运动、秘密工作大纲、组织问题、准备发动游击任务下中心工作等十余次通告。除通告外，特委因太和一般同志党龄幼小，对党的政治战线、党内斗争的经验、组织及宣传工作等等很少了解，并为造就干部起见，曾召集三四次训练班，并设法整理训练材料，编印“党员必读”（后因组织被破坏未编完）。

群众组织和群众斗争——“四一九”以前

A. 工运：太和的工人斗争，始终是非常薄弱的，党对于工运的领导十分不够，县委虽然曾注意于发动小车夫工人的车价和反对车行剥削斗争、旧县集的船工工资斗争、土木手工业工人的斗争，但实际上只在这些工人群众中建立少数赤色工会小组，简直未能发动一次斗争。对于乡村雇工中的工作，也少独立的领导，对雇工自身利益的斗争，没有很好去发动。仅在灾荒斗争中，注意于雇工对贫农、中农的领导。在灾民救济会中，划分雇农小组，结果也没能做到雇农在农村中的坚强领导工作。只有在城区各学校、各机关的工友，曾发动一两次斗争，虽然得到胜利，但因工友勤务等的经济地位较一般工人的好的多，他们很少能从这些斗争中坚决走到革命方面来。总之，工运比较农运还是远远落后。

B.农运：在受灾后，太和党即集中主力去领导灾荒斗争。最初在西乡发动抗租、抗税、抗稞的斗争，组织灾民救济会，西乡的广大的雇农、贫农、中农都热烈地起来参加组织，于一日之久，发展了三个分会零二十余个小组，共组织四百余人，但是因领导同志与工作同志不知道怎样把秘密工作与公开工作联系起来，以致新有的干部公开了——只知群众斗争，要力争公开，而不知斗争干部的秘密工作与秘密存在——犯了严重的立三路线、工作方式的错误，以致很快的受到打击，统治阶级、地主豪绅集中力量压迫工作干部，同时因为反富农的斗争，没有很快的深入群众，以致一般群众在失去坚强干部——被统治者压迫，而不能存留于当地继续活动——后，逐渐为富农所欺骗而消灭斗争。富农初期用“只要抗捐不能抗稞”的口号，以威胁群众说：“县政府不准开会，开会不经党部备案，便是共产党。”而群众组织发展总的说来还是和平发展，组织内不能以斗争来排斥动摇分子，以致零星散乱的斗争不能很好组织起来，汇成广大的严正的斗争。群众组织在豪绅地主不断地欺骗打击，役吏的任意非法捕人，敲诈之下，突然溃散。

西乡斗争失败后，先在东乡、东南乡的工作日益开展，相继领导群众的斗争，推进群众拾红芋、拾柴火的斗争，到借粮、均粮（但因东南区的同志反立三路线的斗争不能很快地深入每个支部），同志都要求发枪立即暴动，不愿艰苦地作群众工作，支部的生活不健全，群众组织的散漫，工作集中于少数人身上，以致这些小的经济斗争此起彼落，而终于消沉下去。

到年底岁首党在全县渐渐地普遍起来，均粮的宣传鼓动周（牵）动于四乡，南乡、东南乡、北乡相继发动均粮，但因党不能集中主力于主要地区，以致很好的时机，群众斗争因领导力量而薄弱，斗争干部的缺乏，在敌人反攻之下，先胜而后败，或简直得不到胜利。但是这些斗争的失败，并不证明均粮运动的错误，恰恰相反，证明均粮运动有完全获得胜利的可能，并能发展到武装夺粮，游击战争。党在这些斗争中，坚决指示均粮斗争的前途，指导同志应该在每个斗争中去扩大革命及其他中心政治口号的宣传，党很好地收集了均粮斗争的经验和发出去教育一般群众，以图继续发展均粮运动，一直到发动游击地方暴动。

省委指示信批评太和工作“完全停止在经济的武器，没有一字提到土地革命”（根据梅同志的报告）。实际上，并不如此。诚然，有许多同志受到了农民落后思想的影响，认为“目前不能宣传平分土地，提出这口号，要把群众吓跑”。梅同志和县委王象贤巡视南区、东南区回来，在县委会报告说：“目前问题，只是一个均粮问题，谈不到准备发动游击。”县委不断向这种经济派的倾向斗争，并曾给梅、王两同志以批评（实际上，梅、王两同志的报告完全是尾巴主义）。县委有两三次通告大声疾呼“加强土地革命的宣传”。但是，这个斗争的过程，县委决不应逃避了党内外的两条路线的斗争而即发动总的政治斗争，实际上太和工作的缺点，在这里是两条战线的斗争不积极，不坚决（梅、王两同志在巡视东区工作中常常动摇不定，有时说：“目前问题只是均粮问题。”有时说：“下级工农同志都等不及了，再等若干日不暴动或发生游击，就要饿跑完了”）。不能彻底指示正确路线打击“左”“右”倾机会主义，而是完全拘留于经济的观点。

关于灾荒斗争的工作路线，到傅同志代理书记后，便动摇变更了。他表面上继承着前期县委以发动游击为目标的一月工作计划（该计划主要的以月为限完成党和群众组织的整顿，推进均粮斗争，至总的政治进攻，并完成发动游击战技术上的必要准备的计划，并不是机械地规定一月终了发动游击），在各区不断地布置和发动游击，实际上是放弃均粮斗争的领导，以至于最后布置冒险盲动的“四一九”地暴。

C. 兵运：太和民团很早便有自发的闹饷斗争，但党在士兵中，很久找不着头绪，一般同志都不能把兵运工作作为本身中心工作的一部分，一直到去年冬天才经北关中学团同志的工作和党几个工作同志的工作，在士兵中找到线索后，即注意鼓励士兵，要欠饷、要大衣等等斗争，同时也注意到拥护红军、拥护苏维埃等等政治宣传的联系。士兵群众的情绪非常好，他们对于红军的情形和消息比较知道得多，于是党在士兵的组织日益发展，建立了赤色士兵团，赤色士兵团的团员更是自去发展组织兄弟会，同时更建立了党的支部，在今年又发动闹饷，有一部分士兵甚至经过一个同志来向党要求哗变，要党替他准备大批宣传品和给援助。当时因为北乡均粮斗争的紧张，没能立刻分配同志去加强领导，以致闹饷仅得部分胜利。斗争即刻停止，这是一个严重的忽视，一个严重的错误。

当今年春初，红军进攻商固、霍邱时，白军调皖北民团赴霍协防，太和民团又闹饷，同时士兵群众对红军的情绪突然高涨，他们自己打听怎样投的技术，公开的宣传红军和投红军，太和统治阶级不得不从阜阳重又调他们回来（借口防北乡土匪）。这是党的影响，只是很小的部分，自南方跑回来的逃荒农民，做小生意的所给士兵的宣传，占大部分。

士兵运动一直到“四一九”地暴失败后，一排士兵群众完全被捕，一队被解散后才低落下来。

D. 青运：在“四一九”地暴以前，太和知识青年的运动，因历史关系，一般地说是较为发达于工运、农运、兵运的开展，往往靠着青年群众在各地的工作。青年群众中的组织大概分为下列数种：

1. 社会科学研究会——左倾小学教员和统治阶级各机关下层职员参加，由社研会所领导的、较为灰色的组织有读书会。

2. 革命青年团——在左倾中小学中他们较小学教员更能积极参加实际斗争，而对理论的研究则程度较低。每个革命青年团员都参加并发展少年先锋队，另外在校内革命青年团组织并领导较灰色的读书会。

3. 少先队——工农青年及左倾青年参加组织并领导童子团、工农青年的斗争，因团初期成为党的尾巴，后来独立领导的力量非常薄弱，党忽视对团工作的帮助，而不能得到很好的发展，仅有几处少先队能进行灾荒斗争，但青年本身利益的斗争完全没有。工农青年大批成为成年工农群众的尾巴，对青年店员的工作，虽曾有相当的注意，但无什么结果，知识青年的运动，曾在党的领导下发动过全县的斗争如下：

一是反日运动（详见反帝部分）。

二是小学索薪斗争——主要是索欠薪，及对停闭合并学校编制减教育局耗费款项，减低局员薪金。教育局职员与小学教员之平等待遇等。小学教员一致接受党的领导，党则利用斗争来扩大社研会组织，号召贫苦小学教员参加工农革命，后领导此斗争的只知替群众打先锋而不能长久地秘密地站在群众中加强领导，以致遭代理局长王振武之告密而被捕，索薪斗争一时几乎消沉下去，经党的继续工作转而驱王斗争。

三是驱王斗争——索薪斗争正交涉时，突遭严重的压迫，县政府任意拘捕压迫，在严重的白色恐怖下，各校教员、学生的恐怖情绪突然高涨，党不得已运用合法斗争，以保持斗争的胜利，维系群众情绪，在群众人力威胁之下，王振武终撤职。

E. 妇运：工农妇在最初，简直没有发展，后来在灾荒开展斗争后，各地农民组织方有妇女小组，在有些地方表现妇女群众的积极斗争精神，党和团也发展了少数妇女工作，有少数妇女化装乞丐去宣传鼓动，获得很大结果。在旧历年底，组织妇女乞丐要账斗争，闹入县政府，闹了大堂，但因领导力量薄弱，未得到胜利，政治口号的宣传也很薄弱。

妇女群众本身利益的斗争被完全忽视了，这是严重的错误。

F. 反帝——“九一八”事变前后，国民党县党部利用双十节庆祝会，组织了反动的抗日救国会。党信息迟，后落了统治阶级的尾巴。党立即发动全县中小学的反帝组织和国民党对立，全县中小学反日会代表大会，通过了我们党团新提出来的口号——主要是“打倒不抵抗主义”“打倒一切帝国主义及其走狗军阀”“全国民众自动对日作战”“武装自卫”等。但也通过了许多落后的爱国的决议，代表大会决议：全县各校举行反日宣传一星期，并先后组织了群众大会。党在这次运动中，不断在群众间揭露国民党统治阶级出卖民族利益和工农阶级利益的投降政策，党曾致函于社研会、总干事会，批评各校宣传中过激爱国主义倾向，如“打倒亲日派”等标语的错误，号召社研会员领导各校青年深入工农群众，站在工农队伍革命彻底的反帝战线上来工作。最后党以特支干事会名义，印发自己的宣言，主要是指明反日和反对一切帝国主义的不可分离和推翻国民党统治，拥护苏维埃、拥护红军不可分离，但是这宣言没有鲜明的指示，只有苏维埃和红军能战胜帝国主义，是反帝的一切力量，这是宣言严重的缺点。

反日宣传周了的时候，统治阶级借口发现共产党宣言，拘捕了小教索薪斗争的领袖，搜查了几个主要学校。各小学的反日运动自此沉没，目标转移到反王斗争（见前）上去了。北关中学学生群众在党的领导下，继续工作，并因阜阳反帝斗争的消沉，特旅行阜，不经阜阳国民党许可自动在阜阳城乡宣传，并招集阜阳各中学代表召开联席会，阜阳国民党部施以压迫，引起阜阳各校反国民党的情绪。

这次反帝运动，工农同志和有组织的工农群众也热烈参加，但因对反帝斗争认识的浅薄，没有成为反帝的主力，广大群众对这一运动大部还表示不关痛痒的态度。

G. 准备发动游击工作，旧历年底年初，灾民的恐慌日益加深，均因党和群众组织斗争力量薄弱，组织的不健全，还没有充分的力量来进行暴动。党在当时积极准备建立革命委员会，领导他去有计划地整顿一切群众组织，配合一切群众行动，挑选游击队员，成立游击训练委员会，推动青年群众组织及其他群众组织，秘密调查豪绅统治阶级的粮食、武装力量等等，以准备到适当的时机发动游击或布置地暴的力量。但是太和党和干部同志，对这些都是缺乏经验的，军事工作——肃反和袭击，夺取统治阶级豪绅地主武装——右倾（省委指示信完全正确），这一工作做得非常不够。

总结起来，太和的群众工作，自皖西特委前来巡视后到“四一九”地暴以前，的确有长足的进展，党的工作路线，总的来说是正确的，不过同时存在着许多缺点，主要的表现在下列各点：群众的组织有和平发展的倾向；群众斗争的缺点是不能充分做到有计划的配合，集中力量于主要时机、主要地区、主要斗争；忽视工运；两条战线的斗争的不充分，不紧张，群众经常生活的不健全等。

“四一九”地暴经过及检阅

关于“四一九”地暴因负责同志的报告过于简单或不切实际，以下的叙述是参考“四一九”时党的负责同志傅和代秘书王同志的报告，加以顾同志于事后和参加地暴的同志谈话所得的口头报告而做成的。

A. 暴动前群众斗争的情形及主客观力量的对比。

1. 经济情形：暴动以前正当麦前青黄不接的时候，工农群众绝粮而饿死的和逃慌［荒］的不可计数，大部分都陷于破产绝望的地步，乞丐遍于全县，粮价涨至极度（麦均五十余元一石），三亩地换不到一石粮食，工人的工资或车资（小车夫、洋车夫）减至极低，贫农无产者多以树皮草根为食，树皮已渐剥净，一男换来一斗，一女则五升，总之粮食恐慌达到暴高限度。

2. 政治状况：经济恐慌形成严重的政治恐慌，四乡土匪烽起，北乡有李功臣大股土匪，统治阶级军队完全失去抵抗土匪能力，小股土匪不断架票，员差乘机四处敲诈，自发的客观阶级斗争的高涨，但多遭失败。党所领导的有组织的阶级斗争，统治阶级施以残酷的压迫，破坏党的机关，拘捕大批同志群众，各地豪绅任意告密，员差任意私行拘捕引起严重的白色恐怖。

3. 群众组织力量：城内及城乡附近——赤色工会会员二三组约十余人，赤色士兵群众不到二十人，同情而灰色动摇的士兵群众一队（约三四十人）。灾民救济会，农民群众约二十余人，狱内同情群众百余人（无组织但由被捕同志宣传鼓动而表示愿拼命参加暴动），四乡灾民救济会、赤色工会、少先队等群众约四百人，内游击队员（能武装战斗者）约五六十人，经相当训练二百余人。红枪会、土匪表示同情者数百人（其中并无坚强的群众组织），在布置左的盲动的暴动下，对红枪会、土匪完全采取勾结拉拢的路线；群众组织参差不一，有一部分能很好地按时开会，有计划地行动，大部分散漫而不严整，并没有丝毫纪律，武装力量尤其薄弱，党所能调动、能使用的枪支只有二十杆左右。

4. 反动统治力量民团警卫队全县共八百余人，经常驻城者约二三百人，公安局不到百人，员差百余人，豪绅在城内有枪二三十架，乡区豪绅地主大多居寨内，每寨有枪数杆、数十杆不等，满百杆者极少，豪绅所能利用者三番子在城内有相当力量。

5. 群众斗争情形：城区上年曾发生士兵闹饷、乞丐要账斗争，自正月迄三月始终在白色恐怖戒备下，常用城区戒严净街搜查等，群众斗争非常消极，乡区、西乡、东乡均粮未成，或流产之时，东南乡、南乡三四次部分袭击行动失败，总之各地斗争正当暂时受小的挫折的时候。

B. 暴动决定经过：四月十三日（日期已待考，约是这天）代县书傅同志，致函顾同志说：目前主客观条件均已成熟，决计布置城暴动，请求你的同意，并请你对暴动的计划发表意见。顾同志当即复函说：我患病请假后，对城内外群众斗争情形均不清楚，城区主客观的力量对比也不知道，你的来信没有详细的事实的报告，暴动计划非常空洞，我不能发表意见，暴动的举行与否，请你们召集党的会议详细讨论决定，我不能就暴动的条件和暴动时的注意点贡献意见（当时顾患病甚重）。四月十四日，傅召集党团联席会。傅同志报告，本县目前条件都很成熟，实有暴动的必要，发动城区地暴的计划，已由我和顾同志分配就绪（根据王毅轩同志的“四一九”地暴报告）。至于傅同志所谓主客观条件成熟的理由是：①东区、东南区、南区工农群众作日常斗争搞游击，部分暴动曾有二十余次，在正确领导之下，大的斗争有三起，情绪极高涨。②北区工农群众作日常斗争有三四起，情绪亦甚高涨。③西区、西北区附近工农群众作日常斗争仅一二次，但情绪亦甚高涨。④城内经过宣传训练的狱犯，情绪尤高涨，均跃跃欲试。⑤狱内被捕同志之迫切要求。⑥红枪会、土匪的迭次要求，并表示要坚决参加。⑦统治阶级因围剿北乡土匪自顾不暇，力量异常薄弱（归纳傅的“四一九”报告）。在这一次会议上，参加会议同志六七人都没发表什么意见，草率通过，决于最短时期布置地暴，并开始行动。四月十七日晚，又召开党团联席会议及军委会，当时傅主张于十八日夜发动，王毅轩在联席会议上发表反对意见，据他入城考查主客观力量的实际情况，认为与傅同志的估计大相径庭：①白色士兵三百余人，驻地联络报密集中于西大街，全县连日戒严，防范周密。②赤色士兵群众多持观望态度。③武装及半武装不到十人。④可用枪支只三四杆。⑤狱犯非发动后打开牢狱不能发生助力。⑥准备不充分（只四日），宣传不充分。胡鸣九同志（“四一九”后牺牲）在军委会反对，联席会出席同志六人，傅、冯赞成举行，王反对，团二同志始终未发表意见，张盼远同志未发表意见，即认为通过。十八日晚遂正式发动。

C. 暴动前的实际布置：暴动详细的布置计划现已无从考查，均仅根据傅、王同志所书的报告归纳实际布置于下：

1. 城内情况：发动地暴的群众同志共二十多人，多半自城于事前调入，枪十一杆，王辅忠同志任总指挥，王毅轩同志任城政治指导员，孙海如任秘书处长职。振德为第一队队长，进攻大队部；孙树勋为第四队长，进攻公安局；刘体龙率本排士兵开小南门到城外大队入城。另组织破坏队四：驻县高一队，吴体甫负总责；驻清真寺一队，高献珮负责；驻山西会馆一队，王老拐负责；驻王乔政街一队，吴春燕负责。宣传队三：党宣传队吴负责；团宣传队□素□负责；妇女宣传部张淑贞负责。

2. 城外情形：傅担任总政治指导员，城南总指挥冯、胡二同志。城北总指挥傅焕之同志，东南区、东区、南区参加暴动群众集中城南三里湾，城北集中北关中学（先派二同志到中学解决反动工役一人）。

3. 发动时间及信号：十二时召集，三时发动，由城内鸣枪纵火为号。

4. 符号：红布缠左臂（狱犯缠右臂）。

D. 暴动失败经过：统治阶级于“四一八”晚九时，已注意并探知符号口令，立即调驻原垟集（城东北卅里）士兵一队入城，方即巡查城门发觉小南门西门、北门均未上锁，立即将守城士兵押拘，及士兵反抗发动冲突，卒被捕尽；一方派兵包围女子小学，捕去大批同志、群众，同时包围民团第三队，缴去枪支，全城戒严，街道断绝交通，按户搜捕，当场发生冲突。白色士兵鸣枪拘人，纵火同志以为时间已到，总指挥发令开始行动，故随枪声，即纵火，未延烧即行扑灭，城外北路于八九时即派到北关中学解决反动工役，屡打七八枪方毕命，北关外居民待闻枪响即隔城报告，城内士兵不应。十二时南北路群众均到齐共二百余人（依估计最少到八百余人），只有长枪18支、短枪5支，待至天明未见火光，虽闻枪声，但因时间太早未动，黎明即散，因枪支太少未拉游击，至于敌人以何探悉至〈今〉未明。

城内群众同志多半被捕（都是临时调进城没有很好的社会关系的掩护）。牺牲者同志五人——门金锡（苏区）、刘体龙（士兵）、王新义（团）、孙海如、丁跃廷（退伍军人）。群众五人：周廷芝、张淑真、张新真（均女子）、小贩——女小学生。另有五六个不相干的亦被枪决。地暴后一日，胡鸣九同志被捕亦牺牲，其他各区同志群众被捕者甚多，但未枪决。通缉者47人，内〈有〉同志群众三十余人，余为反动分子，或灰色群众。

E.“四一九”工作的检阅：“四一九”事件完全是冒险盲动的军事投机，绝对不成为工农群众的武装的暴动，主要表现在下列各点：

1. 暴动的决定离开了实际阶级斗争、形势的估计。“四一九”事件，正当太和经济政治恐慌日益加深的时间，统治阶级的治安非常混乱，但是武装暴动的举行决不能持客观条件的优越，主要是看工农群众的阶级斗争是否是政治经济的日常斗争部分，发展到夺取政权的斗争，各地个别斗争是否汇合到总的进攻，“四一九”事件完全脱离这个斗争形势的估计。

“四一九”事件正当各地均粮斗争遭受压迫而失败或先胜而后败，东区、东南区部分袭击完全消减冲散，白色恐怖遍于各地，群众虽仍不断反抗，并继而斗争，但这时群众间的失望情绪非常严重，于是有一部分先进群众便生企图侥幸孤注一掷的要求，群众并没有清楚地认识到，要解决生活问题，只有坚决斗争，要取得彻底解放，只有自己夺取政权，更没有认识到平分土地，工人管理生产，实行八小时工作等才能解决目前的政治经济恐慌，牵连到这些目的，必须夺取政权，才有保障。群众对于阶级斗争的力量，还没有在斗争中产生坚强的信心，没有勇敢的整个阶级，不顾个人任何牺牲而起来拼命斗争，觉悟的群众说：暴动吧，再不暴动就饿死了，不暴动就被国民党抓完了。大部分群众只是希望旁人打开城，分给他粮食吃，自己怀着恐怖，怕员差来抓他，连小组会都不敢开。这就显明地表示阶级斗争还在较低的阶段，斗争形势的发展离武装暴动很远。

但是我们同时要看到群众对于暴动，已有模糊的要求。这种条件，都是便利于推进部分经济政治斗争到总的进攻。党假若能集中力量领导均粮斗争扩大于全县，从均粮的胜利到反抗白色压迫，号召土地革命与推翻国民党的统治，这种优越的客观条件，将给我们斗争的便利。谁不敢宣传土地革命，宣传苏维埃政权，宣传打倒国民党，谁便犯了严重的右倾错误。党当时不能正确地领导群众，走向真正前进的路线都反映了突然破产的农民产生的盼望的斗争意识，以作孤注一掷，完全犯了“左”倾盲动的错误。

2.暴动的决定离开主客观力量的对比的估计。“四一九”地暴前群众组织日益发展，统治阶级军队日益动摇。但是，党同时要看到群众和平发展，没有严密的组织，缺乏斗争的经验和斗争干部，没有铁的纪律等严重弱点。要看到统治阶级在城区的统治还相当稳固，并于太和城市的□□□戒严搜查等，对于统治阶级的便利。当时的党完全抛开了这种分析，企图集合四乡八面乌合之众，借城内不到四十人的队伍，对统治阶级的突击，破城而拿到政权，简直是非□□□之一。而这也可以断定，假使成功了，也不一定能抵敌有组织训练的二三百民团。

3. 暴动的举行，完全脱离了广大群众。暴动的决定，没有经过主要群众组织的讨论通过和热烈拥护。广大群众对暴动还怀着恐怖与动摇。四乡群众问同志说：“这事老顾知道否？”（一部分是落后的个人信仰）一部分表现怀疑，新的同志怀疑暴动的不成熟，东南乡群众口头允诺参加，而临时躲避。南乡群众于“四一八”晚前赴集合点，半途折回，都是明显的证明。不仅如此，党的负责同志也过半反对，王毅轩（城区区委）、胡鸣九（军事工作负责人）、徐廷楷（团县委）诸主要负责同志均不同意，县委仅根据狱中同志和囚犯的绝望要求切置暴动。这一地暴的失败实是必然的结果，这是傅同志家长制度、命令主义的错误，主要负责任，许多同志当时敢怒而不敢言。

4. 宣传鼓动和准备工作的不充分。决定暴动到发动暴动中间不过四天，在群众中简直没做分毫宣传鼓动工作，仅仅通知以［一］下，征求参加，和土匪的约期和起事完全一样。群众对暴动完全没有准备，如乡区对于城区应怎样配合斗争，城区则完全忽视。主要群众组织：革命委员会、灾民救济会等没有丝毫有计划的独立活动，党的准备只见组织集合武器印刷宣传文件工作。然而宣言、武器也没有做到原定计划（城内原定长短枪四五十支，结果只准备十杆），这样便发动暴动，完全以暴动为儿戏。

5. 离开阶级立场，勾进土匪，引进员差。暴动队伍成分包含了少部分土匪，这些土匪中并没有建立坚强的阶级的组织及严格的纪律约束，同时勾结了大批土匪，救其援助，在那里也没有打进他们的下层群众。在阶级斗争、土地革命号召下，建立党和群众组织，这样完全表示，希望军事投机的成功而采用了阶级斗争立场的路线。暴动前短期内（约半月）群众组织的引进员差（役吏），暴动前未有宣传员差、鼓动员差的转变，以减低统治阶级的力量的路线（据胡鸣九牺牲前给员差的报告），但其他负责同志于“四一九”地暴以后，否认此说，故不问此之为事实否。群众组织，混进员差，为千真万确之事实，并有系代理县书，亲自介绍者在傅的“四一九”报告中错误检阅项下，未注意到员差的极端反动性。这证明当时负责同志认为员差不致于反革命，这离阶级斗争相差十万八千里了（统治阶级的探悉暴动计划，是员差或员差的女儿的报告。且不足异）。

6. 暴动地点与日期选择之非常不恰当。暴动的地点选择城区，不在全县斗争最高涨的地点，而在斗争消沉的处所，暴动的时间为阳历四月十八日，即阴历三月十四日夜间三点钟，正当明月当空的时候，这样的即于投机，甚至于不顾任何不利条件，不是傻瓜便是儿戏。

上述诸点充分说明这一工作的冒险盲动及其投机。其他小的错误：城乡贫民间工作的分毫没有进行；北路集中地点，未暴动即行开枪解决反动分子，而不采取其他适宜办法；失败后城区的交通工作，丝毫没有布置好，以便集中力量做最后的坚决的反抗；城内没有保留相当的秘密的组织，以便失败后，继续保持党的基础，继续工作等还很多。

其他

最后，要附报告的：

这一报告由顾同志起草，因主要文件密藏城内，不易取出，这个报告仅凭顾同志个人的记忆，再因时间过促，和临时指导委员会的交通非常周折，故仅有王、刘二同志校阅，未及经会议通过，如这报告与事实有部分不符，由顾个人负责。

顾同志个人建议党团临时指导委员会的名义不合宜，请中委立即派人前来巡视。在中委指导下，成立党和团个别的临时县委或特区干事会（视党和团恢复至何程度而定。）

（请中央对太和党和团的经费短期的予以相当的帮助，以便恢复工作的急促进行。）

太和党团临时指导委员会

1932年

选自许祖云、汤春妹编，《热血已经染雨花——顾衡烈士诞辰100周年纪念集》，江苏科学技术出版社2009年11月版。

许包野

许包野（1900–1935），又名许鸿藻，广东澄海人，出身于泰国华侨家庭，中共党员。

1920年起先后赴法国、德国、奥地利留学，获哲学博士学位

1923年由朱德介绍加入中国共产党，参加中共旅欧支部

1926年到莫斯科东方大学任教

1931年九一八事变后回国，1932年5月任中共厦门中心市委巡视员，10月任中共厦门中心市委书记

1934年7月任中共江苏省委书记，同年11月任中共河南省委书记

1935年2月在河南开封主持河南省委工作时被捕，解来南京，不久牺牲。

巡视安溪、惠安、泉州的报告①

（1932年7月1日）②

现在且把各地的情形报告

1. 安溪方面

a. 党团关系已完全纠正，从前那样的党团混合以及团代替党的倾向错误。党团的组织，都已各自独立的建立起来，并且有相当的健全，尤其是团的方面。党团的县委各五人，都是根据市委提出的名单决定的。不过党委方面，在我将离开安溪之前一日，得到初同志到南洋去的消息，所以党委又要缺额了。团方面较好，并且在已买得印刷机之后，就已决定出定期半月刊《曙光》。我临行时，有了几篇文章，并把刊辞弄好，大约已经出版了。

b. 游击队里面，现在已不像从前那样热闹了，一方面是已经把从前所有的流氓土匪的意识都肃清，一方面又把党团的以及作群众工作的负责同志，都从游击队中间调动出来，再没有像从前那样的，总跟着游击队跑！这样一来，所剩余

①1932年5月，中共厦门中心市委派许包野去安溪等地巡视，他认真听取汇报，协助整顿游击队，这是他写的巡视报告。

②这是原件戳记上的年代。

的，便确确当当的是游击队第二支队了。游击队的人数，在我离开的时候有二十人左右（精密的数字是十九人），不过有许多请求加入游击队的，因枪械问题，所以没有尽量的接诺［纳］。游击队的枪，是和以前一样，十多支，没有增加。游击队的组织，并没有接受市委所提的分为五队，因为确不合于实际，只分为三小队，合为一支队，是为第二支队。游击队的工作，除前次拘捕的那个土豪还没有解决外，因为他的家庭很滞涩，又接诺［纳］了农会的要求，解决（枪毙）了四个土劣和两个收捐员！游击队本身的训练，虽然做得不充分，但多少也做了一些。

c. 群众工作，各处农会都有相当的发展，彭圩已成立区农会，湖头也在督促区农会的成立。往后便将组织县农会了。市委责成在“八一”前要发展到一千人，在我们讨论之后，分区分乡，由农会支部去发展，经详细的具体的计划之后，认为那完全是可能的。至支部要发展到一百人，经详细计划之后，竟越过所指定的数目，而达到百余人以上（百五十人左右）。我相信如果各负责同志，都很积极的按照计划的进行，那一定能很美满的，甚至还超过原定计划的完成。

2. 惠安方面

a. 惠安，我觉得在过去的工作方法及组织关系上都有错误，这大约是负责同志本身对这些问题还弄不清，所以“有些地方是抗捐会，有些地方是农会”，把抗捐会和农会看做一而二，二而一的东西，没有把农会作中心，而抗捐会则是普通的组织。其他，如现在还是只有许多民众的联系，却没有正式工会或农会的组织。少先队名义上虽然有，却是东藏着一个队员，西藏着一个队员，而没有把这东西联系起来，组成一队。负责同志，弄得色彩非常之重，如在惠北一带连小孩子都认识了，这大约是前党经过公开斗争原因所致，但在公开斗争的时光，尤到注意到秘密组织的保存呵！惠安的民风强悍，所以在群众方面，充满许多流氓意识，而在我们的组织当中，则还残余盲动主义的臭味很浓！党、团的组织都不健全，尤其是团的，团的县委几乎没有，只有半个（唐同志负责党又兼团的）。除此之后［外］，还有两个特派员和两个候补，这真是滑天下之大稽。没有县委，却有特派员和候补，假使那里没有小方，我真找不到团的负责人了。

b. 我到那里的第三天，正是六二三纪念日，那里是筹备着开群众大会，且预算群众大会参加者，可达百五十余人，而大半是带枪的。可是那日到会的十余个代表，群众是没有到的，其原因是那里有什么“父母会”（四十八和五十三会）械斗，群众有的参加四十八，有的参加五十三，所以路上危险，不能到会，还有其他的原因呢，不用尽举。会是在山顶大圣寺开的，因为群众没有到，所以把群众大会改为代表大会。在我们开会的时候，来了乡村许多民众以及一队托长枪穿便衣来打虎的猎人，他们看我们在那里开会，很觉怪异，我们在会开完后，向他们作一个公开的宣传，他们总受到了些影响，所以他们有几个自动的来拿我们所带去的标语去张贴。我的［们］下山的时候，因为我们都带枪的，所以有几位同志，开了几枪示威。大会认为这次对六二三这样的动员为不充分，所以又决定了继续动员，这和市委的运动周的指示是暗合的，其他议决的怎样应该加紧工作，扩大组织与宣传，鼓动十九路军的士兵，对群众揭破对第十九路军的幻想，设法和四十八与五十三斗争，当然联系到拥护红军，拥护苏区，以及反帝武装拥护苏联……的决议。

c. 县委的组织，党的现在，可说比较的健全，名义上虽有五人，实际上只有四人，一人还没有正式的决定。团的已在泉州调彭同志去那里负责，但无论如何，组织上还不健全。目前主要的工作是整理一切的联系，正式建立农会、工会支部，并且把他健全起来，再推动他去发展，准备再来新的斗争。其他和上面所举的一样，不赘。

3. 泉州方面

泉州方面的工作，真的是不好，不知从什么时候起，一直到现在，工作不但没有发展，简直是退缩了。听报告的时候，尽管可以听到几多几多的支部，几多几多的群众，可是认真考查的时候，却是支部许多时候（月）没有开会了，群众联系不易找了。如此这般的一塌糊涂，这不但只是散漫，而且简直是荒唐了。这正和今天特支开会所自我批评的，是怠工，取消，调和，机会，右倾，腐化等，我只奇怪市委为什么没有注意到这些情形，也许有注意到这些情形，为什么没有设法纠正。这最少是一种缺点。现在正在把特支本身健全起来，整理旧的支部和群众组织，使他动作起来和健全起来，再促动他去发展。以后要经常开会（从特支到支部以及群众组织），要提高党的纪律，要严密党的组织，要实行自我批评，要不容情的与一切怠工取消和右倾机会等等不正确的观念斗争。特支今天开会，已提出具体的讨论，大概在最近的将来，必定会转变的。

团特支也不健全，不过在最近的工作，已有相当的转变。这里，应发展到由特支转成县委。

4. 各地的联系很不好，即市委和各地联系也不好，要解决这问题，须布置交通网。

包野

七月一日

选自雨花台烈士纪念馆馆藏史料。

厦门中心市委包野给中央的工作报告
——厦门、漳州、安溪、石码、永春、德化、晋南、泉州、惠安、莆仙等地组织情况[①]

（1932年11月26日）

中央：

现在把闽南的情形报告如下：

关于闽南的工作，党在那里组织上，在厦门中心市委所领导的，旧和新建立的，总共应有12个地方：厦门、漳州、安溪、晋南、泉州、惠安、永春、德化、石码、金门、莆田和仙游，这几个地方除莆田和仙游据说是中央已划归福州市委领导，金门是新打进的，其余各地的情形如下：

（1）厦门，中心县委所在地，组织上不健全，市委本身现参加执委者只有四人，市委底下现有六个支部（过去在九一八前只余个半支部），共有同志30余人。

群众团体有互济会、反帝大同盟、东北义勇军后援会和赤色工会。

互济会的工作是比较的健全些，但最近并没有什么发展，现有七个分会共会员60多人。

①1932年秋，中共厦门中心市委遭到破坏，同年10月，许包野任中共厦门中心市委书记，领导闽南10多个县和厦门市的革命工作，这是他将各地主要革命情况上报给中央的报告。

反帝大同盟有11个分会共会员40多人，但因党团的不健全，团同志被捕了，党同志几经易人，并且找不出人，形成塌台的形势，最近由蔡协民暂时负责，在组织上是很散漫的。

东北义勇军后援会比较是新的组织，共有七个分会，会员20余人，其中包含有互济会和反帝的群众。同样的是党团的不健全，和负责同志（党团书记）的实际右倾机会主义，夸大和怠工，再加以这次“集美”发生问题，所以工作不但没有发展，而且是很散漫的，几乎形成了塌台的样子，最近决定将这后援会的组织归并入反帝的团体，组织一健全的党团来领导。

赤色工会，厦门市委过去有职工部的存在，但没有赤色工会的建立，只有零些［散］工人的联系。现在准备把职工部改造，取消职工部，但还没有实行。不过实际上已跑上改造之路，即职工部已采取党团的组织形式（这问题现须和中央解决），在最近建立的已有五个赤色工会，即罐头工会、马［码］头工会、马路工会、木材工会和建筑工会，很快可以建立的还有报馆、印务、店员、裁缝等。

海员的工作是附属于职工，一方面也在市委直接领导之下。过去市委和海委的联系不好，现在海上虽已取得几条船上的工作，而内河也有一些的联系，但船上支部、马［码］头支部、船上委员会和马［码］头工会都还没有建立起来。

士兵的工作，市委还没有找到相当负责的人，所以士兵的工作很不好。不久以前市委接到中央给军委特派员黄同志的信才和黄同志发生关系，但根据黄同志说，他的联系也断了，并且也很难找着。

宣传方面，厦门组织有十几队的宣传队，并且也成立了编辑部，并组织了投稿委员会（即工农通信社），决定恢复《群众报》，并公开刊物《火炬》改名《发动机》，准备在十月革命节出版，可是编辑部的一位同志（团的）被捕了。工作又停顿了起来，而仍［另］一方面也因为印刷机关还未能完全恢复工作的原故。

斗争方面，最近有报馆工人的加薪斗争，现还在继续着。

在布置十月革命节的当中，市委应用公开的路线进行检查日货的工作，但在第一次的行动中是失败了，其原因是负责总指挥的同志机会主义，临场退缩，这工作我来那天才正式检阅，其详当待后告。

厦门团的工作，团委的组织是比较的健全，执委有五人参加，共有六个支部，健全的只有四个支部，工作最近没有什么发展。

（2）漳州方面，自从红军独立团受打击之后，现有的游击队分散三个地方，在小山城方面有80人左右，在漳州城外的南北乡一带的有第四、五二连，第四连有战斗员四十余人，第五连有20余人。漳州过去有中心县委的组织，但后来只存了蔡、曾两同志。两星期以前市委把蔡、曾二同志召到厦门来，检阅他们的工作，那边的中心县委便塌台，但很快就把它恢复起来了。那边共有同志40余人，支部多不健全，而群众工作也是散漫没有系统的，群众组织没有农会，只有贫农团和零星的雇农工会（问他中农组织到什么地方，他说中农收入互济会！），而互济会只有三十余人。反帝党团没有，后援会也没有，赤卫队和少先队的组织还比较好，总共有群众五百余人，小山城除外。厦市委在两星期前召漳州市委书记杨同志来厦，讨论那边的工作，决定恢复漳州中心县委，并指定七位同志参加，要那边组织农会，把中农吸收进去，贫农团和雇农工会依然存在，并在农会中起核心的作用，加紧反帝工作，发动秋收的斗争，普遍抗捐抗债抗税抗租……等团的组织，加紧游击队的游击，配合群众的斗争，阻碍敌人对闽西的进攻，加紧注意士兵的工作，造成士兵的变潮，恢复闽南新苏区。游击队发展的方向：1、把南北乡一带和小山城打成一片；2、向安溪方面发展和安溪的游击队取犄角之势互相呼应；3、向闽西方面取得和闽西的联系。

除恢复中心县委之外，市委还决定在漳州城建立特支，领导城市和城郊方面的工作，漳州特支是在漳州中心县委领导之下，同时也在厦门中心市委直接领导下的。

这就是关于漳州方面的工作大略情形。

（3）安溪方面：过去有县委的组织，现在已改为中心县委了，那边有九个支部，共60多个同志，群众组织发展得非常之快，在四月间那边的群众只有二百多人，没有赤卫队和少先队的组织。现在是农会组织已由区农会达到建立了县农会，不过县农会还是由党团包办的，农会有会员2000多人，赤卫队1000多人，少先队700多人，青农1000多人，妇女过去没有现在已发展到500多人，总共有6000多人的群众。发展虽然快，不过还是在和平之下发展的，农会没有游击队，不能自动的斗争，事事都依赖游击队来和他们做前锋。最近游击队当根据农会的要求，发动了赤卫队和少先队700余人去打土匪，这件事很引起敌人的恐慌。十九路军入安溪赶走陈国辉之后，对农民群众已着手摧残，不过游击队还不曾和他们接触，游击队在群众间是很有威信，不过最近几月间游击队对于征收队员犯了机会主义和关门主义，在六月底以前游击队的发展很快，队员已达到廿余人，除开党团的负责同志（在四月以前和党团的负责同志算进游击队才有十余人），那时农会和赤卫队多要求参加游击队，不过游击队当时只有十余支枪，队员有三分之一以上没有带枪的，所以不能尽量的吸收。现在是游击队员只有11人，枪有卅多支，每人要带两支枪以上，这点市委已给他们指出来，批评那边的机会主义关门主义，要那边的县委特别负责，加紧发动农会介绍会员和赤卫队员参加游击队（厦门也派工人同志去参加）。加紧增强游击队的力量，扩大游击区，建立赤色区根据地（实际已有些地方完全是赤色区的形式），组织贫农团和雇农工会，打击富农和反动派别，加紧士兵的工作，游击队进展的方向应该是：1、向漳州方面取得和漳州的第四第五连相呼应。2、打通闽西、安溪的游击区已接近闽西的龙岩，只隔离十多里路，这中间要经过漳平，而漳平这一带是三点会的势力，是受了我们的影响，过去在五月间我们已注意到这一问题，曾派一同志去打进那边的工作，已取得那边的联系，并且那边已答应派一农民和我们带路，由他们带路，进出可以不成问题。不过当时因没有和闽西取得直接的关系，所以这工作只是酝酿着，并成了一个发展的路线，现在是更有把握了，并且已是决定打通的。3、注意向莆仙一带发展。

安溪方面的反帝工作也是一样的忽视，反帝团体和互济会等等如红军之友社苏联之友社以及东北义勇军后援会的组织都没建立起来，市委要他们马上加紧这门工作，加紧布置秋收的斗争，加紧普遍反对保卫团组织的影响。

（4）石码的工作是新建立的，有同志三、四人，建立了一个支部，由漳州方面发生联系，由厦门直接领导。

（5）永春的工作还没有完全恢复过来，根据报告那边有同志20余人，群众关系还没有完全恢复，由安溪直接发生关系。

（6）德化的工作是新开辟的，有同志四人，由厦门直接领导。

（7）晋南也是新建立的，有二个支部，同志7人，由厦门直接发生关系。

（8）泉州的工作过去就不好，那边的同志浪漫和怠工，自从庄脱离了党之后，那边便没有负责的，以后的工作，渐由团代替，最近在城外发展了一个支部，有同志五人。城内发展了九个同志，要求市委派同志去负责，但市委还没有找出人来。

（9）惠安方面，过去在六月以前，虽然是散漫，但还有200左右的群众的联系并十余个党员，但自黄同志到那边负责之后却把许多联系都失去了，现在只有一个支部和数十个群众的联系。其最大的原因，一方面固然是因为黄同志之不懂本地话，但另一方面却是因为他的机会主义，那边过去是县委的组织，但最近厦门已决定把县委取消（因为实际县委只有黄曹两同志，而县委底下却只有一个支部）改为特支，要那边加紧工作，恢复县委。市委决〈定〉另派一同志去工作，市委本来就决定把黄同志调换，但总找不出可以代替的人来，最近高维谷部下的士兵一连（共有一百余人）反对十九路军，因为他是陈国辉的部下，陈国辉被十九路军解决了的缘故，要求我们的领导。市委决定加紧这项工作，要利用这个机会打进惠西，惠西是多山险的地方，民情强悍，土匪很多。过去以及现在，我们惠安的工作只在惠北一带，惠东、惠南也有，而惠西却没有打进，现在将利用这个机会去打进，对土匪军队（即高维谷的部下一连人，现在他们分散在三个地方）定下策略把他们改编，把士兵组织起来，淘汰不良分子，配合那边的群众工作，开始游击战争，向莆仙一带发展。汇合莆田的游击队，争取新赤卫区的建立，关于这个工作本拟派蔡协民同志去开辟，但关于蔡协民的问题还须讨论，正式决定。

（10）莆仙方面，一般的是相当有群众基础，莆田方面有千多人，仙游方面有五百余人，仙游方面在组织上是比较散漫，而莆田方面却是在和平底下发展。那边，莆田的负责同志是犯了右倾机会主义，忽视斗争，怕斗争和取消斗争的倾向。县委派同志去领导斗争，斗争起来，同志却自逃跑，我们在七月间在那边发动了游击斗争，可是游击队成立之后却自关在家里坐的，让群众误认为土匪，缴去薄［驳］壳枪两支。在发动游击斗争的时候，曾指定了游击区域，并且更具体的指定“东沙乡”一带可作我们将来革命根据地。因为东沙的地势是背山面海，且为莆、仙、惠三县交界的地方，可攻可守，应该加紧那边的工作，并须和仙游和惠安的工作配合。当时是这样决定了，可是游击队成立之后既没有动作而“东沙事变”又发生了，东沙事变即是东沙乡的农民反抗烟苗捐而被何显祖派兵剿办，在东沙斗争爆发起来的时候，莆田县委不能领导。于同志（县委书记）跑到福州，曹同志（市委书记）跑来厦门，亲往莆田，那时厦门和曹同志开了一个讨论莆田的工作会议，据说中央已把莆田划归福州，所以决定在组织上莆田暂属福州，但在工作方面则两个中心市委共同领导。现在莆、仙和福清已由福州组织中心县委，于同志和周同志现在不能往福州。

以上就是闽南的情形，以下我对中央关于闽南工作的建议：

（1）闽南的工作条件是很好的，工农群众受了烦［繁］重的压迫和剥削底下，别的没有出路，只有革命是他们的出路。他们大约也了解着，所以他们很同情红军，天天盼望红军的消息，“红军到了什么地方”“红军什么时候到”，这是普遍的由他们意识里暴发出来的呼声，然而我们的工作却没有尽量的达到我们所应该发展到的地方，这并不是群众的退落而是我们发动的不足。群众已有了燃烧的火花，然而我们不能够充分的去□拨，这最大原因之一就是干部的缺乏。具体的说，譬如漳州、安溪、惠安、泉州等等都感到干部的缺乏，处处都来厦门要求干部去负责，而厦门实际上也这样感觉着，不过厦门本身干部还成问题，这是总的干部恐慌。固然我们也提出提拔干部的口号来，并且当各县来厦门要求干部的时候，市委总给他批评，说各地向市委要求干部，市委向中央要求干部，中央并不是口袋里藏着许多干部可以随时供给的，主要的是应该当地提拔干部。话虽这样说，但干部总没有提拔出来，当然并不是完全没有提拔出的，譬如各地就提拔了一些工农的干部，但能够负责领导的干部总没有提拔得来，实在也不是很容易马上就可以提拔得来的。现在向中央要求干部，也许中央要给以同样的批评，但事实是这样，闽南的工作是须要转变，要转变就必须一批干部。所以在我的建议中，第一条便提出干部的问题来，要中央派一批干部去，赵同志说，他已和中央争得一个，要中央马上派去，但我以为一个不够，最少要三个！

（2）闽南和闽北的工作有许多地方是应该配合和策应的，可是过去以至现在，福州和厦门是各自为战，并没有配合，也没有策应，就如红军入漳，厦门市委事先一点都不知道，也没有准备，福州当然更不必说。红军入漳的消息就如晴空霹雳一般，这当然是过去的错误，现在厦门和福州虽然建立了交通关系使厦福工作发生亲切的联合，但这还不够，须要集中的领导，总的布置，各方工作的配合。如目前十九路军从漳州进攻闽西，最近又从闽南调兵进攻闽北，这都是需要我们工作配合的地方。因此我们觉得全闽须建立省委，赵同志说，中央在原则上是同意那边建立省委的，不过我以为现在并不是原则同意的问题而是具体决定的问题了。省委可以计划全闽总的工作，可以和中央区以及和闽西发生横的关系，可以给闽西以政治上和军事上的消息，可以和闽西布置工作的配合，所以我的第二个建议就是要中央具体的计划建立福建省委的问题。

（3）过去中央对于闽南的领导是很松的，就我所知道，中央只在四月间给厦门和福州两个中心市委一封指导信，其次就是最近一封关于厦门秘密工作的信，如此而已，这对于闽南的特殊领导当然是不够，以后希望中央对那边的工作能更亲切的领导。

（4）厦门和中央的关系只靠交通的传达，而交通又两三星期一次，对于刊物和文件的传达是很迟的，甚且有的更失了时间性。中央现在决定和［给］厦门增加一个交通，厦门现在正在加紧找交通员，但还不够，须要和中央建立电信的关系，要中央能更多的和按时的把刊物和文件供给。

（5）马来中央曾介绍了许多的琼崖同志到厦门，这些同志大多数总要求参加游击队，琼崖同志是很复杂的，甚且有的已成了问题。杨同志说：马来中央的介绍信是可以假造的，过去香港就是这祥，现在要求中央向马来中央调查，要那边把介绍来的同志的名单和资格表寄交厦门，让厦门从［重］新审查，分派他们的工作。再：马来中央须和厦门确定秘密的通讯关系，如规定暗号等。

（6）其他还有个别的问题留在口头上报告。

（7）关于我的问题，在组织上和工作上应该明确的决定，中央似乎已默认留我在厦门工作，不过照我的意见还是坚持原来国际派我到苏区去。厦门也许须［需］要我再跑一趟，但不在那里工作，因为实际的情形，我在那里还是言语不通，工作条件不适合，请中央同意。

我这次来上海是根据中央给厦门市委的第41号信召来的，在未接到中央这次信以前我便准备来上海，因为在组织上我并不是属于厦门的党部。我回国的时候，国际没有介绍信，我回国之后曾写信报告中央又未接到中央正式的答复，我在厦门只以非党员的资格发生了联系，一直到六月间我在安溪的时候才接到中央召我的消息。八月间我回到厦门才知道厦门市委把我扣留，我当时表示反对，我认为这扣留的办法并不合于组织的原则，后来厦门市委正在准备把我送回中央，而许同志又被捕了。实际上我又不得不负起那边的代理工作了——这次巡视员到福州，厦市委写信催他赶快来厦门，我准备把那边的工作和巡视员解决了后便来上海。适在这个时候便接到了中央这次的信，中央的信要我立刻动身而我也想立刻动身的，不过那边的工作实在不能缺责，所以直等到巡视员到厦之后才开始交代。现在我动身后，那边的工作是由巡视员赵同志负责代理的。

中央的信是要我和罗克王同志来，市委以为罗同志没有参加市委的工作，现他负责海员，如需讨论市委的问题他来没有作用，所以决定我来，如中央决要罗同志来的时候则可打电去，他马上即来。

包野

选自中共厦门市委党史办主编，《厦门革命历史文献资料选编 1932年7月—1932年12月 第5集》，1989年1月。

包野关于厦门党被破坏情况给中央的报告①

（1933年5月23日）

中央：

现把厦门这次破坏的经过做一总的报告。

1. 福建自从十九路军来统治之后，苛捐什税更加重，民众被压迫更加利害，再从经济总破坏底下，资本家不断的向工人阶级进攻，失业者日见增加，欠薪扣薪减薪在各工厂各企业已形成为普遍的现象，工人的生活更加困苦，斗争情绪普遍的高涨。外县，尤其是安、漳，分粮分谷子的斗争，抗捐抗税的斗争，猛烈的爆发起来。厦门反对减薪、要求发清欠薪的斗争，正在热烈的酝酿着。我们的工作更在这种情势之下发展着，敌人也因此加紧向我们进攻。在乡村方面，十九路军定出清剿计划，包围乡村，大批的拘捕农民，尤其是安溪与漳州，有许多乡村，农民不敢在村里过夜，晚上都跑到山上去睡觉。在厦门方面，敌人改换了公安局，把厦门分区制治，严密的清查户口。从广东调来卫兵队，从各地送来叛徒，四方八面，用种种方法来进攻我们。

①1933年初，安溪县游击队的政治委员庄育英被捕叛变，中共厦门中心市委组织遭受破坏，这是许包野针对该情况写给中央的报告。

可是，我们如果注意秘密工作，问题当不会这样的严重。惟是忽视了秘密工作，具体的事实，如互济会党团同志的被捕，明明已知道公开的地方，从前常开会与接头地方，不可再开会再接头。可是同志们还到公园去接头，致被侦探所发觉，而被捕。几个在马路上被老赖抓去的同志，明明已知道了老赖叛变，并且在马路上等捉人，两条中心马路几个必经的路口，明明决定和通知了戒备，大家还向那里碰，结果就受到这样大的损失。这样坏的叛徒与告密，这次的破坏，完全是叛徒的叛变与告密。如果不是叛徒的告密，损失也不会这样大。

2. 破坏的经过：破坏的开始，当是庄育英的被捕。庄育英是安溪游击队的政治委员，同时又是中心县委的委员，市委调他来厦讨论安溪工作，到厦四天。第三天会议开完了，准备回安溪去，第四天便在马路上碰到他的仇人（他的同乡惠安人）在马路上和他打，被他抓去。接着，就是老赖被捕。老赖被辅后，就公开的积极的叛变，党的机关（印刷机关，发行机关）和互济会的机关，通被破坏。被捕去住机关的女子二人，老妈子一人（共三人）。印刷机关工人一人，互济会一人，发行机关的人，因已避开未被捕。老赖破坏机关之后，又带了侦探与警察到同志家里搜查，查不出东西，同志得到通知早已避开，不致被捕。老赖又更进一步的白天与晚上都出来马路上等抓人。结果，叶方春同志被捕（负责士兵工作），符大千（组织部）被捕，谢少平（前漳州游击队政委，后分配德化工作）被捕。符大千被捕后，带到他所住的地方（机关破坏后，新建立的洗衣店），同他同住的两同志何与邱也被捕。少平被捕后，又带到黄丁才（团的同志）因要同到德化去，约定时间和接头也被捕。和老赖被捕的同志，老赖被捕的几十分钟，有星洲咖啡店的破坏，老板两个被捕，一个是我们的同志，店员十九个，均被扣留，有三分之二是我们同志及群众。星洲咖啡店破坏的原因，表面上根据一般人说，是由福州拍来一张给互济会的电报，是假的。但互济会确是接到一张电报，公安局便要追踪这接电报的人。另一方面，又说是从香港解来的叛徒陈英（琼崖人，前曾住厦门）在香港被捕，解到厦门来。据说是来找十九路军他的朋友去保他。他到厦门的第二天，就有人携了一张名单和照片到“星洲”“美城”各店（琼崖人开的）去搜查。第二天“星洲”便破坏了。以后陈英又解回广东去了。这两种原因，还是属于猜想的，更确切的原因，现在还没有考查得出来。老赖被捕的原因，开始调查所得，说是有青年人在马路上等他两天了，到第三天才被他抓去，当时查不出是什么人。根据这次符大千来信说，老赖被捕是庄育英叛变在马路上将他抓去的，以后就是老赖抓了。总计这次前后被捕的共有十三人，大多数都是干部。现在这问题可告一段落，因为这些被捕的人，除老赖外，通通没有证据，现都解到漳州总部去。反动派已把他们判决了。据住印刷机关被捕的那老妈子出来报告，老妈子这次出来表示很坚决的。她因为有儿子参加革命，一个还在福州的牢里，一个是安溪的县委委员，所以她的立场还是坚决。她不供，反动派打她也不供，她六十多岁，她病了，反动派才把她放出来。说她已六十多岁，放她出来医药，不然，是要监禁的。根据她的报告及各方调查所得，判决是这样的：庄育英十五年，谢少平十二年，老赖十年。老赖因为抓了许多人，破了许多机关，不然，是要枪决的。符大千十年，其他从十年到一、二年不等。

破坏期间党的工作：当老赖被捕叛变，党和互济会的机关以及星洲咖啡店破坏的时候，情形很紧张。当时市委的常委三人：老吕，符大千，包野。执委琼同志到上海受训练未回。老赖是被捕了。在老赖被捕的第三天，吕同志便是常委，断绝了关系三星期，约他几次，几次不到会。当时市委实际上只有符大千和包野同志。所以决定建立支部工作委员会，提拔当地干部贾，铁，邢三同志参加作支部工作，准备市委如发生问题，工作不致塌台。实际上准备作市委的替身。后来吕同志找到了，常委又恢复了常态。但吕同志又因观点的错误（前已报告，取消派的政治观点和白色恐怖的机会主义等），再加上老吕家里又被老赖带了人去搜查过，事实上他也难在厦门立足。所以决定派他到外县（泉州）去工作。于是市委又只两个人。在这时候，恰遇丘九同志在上海回来。丘九同志未到上海之先，市委虽决定调丘九同志来做党的工作，但还没有通知团市委同志谈话，而丘九又到上海去了。丘九同志回来，他说在上海已告诉团中央，说这里党有调他的意见，团中央是没有反对，就正式通知团市委，丘九同志就参加党市委了。丘九同志参加党市委大约有一星期，符大千又被捕，于是市委又只两人。至于工作委员会，因当时吕同志到泉州去之后，参加工作委员会贾同志，他的家里也被老赖带侦探到他家搜查，他就表示消极与动摇，又因家庭的关系他跑到外县去了。再符大千被捕之后，与他同住的邢同志也被捕，工作委员会只存了一个铁同志（台湾人）。于是又再提拔杨同志（长汀人，前在厦门参加工作，后在漳州担任中心县委书记。巡视员老肖同志在厦门代理工作的时候，曾派老赖到漳州去巡视，回去报告他消极怠工，所以撤消他的工作调来厦门纠正。不过他到厦门之后，市委几次和他谈话，没有发现他的消极。他在漳州害病，不能积极工作一星期，那是真的。又说他喜欢找女性，那大约也是真的），在厦门分派他的工作（马路的）他还是干，不过工作精神实在不十分紧张。当时因为他，①是工人成分；②还表现忠实；③在市委推动之下，还可以积极工作。市委准备尽量帮助他转变，把他培养起来，根据这几个条件和当时破坏的情形之下，所以提他起来参加常委。不久，琼同志由上海回来了，于是常委又依然五人，包野、丘九、杨（常委），琼、铁（执委）。当时外县尤其安溪与漳州的客观情形很好。但那边县委不能很好的转变工作，所以决定包野到漳州一星期，丘九到安溪一星期，布置那边的工作。后来因为包野在符大千被捕之后，不久便病了，所以决定丘九先到安溪。丘九下午四点到了安溪，当天六点钟便跑到队伍里面，开了特支会议，又和同志个别谈话。到夜间一点多钟的时候，守卫的报告有敌人来，起初以为是十九路军，后来才知道是土匪。队伍决定打土匪，先抽精干的十人，持驳壳枪，由正、副队长领导，做前锋去侦探敌情。丘九在后方布置队伍，一时冲动起来，提一支短枪，子弹仅五、六发，走到前锋去。他不熟地势，又在夜间，再加以队伍的布置不十分周密，前方与后方没有很好的联系，也没有进退的记号。丘九只是瞎前进，循着大路下山。而我们的前锋与土匪接触之后觉得敌人势大（有八十多人，我们的队伍当时只有四十多人），知道打他们不过，所以便悄悄从小路退上山去。丘九同志不知道，以为前面就是我们的前锋，沿着大路前进，结果碰不到我们的前锋，却碰了土匪的哨兵，于是丘九同志便和哨兵开火。根据农民报告，当夜土匪被打死两人，丘九同志亦因此而牺牲了。丘九同志牺牲之后，市委只有四人，旧的常委，只有包野。再加琼同志及新提拔的杨和铁，杨同志工作实在不紧张，参加常委实在不够。琼、铁很积极忠实，但幼稚。最近又拟要在支部中提拔四个同志：一个新店员支部的同志，他可以做印刷工作。其余三个，是禾山支部一个，木业支部一个，码头支部一个。决定组织一个工作委员会，形成的训练班，一方面上课，一方面做工作。但因为没有相当的地方，所以还没有开始。

这次的破坏是机关的破坏和干部的被捕。支部方面，除了店员支部和老赖所负责的咖啡支部塌台外，其余支部还是照常。并且在破坏期间，新建立了三个支部：禾山的一个支部（现在还可以再成立一个支部），厦门的码头支部和新建立的店员支部。斗争方面如煤矿工人，倒粪工人，码头工人的斗争，都没有发动起来。这是因为在破坏的期间，工作虽然没有停顿，但却充满着保守性质。就是几个地方的发展，也是本着和平发展的方式，并且发展还远落在客观形势的后面，特别是红五月工作很差。现在已经发动起来的，只有学生反对会教［考］的斗争，海边学校的罢课。主要的原因之一，是因包野害病，虽然带病去跑，可是跑了几天，又倒几天，不跑，对于各方面的领导与推动很不够。另一方面，建立不久的印刷机关，又因环境不好，不能工作。至外县的情形，尤其是安溪，那边最近分粮分谷子及抗租抗捐税的斗争都热烈的爆发起来了，党和队伍有大开展的前途。同安和德化将成立游击队，现已成立特务队，这就是在破坏期间中最近的情形。

3. 破坏的经验：

（1）老赖不应该知道党所有机关。虽然所有的机关是老赖过去当秘书长时建立的，但新市委成立之后，已获觉老赖有问题，而不能迅速的解决。当时的经过情形是这样：常委会（三人）讨论关于机关的问题，决定（一）秘书搬，不给老赖知道。（二）印刷机关搬，也不给老赖知道，房子由组织与书记负责去找（符大千与包野）。结果符、包找不到房子，因为外方人，碰了许多钉子。老赖得到要搬房子的消息，便自动找了两三个地方，向常委提议。当时因为①印刷机关租期到了，必定要搬，再住也不好。②老赖所找到的地方，环境确是不错。所以常委又再决定（一）印刷机关暂时搬到老赖所找的那个地方一个月。（二）老赖派到漳州去巡视。（三）提拔一个新的干部来做印刷工作，房子由他自已找，只宣传部一人与他发生关系。（四）秘书可搬到鼓浪屿去。但是这一决定之后不到一星期，老赖就被捕了，这还是没有用铁手敏捷解决问题的错误。

（2）不能应用过去破坏的经验，注意秘密工作，提高同志的警觉性，使许多同志对于决议与通知等于具文而不严密的提出纪律来。这明显的对于秘密工作执行纪律的松懈。

4. 几个问题要求中央解决：

（1）包野同志，根据客观情形，暂时确是不能离此地。

（2）常委暂时由包野，琼（原来参加执委的，负责发行部，曾派到上海还没有训练而回来的）和铁（台湾人，原来参加反帝党团，老肖来巡视时，曾派他到上海当交通，中央交通站因为他技术不好，尤其是不大会说普通话而不要他的）三人参加，中央同意不同意？

（3）团同志转党的问题：

A. 唐转党，市委曾经决定并且正式通知团市委，团市委也无意见。不过当时的决定，必须等到代替唐同志工作的同志到厦后，唐才可以转党。一直到现在，唐同志并没有转党。最近团中央来信，坚决反转［对］唐转党并提出种种意见。市委认为团中央并没有根据市委实际决定的情形来发表意见，市委决定唐转党的先决条件，是要有代替他的人，不妨害团的工作。市委这样的决定是正确的。不过就目前实际的情形来看，福州团成了问题，只存小郭一人。所以必须把代替唐同志工作的蒋同志派到福州去，担任那边的书记。这样，唐同志就不能转党，市委只有自动取消唐转党的决定。不过必须将此问题报告中央，向团中央解答。

B. 高其范同志转党的问题，市委是这样的决定，团中央也表示反对，这问题需要中央解决。市委只把几点意见报告中央，要中央解决。

（a）高其范到厦门来，团市委派他做发行工作，市委以为不适宜。

（b）如他转党，可以参加执委担负领导一个党团的工作，反帝的，互济会的或文化的，同时又参加宣传部，负责一部分训练班的工作。不过，

（c）他带了小孩子，这对他的工作有很大的妨阻。而他的观点，就最近的观察，又确有些错误。

（d）他最近要求到苏区去。

（4）这次从东江来了两位同志，一名周大林，一名陈

玉山。据说是参加东江特委的工作，因东江发生问题失了联系，跑到香港找不到省委，又跑到厦门来，找得市委。因没有介绍信，只和他们发生间接的关系，现在把他们给市委信转上去，请中央查明答复。

（5）《申报》载张秀兰（贫农）被捕，估计当是黄励同志之误。黄励同志是一位很好的同志，他这次被捕，不知能不能营救他？又他被捕之后，现在怎样，他还是在上海或已解到南京，他是被枪决或是被判徒刑。这消息，请尽量告诉。十二分的希望。

此致

布礼！①

（注意，这报告是五月二十三号写的。）

包野

七月二日

选自中央档案馆、福建省档案馆编，《福建革命历史文件汇集（厦门中心市委文件）1933年—1935年》，1984年6月。

---

①本文标点，编者作了部分改动。

许包野

关于闽南组织情况给中央的报告[1]

（1933年8月1日）

中央：

五月间市委曾派交通往上海，按照中央与交通所约的地方去找关系。同时市委写了一封信到中央所给市委的通讯处，通知中央，交通一到，请派人接头。交通在上海等了一星期，等不到接头，狼狈而回。以后市委再写信给福州转给中央，又再写信给团中央转，总接不到中央的答复。断绝关系几个月，市委受到很大的损失。现派琼同志到福州，由福交通带往上海，恢复市委和中央的关系，解决市委的问题。

1. 市委在六月间老赖解往漳州之后，工作才正式恢复起来，从保守的阵地跑到进攻的路线。一方面是因为闽南的革命形势，已进到另一个新阶段，资本更加紧的进攻，统治阶级更加强的压迫，群众斗争中情绪更加高涨，所以我们的工作，更因之有迅速的发展。在这两个多月的中间，尤其飞快的发展的，是反帝工作与工会的工作。反帝是用民众反日救国会的名义，公开号召，公开派宣传队去冲工厂，召集

①1933年6月以后，中共厦门中心市委组织正式恢复工作，许包野将闽南地区的党组织工作状况报告中央。

群众大会，鼓动群众的反帝情绪及发动群众的斗争。关于纪念“八一”的工作，也是用反日救国会的名义公开号召的。工会的工作也是很快的发展，尤其是码头、木业、小贩、马路这几个部门。曾发动和布置了几个小的斗争，如挑粪、渔业、小贩、打石、挑工、码头等斗争。互济会也有相当的发展。又新建立了文化团体“南方剧社”“文化旬刊”和发生的刊物。团也有些发展。而党本身的支部，从市委破坏以来，新建立的有禾山支部、厦门的码头支部、厦港支部、饭店支部、小贩支部、混合支部，现在总共有十个支部（就是加上旧的鼓浪屿的码头支部、马路支部、店员支部和下海（煤炭）支部）。在破坏中，我们损失了咖啡支部、店员支部（现已恢复起来），又文化支部流动，只存两三个同志。现在准备在“八一”运动中，又可建立几个新的支部，这是关于厦门的工作。

关于外地的工作：我们在破坏以后，开辟了禾山（属厦门）的工作和金门的工作，开展了泉州和同安的工作。自四月十三，派丘九到安溪巡视，不到半天便牺牲了。之后，我们召集安溪中心县委的书记两次到厦门来，讨论安溪的工作。安溪的工作，在近几月来有很快的发展，群众斗争十分高涨，尤其是分米分谷子的斗争，更几乎普遍的爆发了全安溪。在斗争当中，党的威信在群众中大大的提高了。

2. 改变对土匪的策略，我们提出过碰到土匪就打的，虽然据说是群众要求的，还是富农路线的残余。我们说明土匪应该分别看待，安溪中心县委于是发许多《告绿林兄弟书》给土匪。土匪要求我们收编的，零碎的不算外，有供观兰的土匪军队两连，有百七、八十人，枪五十多枝，安溪中心县委已把它编成闽南游击队第二支队的第三大部［队］。据安溪中心县委同志报告，供观兰是好的，他是集美中学的学生，安溪县已介绍为同志，他要求到厦门来训练，市委已答应安溪县委的要求，不过要安溪县委切实负责观察他，并加紧其队伍中的工作，使他在离开队伍时，队伍可由我们派去的工作同志领导。

3. 关于第二支部［队］的基本队伍，我们提出在一个月中发展到一百人的口号（即发展一倍）。安溪中心县委讨论之后，接受市委这个口号。在两星期报告，已发展到七十五人了，枪枝充足，其他如特务队，自卫队，少先锋也比较进步的有系统的组织。并且能独立行动，如打土豪，打收捐员和分米分粮的斗争，完全纠正过去靠游击队包办的错误。但因此引起反动统治的十分恐慌，十九路军加紧的进攻，十九路军更勾结土匪，命土匪办民团，取消对高义（汉奸，土匪被日本帝国主义所指使的）的通缉。起初十九路军几次进攻赤区乡村的时候，受够我们几次的打击，尤其是受到第三大队的打击。十九路军很紧急的在泉州开了几次的军事会议，结果，张励亲自出马，用大烧大杀的手段和欺骗的方法来进攻我们。黄口、湖头两区已被十九路军蹂躏，被杀的四十多人，被捕的一百多人。现在我们的基本队伍（即是第二支队，分为第一第二两大队），决定向永春、南安两处游击，一方面发展白区的工作，一方面转移敌人的视线（详细情形，参看安溪报告）。

漳州的工作没有大转变，群众的斗争，没有广泛的发展起来，游击队行动不能充分配合群众，还停留在军事冒险的残余。两星期前已派巡视员到那边解决问题并帮助那边转变工作。同安方面成〈立〉了两百多人的武装队伍，特务队与自卫队等。不过同安的队伍，成份很不好，多是过去海盗和土匪、流氓。我们决定整理同安的工作，同安的工作是新建立起来的，一星期前已和同安两个同志开过同安会议。对于整理队伍方面，决定抽出一批□的派到安溪去参加游击队一时期，回来建立同安的游击队。我们准备在“八一”之后，调一批比较得力的干部到同安去负责工作。这是关于外地的工作大略情形。

现在还有许多问题须报告中央，要求中央答复。

1. 自从和中央断绝了关系三个月以来，没有接到中央一点文件，我们在工作上受到无限大的损失。现在要求中央尽量的把文件寄来，公开的可经常由海员带来，这里的海员关系还是好的，公开刊物由海员带来，这里已和中央发行部说定。现在请中央通知中央发行部加紧这条发行路线，因为现在各处要求我们的刊物很迫切。

2. 义华同志（前厦门市委的书记），“九一八”行动被捕，经营救被逐出厦门。中央曾要他去上海，他到上海找不到中央，失了联系。中央曾来信查问他的所在，当时不知道他的下落，最近才得到他下落的消息。中央现在对他将如何解决?

3. 闽西交通两月前已找到了市委，中央前派来专做闽西交通站的郑同志已找不到，是不是中央调他和市委发生密切的关系？最近这几天，龙大站派来一位林同志给我们，专做从厦门到南靖站的交通。由南站到各站仍有一个交通，这条路线现在是很好，敌人比较放松，带人带物带文件都可以。他们要中央的文件很急，请中央赶快寄来，文件请〈用〉布或书籍装最好。

4. 前在厦负责闽西站的老符已回厦门，住在美化。中央对他的问题是如何处置的？他不要求与他发生关系。又他的哥哥（海员出身），听说是东方局派他回来去解决马来问题，但他又回在厦门住了许多时间，说是要回到上海。中央对这，须要注意。

5. 老毛（就是那个会说广东话的老毛）当老赖被捕时，他表示动摇。他明知老赖公开的叛变，破坏机关，在马路上等抓人，又带侦探到同志家里搜查，但他对同志说，老赖叛变，我是应该原谅他的，因为他受刑不起。他积极的要市委设法营救老赖。他几次问市委："市委到底理他不理他？"市委答应他"现在没有"，他在会议上说：他要尽他所有的力量去营救老赖。同志们和他斗争，他说是的，他知道这是他的错误，但他没有办法，因为他的感情超过阶级的。同志们检查工作，批评他消极怠工，机会主义，他不开口。会完后，他对市委的同志说，他的问题他准备写一封信给市委，他家里还有许多书籍，还［要］市委派人去拿。他以后便没有和市委发生关系了，他的信也没有交来。同时，同志们发现他有几个可疑的地方，所以当时市委决定开除他。他后来更和那些被党或团开除的消沉分子勾结在一块，进行什么组织，进行破坏我们的工作。最近根据支部同志的报告，他曾带领武装侦探在□□处等人，有些同志要求解决他，我准备成立特务队，中央对这点有什么指示。

6. 市委的问题。自四月十四日接到中央的指示信，中央不同意丘九和老杨参加市委，中央的意见是要把工作委员会成为市委。实际上当时工作委员会三人，一人被捕，一人家里被搜查而动摇跑到外县去，只剩下铁同志一人。而当时铁同志是开辟禾山的工作（属厦门，跑路去要几点钟），所以才有提丘九和老杨。后来琼同志由上海回来了，而中央的信到后，丘九同志又在安溪牺牲了，所以我们又重新建立工作委员会。工作委员会参加的有五人，即琼、铁、杨、高、包。后因高其范的问题未解决不能参加，而新提拔的几个干部，已分配在几个群众团体负责，不能调动。如互济会的提拔新干部工人做互济会的党团工作，反帝的党团是新提拔的。工会提拔三人参加工会工作委员会。海员提拔一人，在“八一”运动中间准备提拔干部，又准备在外县提拔一批来厦门训练。我本已决定成立训练班，但因地方和经济的关系，不能实现。现在我们提议，常委由铁、琼、包三人参加。中央同意不同意？琼到上海，中央可直接和他谈。但须快的派他回来，因为这里须要他。

包野

一九三三年八月一日

选自中央档案馆、福建省档案馆编，《福建革命历史文件汇集（厦门中心市委文件）1933年—1935年》，1984年6月。

许包野

关于福建省党组织情况向中央的报告①

（1934年5月25日）

中央：

现把福建最近的情形报告：

自从“人民政府”塌台之后，李平同志同进中区（他动身之后三天才接到中区要他来申报告工作的信），包野同志正准备去福州。这时候，适逢黄会聪同志从中区回到厦门，带来一封“中央给福建省委和厦门市委的指示信”。于是厦门市委立即讨论中央的指示信（本拟召集扩大会议，因环境关系，所以又决定分开讨论）。经过同志热烈的发言，认为中央的指示完全是正确的（有厦门市委的决议）。同时也正是安溪和漳州的巡视员回到厦门来，于是又根据中央的指示和厦门市委的决议，重新布置了漳州、安溪、同安、惠安……等外县的工作。打击了尤其是漳州不敢分土地，认为“分土地目标太大，会引起敌人的进攻，赤区地广人少，群众没有斗争，因有祖师公的剥削，群众太落后，干部没有办法。”等等右倾机会主义的观点。又重新建立了厦门市委

①1934年5月，许包野针对“中央给福建省委和厦门市委的指示信”，重新布置闽南地区的革命斗争工作，并向中央汇报福建党组织的相关情况。

（李平同志将进中区的时候，又恢复了厦门中心市委）。当这些问题结束，各同志正在分头动身，吴和周两巡视员再去漳州和安溪，会聪同志准备去漳州，包野同志准备去福州，工会和团各派一位同志去福州，加强福州的团和开辟福州的海员工作。可是刚在这时候，便发生了交通汤的叛变。汤的叛变，破坏了互济会的两个群众地方，一个是少年照像馆，一个是益安医院。少年照像馆被捕去八人，益安医院被捕去二人。蔡协民同志是住在益安医院的。又在鸿发栈捕去两位同志，是由上海派去中区训练的，因他们在厦等了两个星期左右的时间，便认为他们的训练期间既经满了而坚决要回上海，临动身的早晨便被捕了。总共被捕去三位同志，四位互济会的会员，其余的都是非组织的群众。当我们接到汤的叛变，便立即一方面通知龙岩站戒备，一方面开始特务工作要来解决汤。但刚在这个时候，又接到了福州破坏的消息。福州的破坏，据说是仓前山那个地方是党开会的地方，但团也知道那个地方，互济会反帝也知道那个地方。党的会议在那里开，训练班也在那里开，扩大会议也在那里开，没有地方住的同志便介绍到那个地方去住。总计知道那个地方的有五十余人以上。甚且还有隔壁住了一个“不好”的汽车工人，他曾经说出只要有三数十元，便可把他如果知道是共产党的说出来。然而这些还不能引起我们福州同志的警惕，总不迁徙而终于破坏了。破坏之后，又因一些叛徒的叛变，而牵动到福州整个的组织。当我们接到福州破坏的消息不到几天，便又接到“从福州来了一个姓周的（周剑心）要找关系”。周剑心到厦门，首先是去找陈少尧（是一个过去被福州市委决定留党察看两个月，后来被厦门市委开除党籍的分子）。陈少尧便和他去叶映烦家里（是一个没有组织关系的，过去是同志）。在叶的家里便碰到秀真女同志（秀真女同志常到叶家里的）。经过陈少尧的介绍，周剑心便向秀真女同志找关系（要找包野同志谈话）。秀真女同志答应他可以传达，但关系不大好。于是周剑心又要求秀真女同志介绍琼香和水英女同志和他谈话。又问罗明同志和孟平同志是不是已进苏区？秀真女同志答应不知道，大概已进去了。秀真女同志回来之后，便把这经过告诉党的宣传部和团的负责同志。团的负责同志没有经过讨论便硬派水英女同志去和周剑心接头。虽然有嘱咐她：不要发生组织的关系，只是个别的关系，不要多说话，只问他福州的情形。于是水英女同志和周剑心接头之后，周剑心便告诉他福州破坏的经过，并说他（周）自己也险些儿被捕。现在他来厦门要找关系，要水英女同志传达，并说他在厦住的地方和他这次来为什么没有介绍信，则只有和包野同志谈话时才能告诉。并约定和包野接头的时间和地点，要水英女同志转达。水英女同志回来便把这经过告诉团的同志，团的同志便转达过来。于是我们讨论这问题，认为周剑心来厦门不出这两点：1. 不是福州破坏之后，他仓惶失措，置福州的工作于不顾，而逃来厦门；便是：2. 被捕之后叛变了，要来厦门破坏组织。但无论如何，总是不好。同日，我们又接到福州一封信，报告福州破坏的一些情形（那封信前已抄给中央）。虽然我们当时对那封信还表示怀疑，因不知谁写的。但对于福州的情形，已大体的相当知道。所以决定不和周剑心接头，只要周剑心把福州破坏的情形及他来厦门的原因和任务，详细的写一个书面报告来，然后才来解决他的问题。然而这意见还未转达过去，当晚便发生了团秘书处和党团的印刷机关的破坏。这两个地方的破坏是同时在晚间十点多钟。团秘书处的破坏，损失了许多文件，并被捕去水英女同志和她的爱人俞同志（是刚刚从福州跑到厦门的）。印刷机关的破坏只损失了一架油印机。住在机关的两位同志（即秀真女同志和谢同志）能机警的跑脱。后来根据报告，团秘书处的破坏，敌人整整布置了三天晚上没有动手，等到最后一天，即是周剑心约和包野同志接头而包野同志不去的那一天便动手了。周剑心破坏了这两个地方之后，又积极的继续捕去蔡光宗同志（过去在闽南被捕，这次闽变从福州监牢里释放出来的同志），和在厦大及别的地方抓去和我们没有组织关系的群众，总共八人。当我们接到这两个地方破坏的消息，立即便肯定是周的叛变，于是立即加紧戒备，一面提出反叛徒的斗争（加紧特别的工作，组织打狗队）。首先就要来解决汤和周这两个叛徒。但是周在厦门，很少同志认识他，并且后来根据同志的报告，说周已回福州（也许会来上海）。我们当时对于周离开厦门的消息，虽然不完全相信，但也以为有可能。因为他在厦门已尽他所有的力量去完成他的狗任务，再进一步他是没有办法了。但另一方面我们又顾虑到敌人也许会从福州再调其他叛徒如陈之枢之类来厦门继续破坏。于是把叛徒所知道的一些地方通通变动了，使厦门不再受狗影响。至对于汤则经过互济会介绍给特务队，特务队已于上星期动手解决他。可是“因为开两枪开不响”，被他发觉逃跑了。根据报告，汤说要跑去漳州，但不知道是不是的确。

关于厦门的工作，自从讨论了中央的指示信和重新建立了厦门市委之后，就定出了一个月的工作计划，包含红五月的工作在里面。可是在执行这个计划中间，还有许多的弱点。首先就是关于斗争方面，抓不大紧，譬如那次罢海的斗争，虽然是经过我们同志的发动（在黄色工会中起作用），但所决定的慰问队和宣传队等……不能很好的组织和出发，在斗争中我们没有得到什么可观的成效。此外如电灯、自来水、汽车、清道夫等斗争也没有很好的发动起来。只能找出了一些的关系，而还未能在里面建立起我们的组织。只有新新艺术社和厦门日报的斗争，是得到了一些小的成绩。新新艺术社的斗争初步得到了小的胜利。又如动员了“参加”厦门“新生活运动”，只能做到有零些［星］宣传队出发和发散我们的传单，而不能达到扰乱他们的会场和提灯会。反帝的工作，虽然在目前召集了一次三十六人的反帝代表会，但因没有更具体的给反帝代表的任务，所以形成了代表会议完结之后，反帝工作没有看见大的开展。尤其对于反帝纲领，御侮救国会的纲领，也没有得到怎样具体的表现。对士兵的工作虽然决定各支部要建立兵委，最低限度每支部要决定一位专门负责推动士兵工作的同志。但目前士兵工作，虽由支部同志找出几个士兵的关系，而还未能把士兵工作有系统的建立起来。对拥红的工作，厦门比较有一些成绩。在最近不到一月中，厦门动员了数十人去漳州和安溪当红军和游击队。厦门决定给漳州红三团的“厦门工人连”的计划，估计是能够完成的。同时募捐慰劳红军的运动，尤其是对安溪游击队二周年纪念大会的选派代表及募捐，是得到一些成绩。对发展党员的问题，厦门决定进行征收党员运动，并在一个月的工作计划中决定发展一倍党员。根据前星期的报告，已介绍了将近五十位新同志，只是工会便介绍了三十七人。目前正在发动各群众团体的竞赛。首先是工会和团，反帝和互济会的竞赛（本来还发动漳州和安溪的竞赛，后因漳州“工作紧张派不出代表”和安溪因敌人进攻，会议延期，所以没有实现）。用竞赛的方法来加紧完成一个月的工作计划，并开始布置“五卅”的行动。关于宣传方面，除开了口号传单能经常的写贴外，党把中央“斗争”的文件编成“革命丛书”，已出版到第三期，又出了一本公开刊物“舵”。第二期的稿件，大体已编好，不久可出版。油印的东西，因印刷机关的破坏，受了一些的影响。但还能找出补救的方法，如借用油印机等，还不至于完全中断。对于干部问题，有几位同志的环境的确不好，譬如团的负责同志就在上星期和侦探“武装冲突”，七个侦探追他一人，结果他开了三枪终于跑脱。于是我们决定团立即把下面的同志提拔起来，建立了团的厦门市委。并要团的负责同志把工作经验全般的交给新建立的团市委，准备团的负责同志无论什么时候，都可调动到无论什么地方去工作。另一方面，又注意到各群众团体如工会反帝和互济会的党团，提出干部的对象，准备补充党团。同时准备把现负责党团工作的同志（比较没有色彩的）提来参加市委，改造市委，然后把市委有色彩的同志调到福州和外县去。这个计划虽未实现，但已有相当的头绪。

对外县的工作。漳州方面，当市委根据了中央的指示信，重新讨论了漳州工作之后，由吴巡视员和黄同志去漳州，召集了第四次扩大会议，开展了两条战线的斗争，打击了右倾机会主义之后，工作已有转变。不久以前，党发动了七百多群众（报纸载千余）去进攻敌人。五寨之役，把马鸿兴的部队一百六十余人，打得落花流水，缴他不少的枪械。

又最近的消息，红三团打到南胜（和饶和埔接近的地方），东江方面又打过来。目前正在加紧完成漳州、东江和饶和埔打成一片的任务。赤区的土地是已经分了。虽然在分土地中还有许多的缺点，如“和平”的分。但群众的斗争情绪是发动起来了，边区的群众就来要求我们去分。关于特委的问题，因东江的代表没有到，所以还未正式开会成立。目前只由黄同志，吴巡视员和何鸣同志（前中心县委书记）三人组织临时特委在那里工作。漳州还有一些问题，就是在扩大会议以后，还有个别同志继续他们的错误。主要的是张德秀同志，他在扩大会议中，表示勉强的接受他的错误。但在扩大会议以后，他和许继伟同志，做出为掩盖他们的错误，并用曲解和武断来诬蔑市委企图鼓动反对市委的文章，登在第三期的“火线”上。并且这期的“火线”的编印，完全没有经过常委的讨论，也没有征求负责同志的意见，只由张德秀同志一手编成付印。印出之后，负责同志才能得看，才知道内容是“开展这样的两条战线的斗争！”市委接得漳州的报告和看了“火线”之后，便讨论这个问题。结果又写了一封信给漳州县委，指出张德秀同志的错误，并决定给张德秀同志以严重警告并要他写申明书，给许继伟同志以警告。同时要把这斗争扩大到全党来教育全党的同志。安溪方面，最近工作也有相当的开展，群众工作已发展到接近泉州和同安这一带，有许多过去损失的区域，主要如官桥、源口等的工作大部份已恢复过来，队伍已扩大到百余人。在将近一个月中，不断的进攻敌人（民团等），收缴了总计有一百五十支以上的枪械。不过土地还没有分。据说是因为农民已下种，要在收获之后才分。目前安溪敌人加紧进攻，交通有时断绝。自周巡视员去安之后未接到报告，所以对那边的情形还是一般的了解。其他如同安、惠安等地的工作，则目前在加紧发动和开展游击战争，组织抗日义勇军。海澄方面，最近是经过反帝，用不卖日货大同盟的名义去号召，开辟了那边的工作，组织了四、五百群众，已决定建立了一个工作委员会，准备把那边的工作建立之后，和漳州和石码的工作联接起来。

总之，关于闽南各县的工作，漳州现已建立特委，由中央直接领导，可无问题。目下只有安溪、同安这一带，应该加紧这边的工作。我们认为泉州是一个中心的地方，准备在省委之下，在泉州建立一个中心的领导机关，来加强领导安、南、永、德、同安、惠安以至莆、仙各县的工作。但这个计划要去实现，还须中央决定。

对福州的工作，当我们接到福州破坏消息的时候，便提出到福州去恢复工作的口号。但福州的情形是一天天的严重了。由工会和团派去福州的两位同志因站不住足而转回厦门，于是我们觉得对福州的工作只有去重新建立，找关系或恢复是没有把握了。所以正在从各方面去找出可以到福州去，首先是怎样去建立机关的同志。可是正在这时侯，又接到了于洁和叶同志来厦门找关系，他们首先是找到团的，然而团的同志因受够了周剑心叛徒的教训，所以不敢和他们〈发〉生关系，也没有很快的报告出来。等到过了两天，在党的会议上才报告出来。于是我们一方面因为福州被捕的名单没有于洁和叶同志这两位的名字，另一方面则根据一些同志的报告，这两位同志是好的。因此我们决定布置一个地方和他们接头，由团的同志去带他来，但是已过了三天了，他们已经回去了。于是我们又决定经过他们所找到关系的地方去找他们的关系，并要他们再来厦门。如果他们真的没有问题并且能找到他们关系的时候，则福州市的工作便可较快的恢复起来。同时福安、连江及各县的关系也可以找到。并且根据最近才接到的中央的信，所决定福建省委的名单，则于洁同志和叶同志是参加常委的，如这样，则省委的大多数还依然健在，工作还能够进行的。[①]

包野

一九三四年五月二十五日

选自中央档案馆、福建省档案馆编，《福建革命历史文件汇集（省委文件）1931年–1934年》，1984年5月。

①本文标点，编者作了个别改动。

邓振询

邓振询（1904-1943），又名邓仲铭，江西兴国人，中共党员。

1928年加入中国共产主义青年团

1929年转为中共党员

1932年任江西省职工联合会执行委员、组织部长、委员长

1933年任全国手工业工会委员长

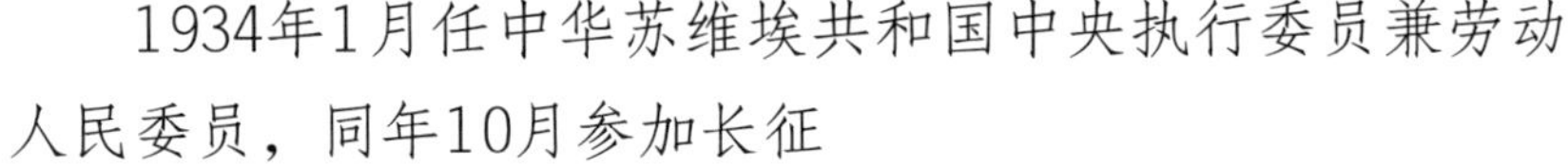

1934年1月任中华苏维埃共和国中央执行委员兼劳动人民委员，同年10月参加长征

1936年任中华全国总工会西北执行局委员长

1937年任陕甘宁边区政府民政厅厅长兼工农厅厅长

1938年任中共江西省委副书记

1939年任中共皖南特委书记

1940年任中共苏皖区委书记

1943年3月任苏南行政委员会、苏南区行政公署副主任

1943年8月在南京近郊反“扫荡”战斗中牺牲。

苏南工作报告[①]

（1942年1月21日）

同志们，我报告以前要声明的是：（1）这报告是没有系统的，并且没有什么材料，只靠想一点讲一点；（2）不能包括整个江南问题，只是一部分的；（3）有江渭清同志的补充报告。

第一部分　江南的一般情形

（一）地形及区域的划分

1. 江南是个相当宽的地区：东至上海，西至南京，约800里长，有350里宽，南从天目山孝丰起，北到长江，包括浙西的一部分。该地区基本上可分两块；国民党及敌伪统治的一块，在敌伪顽之间的一块。我们从孝丰到溧阳前马、上兴埠以北。吴江到孝丰都是国民党区域，其中一部分已沦陷，大部国民党控制，南北约64里，东到西约120里。另外在钱塘江以南，余姚、绍兴以北还有一块。

①1942年初，中共中央华中局在江苏省阜宁县召开这次扩大会议，这是邓振询代表中共江南区委向会议作的报告。

可再分小块：（1）余姚地区周巷以东，古窑浦以西，是一块长120余里，南到北宽三四十里，敌顽之间的地区。没有接上地方关系，有部队800余人。（2）第二块是苏嘉路以东，南汇以西，淀山湖是敌占区，国民党有军队，我有灰色武装，叫路南地区，余姚也在内。（3）太仓以西到镇江，铁路以北，长江以南300里叫东路地区。（4）西至南京、当涂，北至长江，东至武进，溧武公路以北，铁路以南叫茅山地区。（5）溧武公路以南，前马、上兴埠以北，长荡湖以西，石臼湖、溧水以东，约60里，叫黄金山地区。（6）长荡湖以东，太湖以北，苏嘉路以西，叫太湖地区。（7）溧阳以南，天目山以北，京杭国道以西，宣城以东，叫郎广地区，或苏皖地区，是国民党统治区。（8）太湖以南，天目山以北，苏杭路以西，京杭国道以东，叫浙西北地区，也是国民党统治区。

又可分小块：（1）路东可分3块：常熟至苏州到太仓之间叫苏常太地区，约50里；江阴、常熟之间叫澄锡虞地区，长约120里，宽约80里；江阴以西到镇江叫西路地区，又名丹北地区，长约120里，宽约20里。（2）路北分两块：茅山区：镇江、丹阳、金坛以西，镇江以南，溧武公路以北，天句公路以东；江当溧区：天句公路以西，南京、当涂以东，石臼湖至溧水以北。（3）溧武路以南为溧高地区（即溧阳、溧水、高淳）。（4）太湖区分长漏区、太滆区、苏西区。

2. 特委划分：新四军初进入江南后划分两个特委：苏皖特委、苏南特委，以溧阳、高淳为界，还有一个是东路区。从前年3月基本上划分国民党地区和沦陷区。国民党地区叫郎广地区，即溧高的一块；西路地区叫丹北地区，是第一游击区，铁路以南叫第二游击区，天王寺、句容以西叫第三游击区，溧水以南叫独立游击区，现以特委为单位划分：

（1）路南特委——浦东、南汇，在苏州、杭州以东，分三个县委，武装800余（半公开的），党员500多，从去年2月接的上海领导的，开始有100多党员，后浙西划来300余，发展了一些，现有500多，没有政权。

（2）东路特委——下有两个工委称直属五个县委。第一，苏常太工委（即第一行政区）有三个县政府，一个专署，区乡公所不清，500余党员，武装有警卫第二团8个连，500人左右，因清乡损失。第二，第二工委——西路工委（即第四行政区），包括山南、山北、武进、扬中、澄西，有5个县政府，25个区公所，280个乡，党员4000多，武装是现在的51团，约900人，及县区常备队约100余人，及江防司令部七八十人。该区尚有国民党部队（忠救）约六七百人。第三，直属五个县为沙洲、江阴、锡北、虞西、无锡各县委（即第二行政区）。有4个县政府，1个锡北办事处，党员1000多，武装是警卫第一团及无锡警卫营，共约600余人，8月已全部退出，后又进去4个连（约400余人）。

（3）路西北特委——茅山区（即第五行政区），有江宁、丹阳、句容3个县政府，1个镇江办事处，共17个区，党员不满2000人，武装有一个警卫团（500人左右）及县区常备队约100余人。

（4）路西南特委（溧武路南）——即第六行政区，有5个县政府（溧阳、溧水、金坛、宜兴、武进），25个区，2000多党员，武装除主力外有地方武装约600人。

（5）苏皖特委（溧阳、高淳、郎溪、广德、宣城）有四个县委，900余党员，武装10余人，秘密的。

（6）浙西北特委本有5个县委，党员五六百人。

3. 基本地区与游击区的划分

（1）茅山地区——前一、二支队老地区，基本游击区可分东昌街以南、句容以东、南镇街以北，宝堰以东、天荒湖以西，最有基础的地区是4县交界地（即金坛六区，句容一、二区，镇江六区）。能立足的地区是直溪桥以北、天荒湖以西、宝堰以东、丁庄以南，至西旸桥30里内无据点。宝堰西、东昌街南、南镇街北地区。东到西20里，南到北30里无据点。茅山区除此二个基本区外，余为游击区。

（2）黄金山区（较有基础的黄金山区）——亦为过去老根据地，是前马北、直港西到溧水，横直30里无据点，敌伪顽之间一块。

（3）镇丹武扬区——沿长江长70余里，宽10余里，内无据点，以上为基本区，可立脚，鬼子大部队才敢来。

（4）以东安镇为中心的一块叫张村、儒村、东安，无据点，中间两条公路，横直90里，现被张少华占据。

（5）太滆区——寨桥、和桥间20里无据点，靠太湖边尚有一块叫扶风桥地区，20里无据点。在江阴、无锡以东的一块（6月前很好），南北80里无据点，东西亦80里无据点。

我们部队转移地区是延陵、句容、黄金山、太滆地区，并可到南京附近游击，除此以外全为游击区，过去马陵是土匪部队地区（匪首刘逢庚），最近较好，第五行政区保安司令部独立第二营小部队还可去游击，即丹阳一区。

无锡以南叫锡南地区（太湖地区），南方泉与南桥间有太湖县政府，部队叫太湖支队（新四军番号）。

4. 铁路、公路问题：在我活动地区，除京沪铁路、苏嘉铁路、沪杭铁路外，尚有20余条干线，10余条支线，现在继续在修。

5. 河道湖沼：在我们活动区有太湖、长荡湖、滆湖、石臼湖、丹阳湖，还有若干小湖等。（1）金坛以北以东，长荡湖以东之河道，可通汽艇；（2）金坛以西之河道，不能来汽艇，叫内河；（3）澄锡虞地区，大都可通汽艇；（4）由苏州一直出江到福山、大港口，新老横河可通汽艇，由武进到扬中可通汽艇，经常运兵，有时运货。

6. 山：（1）金坛的茅山有据点——是个孤山，光山，很大，靠东有小松林，经常转移即到此。靠茅山附近还有二小山亦无树林；（2）句容北面九华山，南面瓦屋山，均有据点，人烟不密，有些树林；（3）从武进到江阴这块很隐蔽，二三百米远即看不到，多竹林，情况很紧张时可在此穿插；（4）常熟的嵩山（光）有敌人据点，兰山、江阴花山（光）、无锡鸿山（光）、斗山（光）、太湖东山、西山，均〈有〉小树林。此外即为不隐蔽之水网区，有些丘陵可供打仗时利用。

7. 人口（这方面无详细统计，只靠收田赋的多少来估计的）：

（1）苏常太、澄锡虞（东路）区有180万人；（2）路西110万；（3）茅山区60万；（4）太滆（溧武路以南）区120万。全地区共470万人口，在我统治下的即可收到田赋的约有一半。田赋的收入如下：（1）澄锡虞（第二行政区）可收140万，实收80万；（2）苏常太（第一行政区）可收80万，实收60万；（3）茅山区（第五行政区）可收200万，现收110

万；（4）路西南区（第六行政区）可收200万，实收100万；（5）第四行政区可收200万，实收到110万；（6）太湖东南可收100万，实收30万。每年收一季，共实收490万元。

8. 物产：（1）第一行政区（苏常太）主要为稻、麦、棉（棉田占1/3副业是织花布）。（2）第二行政区主要稻、麦，次要蚕。（3）第四行政区主要稻、麦，副业是蒲包。以上3区有1/10的壮年男女在上海、无锡、常州等地做工。（4）第五行政区主要是稻、麦，靠南京附近一块不好，平均每亩可收二石半实米。（5）第六行政区（黄金山以东到苏州）主要稻、麦，副业蚕，沿江一带土地每亩可产二三石米，旱年好，怕多雨。黄金山以西到溧水一带土地不好，平均每亩只收一石多，甚至数斗。该地区土匪武装约四五百，人民生活很苦。该地人民一种是外地人（多江北人），一种是本地人，界限很清。黄金山以西外地人多，以东本地人多，多为自耕农，最多的是武进某庙有6000亩地，其次丹阳一地主3000余亩，马厂一块公地3000余亩。靠江边多圩田，人民生活很苦，地主多以圩田租于外地人，有个地主叫沙大王，产稻、麦、黄豆等。丹北地区平均每人二亩田不到，每亩可收一石。（6）全区每年可收茧税1000余万。

（二）军事情况

1. 根据去年8月前参谋处的报告和调查，从上海到南京22个县中共有431个据点，多散布沿铁道线、公路线、长江、城镇、大村庄，铁路线据点最多（从无锡到镇江每隔3里即有1据点），沿公路重要地点都有（内外线都有，是保护据点）。无锡以东到苏州较少（有些是单线，外线无据点），每隔4里一据点。由句容到江阴据点很密，二三里即一据点，人数并不多。据统计，敌伪军约11万左右（敌占四五万），清乡时较多，现已较少。

2. 据去年11月29日的统计，金坛县东到西、南到北60里内，约30余据点。第五、六行政区（我们活动的基本区）有112个据点，敌伪共14300余人，内有敌5900余人，伪军约9100余人。鬼子进攻办法：在我们基本区内，鬼子来时兵力必大，经常采取突击方式，一般是三四路，战术上是步步为营，封锁政策，筑堡垒，修公路。

伪军情况：（1）讲的不一定确实，江南伪军总的系统是在南京伪中央军事委员会指挥下，可分江南第一方面军（任援道系统），下分和平建国军，有6个师，李长江7、8、9团亦受该系统指挥，驻镇江、扬中、武进。和建军经过训练伪化较深的，配备亦较好，共四五万人，是伪军中的正规军，分驻无锡、苏州、常州等地。（2）伪自卫团，以县为单位，人数不一，每县约1500人到3000人左右，直接为日本操纵，不受和建军指挥，并与之有矛盾。其内部人物大都忠实日本者，各伪自卫团长与县政府平行，均受过日本训练。（3）汪精卫直接领导的有特工大队、警护队及警备旅、和建军。特工大队以县为单位，人数不一，几十人到几百人，总的人数无法统计，每人都受过汪精卫的3个月训练，用便衣活动。警护队有3个旅，每旅1000余人，是保护华中矿业和道路，警备旅1个旅2000余人，专为对付我的，活动于南京附近。（4）顽军伪化的，与汪精卫直接关系，驻常州、无锡、丹阳最多，有张少华（2个团）、杨玉亭（1个团）、陆和裕（七八百）、罗春华（四五百）、蒋鼎生（1个团1000余人）共四五千人。这些人均是国民党员，穿伪衣来往据点间，与国民党的关系是国民党出入掩护，并可调些人到冷欣处去受训练，与我们也有些间接关系。反对我们最坚决的是特工大队与警备旅。特工大队多以便衣活动（我们牺牲的人大多是他们搞的），里面的成份一种叛徒或被我们开除的，或跟我们关系搞坏的，或地痞流氓，汪精卫的政治宣传组织活动都经过特工大队。（5）最可怜的是各市镇的警察所。

敌伪内部情形：（1）和建军各师长与任援道关系不好，故与国民党有往来（只是个别的），基本上还是忠实于汪精卫的。（2）我们进行伪军工作，主要还是搞伪自卫团，因其与敌人矛盾较大，是带地方性的。（3）伪军一般的不直接反对我们，下面这样说法："有一天过一天，新四军来了非改编"，问题是看我们力量的大小（并且唱我们的歌子）。

（三）敌人的政治活动

在中日提携反共的口号下来欺骗群众，发出许多宣传品，极漂亮的画报，主要用反对新四军共产党保护人民的话来宣传，报纸相当流行，发行又新又快，当天10点钟就可以看到。敌人主要的政治口号是建军、政权，靠近据点附近敌人经常有化装宣传、口头宣传、发宣传品，并带武装宣传，每县有小册子、报纸发行，主要都是对付我们。7月以后政治宣传上强调清乡和在清乡中的经济、军事建设，利用人民对抗战的疲劳现象。

伪组织有以下几种：反共青年团，每县设总团，区设分团，会员并不多，最多每县有200人，根据章程即可加入之，安清同盟会、伪自卫团，不脱离生产的爱护村，轮流放哨，沿铁路组织较健全，经常要查；新民会、大名会则不流行。经济上敌人采取封锁政策，农村及军队的必需品均被封锁，每人到城去只能买一套衣服。船装的盐大都均遭没收。敌人采用大规模的破坏民众经济，采取劫掠方式，主要抢粮、封锁，使群众脱离我们，如布较前年贵4倍。

（四）国民党的情形

在我们地区国民党共有9个师，可分以下几个系统：主要是冷欣、上官云相、刘建绪、忠救。从长兴天目山到溧阳，40 师、33旅、63师；从长兴到吴江，45旅、62师，忠救6个团；吴江以东52师；平湖一带1个师，刘建绪3个师在余姚。

此外还有些地方兵团：溧阳、句容、高淳等县有县政府武装，吴兴、长兴到嘉兴有1000余地方武装，余姚以南有三四千人，淀山湖有专员公署，江宁、句容、丹阳有流亡政府。相互间的关系：在溧阳地区，40师与冷欣有矛盾，40师师长曾企图夺冷欣的枪，几次冲突：40师与保安旅也曾有过两次，忠救与63师也有矛盾，曾经冲突过，忠救与52师也曾经冲突过。

保安3旅与我们又有来往。余姚有宗德部队，被国民党发觉要进攻他，有部分（100余人）已过浦东。宗德曾与我们打过一次，也曾谈判过，并在地区上划分，以后因清乡，我们走掉，他们的地区则更宽了。

顽军与敌伪军的关系：国民党军队一般讲，尚能坚决抗日，去年敌人曾进攻他们3次，每次他们都受相当损失。他们对付鬼子，从南京到苏州分成几个组，任务是破坏铁路，实行暗杀。有一次当汪精卫到苏常太讲演，他们曾准备搞，这都说明他们与敌伪之间无直接关系。

顽军对付我们的政策，皖变后顽军曾进入长滆、黄金山一线，以后自动撤退甓桥镇、前马、上兴埠、上沛沿山一线，在宜兴以北经常与我冲突，对付我们的活动可分为两个地区，两种方式：

1. 沦陷区：采取便衣特工带武装（快慢机）深入我地区。主要任务：（1）对付我工作人员；（2）勾通拉拢对我不满者；（3）恢复其组织；（4）建立秘密工作机关打下基础。曾被我破获的有溧阳、丹北地区，所供大致如上。

2. 国民党统治区：采取政治上强调新体制，内容主要是保甲连坐联防、人口登记、点名（每天点），每保至少有8个武装（如苏皖郎溪地区）；县政府、县党部采取党政军合一组织动员委员会，以军队为主导，出去要打护照。

对付左倾青年的两个办法：（1）动员知识青年去训练；（2）不去训练的捉起来（一般的均被捉过一二次），曾在与沦陷区交界处动员3000余青年去训练，现已派回，专门对付我们，过去政工队之青年组织现有了，工业合作社等均已取消，曾有皖南与苏南划成一个省的消息。

（五）江南社会中的一般情形

江南特点：

1. 富裕：是江南财阀最集中的地区（江南财阀一般均集中于武进、苏州、无锡一带），抗战后起了变化，特别是上海、南京沦陷以后，全部工厂停闭，至今未恢复，主要的丝厂、纱厂均在敌人的控制下。这样造成大批的失业者，促成各阶层对抗战能站在中立或同情我们的立场，有些人处于观望态度，在上海不敢回来怕敲诈。抗战情绪均较好，因其直接受敌人威胁。

2. 帮会：江南帮会特别多，特点是家庭经济地位相当高，每个地区均有一二个帮会头子，每个头子均有一二千徒弟，老百姓中未参加帮会的极少，如程维新[①]的父亲有5000余徒弟。帮会本身带封建保守性，发展帮会主要的是为了建立信仰、自卫，控制这个地区。现在每个地区均有一两个帮会在我们手里（如第二、四、五行政区），他能积极帮助我们，有些是同志。刀会也相当流行，从上海、南京失守后，当时土匪很多，为了保护财产、自卫，开始在溧阳、溧水，句容、武进等地区均有刀会组织。刀会的组织也不是统一的。以村为单位。刀会头子和青帮头子均因受日寇威胁，除江宁横山的刀会与我们搞得不好外，其余一般的均与我们尚好。伪军敌军也与刀会有关，但互不侵犯。清乡以后，伪军曾想利用刀会，用钱收买刀会，但其一般讲均站在中间不管。

第二部分　江南斗争形势的变化

江南斗争形势基本上可分为两个时期——江南指挥部北移前后是第一个时期，因指挥部北移，留下江南的力量减小，斗争形势起了变化。在变化中是一种波浪式的斗争。斗争形势可分为两个地区：一个是铁路以南，一个是铁路以北。前年11月开始由第一游击区进到第二游击区，扫荡连续4个月，接着皖南事变，到下半年铁路以南形势较好，但路北清乡运动又来了。江南斗争自指挥部北移没有停止过一个月，发展与斗争形成一涨一落，原因是由于江南地区的重要，敌伪顽都来争夺，我们形成三面受敌。

①程维新，江苏省宜兴北乡地方首领，此时任新四军第十六旅独立第二团团长。

在这种形势下我们的工作政策：根据前年2月党中央的指示及3月来电所指出的江南斗争任务，二年来均根据此任务进行工作。

1. 前年3月在党政军扩大会上陈军长指示我们除控制直接地区外，并扩展其他游击区。陈军长走后，来电要我们坚持斗争3个月，主要任务是发展和坚持。但当时的统一战线工作搞得很坏，要能坚持必须首先将统一战线关系搞好。我们还确定以下几个原则：（1）争取对我们积极帮助，参加工作；（2）争取同情和某些帮助；（3）争取独立，双方不帮助，除原则问题外，我们可让步，根据以上原则在不同地区具体进行。

2. 在政权问题上：在那次会议中提出建立敌后政权，那时江南指挥部尚未与冷欣分离，故采取缓和政策：（1）我们控制地区建了区乡保政权。（2）国民党所在区争取乡保长同情帮助我们，首先控制下层，不建立上层行政机构。可分为两个时期，皖变前如此，以后得华中局指示则改变。

江南政权带群众性：优点是有群众，与群众联系密切，缺点是产生过左现象。对于农民问题，当时提出让租让息（并不是强调减租减息）、还租还息的口号。

3. 在经济政策上：根据合理负担和与敌伪经济斗争的原则，在开发经济口号上，起初大家乱搜，以后改在合理的原则上。

4. 对伪军与帮会工作上：从江南工作会议确定一打一拉，采取以下办法（1）发展其内部矛盾，缓和向我之进攻；（2）采取少破坏，多做巧妙的秘密工作；（3）利用和争取伪军。

对于帮会工作：首先根据统一战线的原则和江南的特点（江南人民富正义感），我们尊敬帮会的头子，争取上层，团结分化下层，不侵犯他的利益。

5. 民众运动问题，我到江南正当汪精卫上台，国民党反共很厉害，我们在民众问题上提出发动群众、组织群众30万的口号。第二个时期则提出深入群众工作，面向群众，巩固已有的群众组织。

6. 地方武装：指挥部北移后，留下部队二支队四团和新三团，约1000余人，这时须求大量发展，补充主力，提出每地依原有基础建立一个独立团，以求大的发展。茅山独立团扩大900余人；丹北独立团扩大400余人；太湖独立团扩大700余人；第三游击区独立营扩大100余人。

第二个时期（从前年11月起）因经济关系提出精干政策。

7. 党的建设：各个特委4000余党员，我们到江南后提出："从斗争中发展，个别吸收"后，接华中局指示："工作即教育，教育即工作"，每个人应进行深入的教育，审查干部、党员，洗刷了一批党员。

第三部分　工作中的优缺点及经验教训

一、我们所做的一些工作和成绩

1. 部队问题：指挥部北移留下主力1100余人（二支队四团、新三团），现在包括地方武装在内共有4000余人，十六旅其中1200人为地方武装、其他均为主力。前年11月敌人扫荡，四团三营及二支队的二个特务连共有五个连（500人不算在内，这五个连在那时过江）。总计两年中间指挥部北移后在铁路南一部扩有3000余人，铁路以北一年来发展有3000余人。皖变后第一、二、三、四游击区经敌人扫荡清乡损失1000人除外，总计二年发展有5000余人。现在总计有8000余人（包括地方武装在内），六师全部十六旅、十八旅二个旅。

地方武装的特点：数量虽不大，但每个地方武装均可单独作战，如茅山警卫团；丹北的地方武装、各县委建立的短枪班……每个地方武装均经过三四次战斗。完全不能作战的仅系新建立的，区的常备队的战斗力较差。

2. 政权工作：（1）本来建立了五个专署，现在有三个专署、13个县政府（除基本地区外有些是武装县政府）。游击区域不脱离武装的、“枪不离人”的有：江宁、镇江、金坛、武进、宜兴、扬中、山北、山南。澄西县政府没有安定的立脚点，溧阳、溧水、句容县政府好些。（2）现在有60个区公所（同样是武装的），分以下几个地区：第六行政区有25个区公所，第五行政区有12个区公所，第四行政区有23个区公所，共60个。（3）据11月28日罗廖①牺牲后的报告，我们能够控制的乡有745个，我们能够半控制的乡有68个，第四行政区除外。

政权中做了以下几件工作：

（1）财政：第一，田亩税（自建立政权后统计）：第五、六行政区共收192万元，第四行政区共收130万元。第二，河流税（每月总计）：第五、六行政区可收5至6万元，

①罗廖，指新四军第16旅旅长罗忠毅、政委廖海涛。

第四行政区可收4万元。

（2）武装：第四行政区除自己保存有武装外，尚可不断的补充主力；第五、六行政区除自己存有警卫团4个连600余人外，4月补充主力有600人。各区县乡在有干部、有枪、地形好的条件下，建立武装有600余人，分十几个单位，每个单位人数有20至60不等，分布于以下各地：宜兴以南有60余人，宜兴以北有20余人（和桥南10余人、北10余人），西夏墅有20人，金坛东北有一部，天王寺、溧水有60余人，句容以北有20余人，宝堰以北20余人，此外县政府本身有一些。建立武装的原则以那个地区的基础能够生存来决定，如：句北的武装从前年11月开始，坚持至今，仍可至麒麟门一带活动。太湖以西的可至孤山活动。练湖西北马陵有武装约100余人，是过去刘洪奎[①]的，曾与我们的一、六团打过，也曾来往过，经过一年余时间被我争取过来，改为警卫团二营，在该地活动。第四行政区有以下几个武装：埤城以北山北县政府有20余人，埤城以南山南县政府有20余人，扬中中心沙一带有20余人，小河以南武进县政府有20余人，专员公署有一警卫连（原为地方武装）。第四行政区包括特务连共200余人。

（3）政府与各阶层的联络及关系：

第一，第四行政区与各阶层的关系：从建立政权至今没有增加过1个新的阶级敌人，过去的敌人经过种种关系也有被争取过来的，如：武进的刘老吉地主，我们许他收租，过去关系搞得很坏，现在争取过来了。又如：扬中伪县长曾亲自

①刘洪奎，即上文提到的“匪首刘逢庚”，有的文献写成“刘鸿魁”三字。

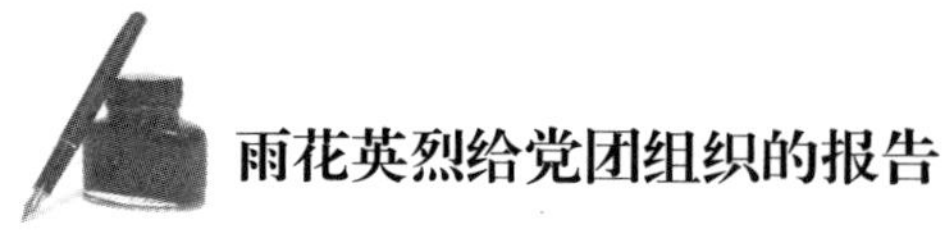

与我们谈，说“你们不要破坏，我什么问题都可以谈”。

第二，第五行政区与各阶层的关系：过去曾有几个坏的亦被我们争取过来了，如：延陵的贡友三由于我们的工作方式不好，曾去丹阳，经过一年才把他争取回来，同时去丹阳的也都一起回来了。这里所谓“一而二、二而一”的政策。又如句容的伪县长同我们争一个人——一个年老有势的去任句容伪自卫团长，此人有几千名徒弟，我们积极的争取了他守中立。例如几次扫荡我们可以分散在群众中打掩护。

第三，第六行政区与各阶层的关系：如宜兴的程维新年20岁，父亲是青帮头子，流氓出身，有5000余徒弟，抗战前后发过一笔大洋财，曾任过商团团长，与顽军有关、鬼子有关。但程维新与国民党及鬼子亦均有矛盾，对我则怀疑，认为我们的力量太小。有一次国民党派了120人到他那里，我们问他的态度如何？他回答你们放心好了，我是相信新四军的，无论如何不会变，但你们的力量太小了。因此我们就没有打。现在其父为国民党的特务打死，他气愤得很，曾想联络鬼子报父仇。后来我们派了部队去配合他打了一下。现在国民党又来联合，他还是接洽，至今这三方面的关系未断。又如江阴李善生将枪埋下，去上海，敌伪曾不断的施行拉拢，经我们争取始终中立。无锡马乐鸣武装被我们搞过来，又曾被我们捉到一次，以后经解释又将他放了，他向我们悔过，并帮助我们。杨玉庭伪军也与我搞得很好，曾与江抗打了一个败仗，但继续争取中立，以后未进攻过我们。40师师长的父亲（在湟里镇东）对我们也守中立，以年老借口拒绝为任何一方做事。人保团团长石佐民（长荡湖西）原系冷欣部下，苏北战争时跑回来的，也守中立，不愿再为国民党做事。蔡浩恭（太湖边），我们找到他帮忙，他答应不出面，武装由他搞，扩大新战士100余人，枪60支，自己尚有几十人枪。我们在太湖边设新四军太湖办事处，为开展工作起见，蔡与另一个国民党党员姓石①的均被争取（一为土匪头子，一为帮会头子）。这是几个例子。

第四，如何进行争取工作？1.首先了解某个地区的重要人物，其威信、地位及力量。2.了解其与敌、伪、顽、帮会等相互间的关系，这时采取研究方式相互讨论。3. 确定自己方面哪一个人能与之接近，利用各种关系直接间接进行。如接近贡友三，由一个连长（系贡的徒弟）去同他谈话，这个连长调出来专门进行这项工作，慢慢的谈，利用各方面的关系与之接洽。又如，句容一个姓张的也是经过他的一个徒弟去进行工作，首先要估计他的目的愿望，不去侵犯他的利益。每次所争取的人均经过几次考虑，如沈菊神是吸大烟的，我们也不去过于干涉他的生活习惯，曾经有一个时候我们把东安以南划给他，可是他又统治不了，结果还是我们这里。又如：对程维新，我们在经济上对他让步，只收一个口子，其余的税均让他收，他帮助我们。沙洲的沙大王，我们主张还租，但要减租，他答应了，税收让给他，但给我们十分之七或八。刘洪奎，我们第一次拿他的枪，第二次还拿，他不高兴，后来打听到他去上梅，我们派他的部下去找，答应帮忙他弹药。均系根据他本身特点利益，决定我们哪一方面让步，或不让步。也是举几个例子。

①姓石的，指无锡南乡的石渊如。

（4）其他工作：

第一，减租减息改善人民生活：铁路以南提出让租让息，还粮纳税；铁路以北提出减租减息。让租让息及减租减息并不是各地平均的，依群众斗争性的强弱，再加上鼓动。让3成、2成、1成、5升［成］的不等。北面则开始二五减租，有些地区尚带勉强，望政府下令减，还抓过几个人，靠长江以北的均减了，以南的减后送回的很多。二、四、五行政区则更差，实行三七减租（1担还7斗），让租中让多让少不等。南边区别社会状况的特点，我们如提出减租减息，地主可能反对我们，中间势力也会有很多不赞成，因此我们是站在双方调解的立场上。

第二，按照合理负担的原则：很多地方的田赋没有收，如溧水因去年荒年，田赋不仅没有收，反而政府以几千元款去赈济之抗属免收，工作人员减半收。过去曾出5亩或3亩以下不能收，但根据江南的土地分配，如5亩不收，则有十分之七八不能收，以后仍照3亩为标准。第六行政区曾召开过大的会议，各乡保长出席讨论。第一、二行政区关于还租问题也经过讨论。他们认为新四军未来时不交，因无人收，同时蒋介石有过命令，沦陷区免租，新四军来了却要收租。这方面我们经过了很多的解释，但由于地主没有回来，我们代管，这中间搞得不太好。

3. 党的工作：一、二、三游击区，独立游击区、苏皖游击区确定了党的建设。

（1）大量发展：打下党的基础，提出发展计划，二、三游击区、独立游击区不到2000人，包括江高宝和现在国民党的一块，4000余人，当时确定沦陷区一个大的任务即大量发展，在前年10月以前完成了这个任务。第一游击区孟河以西、铁路以北，领导中心在访仙桥，从镇江沿江发展到江阴城脚下，内均有我党组织，党员约有4000人。第二、三游击区有3000余党员。前年11月到去年3月底，经过4个月的鬼子残酷扫荡，由第四行政区一直到南京，党受了一次大的损失，去掉2000余党员。江宁地区过去有1300党员，到我们恢复时党员数量已不多，到今也仅恢复不到2000余人。太滆地区从1940年8月到现在发展到2000余人。苏皖特委国民党统治区900余人。

（2）发展任务完成以后，根据中央巩固党的指示和我们的经验教训，提出一个基本的工作方针："工作即教育，教育即工作"。在这中间来检查党的工作表现在：第四、五、六行政区叛变的现象很少。从前年12月到去年4月被逮、被杀者统计：区委以上（包括区党委委员）被逮者有80人，中间有的牺牲了，有的尚在南京，均未供出党的秘密。这次东路苏常太、澄锡虞的清乡，也未发现破坏党的组织的，被逮者也达10余人。

（3）如何收到这样的成绩：第一，不分时间、空间进行对干部党员的了解，工作即教育，面向党员，不断审查干部与党员。第二，充实和健全支部，支部不要过大，每个支部不超过10个人，以便于领导。现在总计举几个例子：有党员6180人：有支部779个，每个支部约10人。健全支部生活统计大约：支部能自动开会的约占30%，支部如有人去即能立刻召开会议的约占30%，支部如有人去要等一等才能开会的占15%，支部根本不能开会的占15%（以上是根据第四行政区的报告）。

4. 群众工作：

（1）第一个时期正当汪精卫登台，江南的群众反映出对汪精卫的认识很模糊，认为汪精卫是与蒋演双簧。当时提出扩大反汪宣传周，联系组织民众，在我们可能控制的区乡，提出每保组织100人（分青年、农民、妇女），如四、五、六行政区，但仅个别保完成此任务。

（2）提出深入的工作，面向群众，着重教育。这时不是大量组织，而是使已有组织如何活跃起来。在前年7、8、9、10月群众组织较活跃，经过4个月的扫荡又被打垮，群众团体中发生叛变、投降、自首。敌人正对着青抗、农抗实行压迫，捉青、农抗会的主任敲打，到2月群众组织非常混乱，特别是镇江、丹阳地区，曾有一个时候我们的人都不能去，到现在才能继续活动。

（3）关于这个问题我们曾讨论过，群众团体是否要用一个“抗”字。以后游击区完全变了，赤山湖赤南、赤北利用地方的旧组织如刀会等，利用兄弟会、姊妹会组织民众；第四行政区专门用自卫的游击小组、关帝会等；第六行政区因学校较多，用学生联合会组织工作团到农村中去做农民运动。

（4）第四行政区的游击小组有4000余人，其中约有1100余党员参加。游击小组能够配合我们部队打据点，能单独捉汉奸、破坏道路、打特务分子、打小的据点（敌人所指某地有新四军四五千人，即指这些游击小组）。有些刀会加入自卫队的，又有些自卫队加入刀会的，最好的个别乡保有30%参加，一般的10%。第五、六行政区各式组织有2万人。

（5）群众团体所做的工作：群众基础最好的是第四行政

区，经常能放哨捉汉奸，部队一到，即能准备稻草，部队没有铺盖立即拿来，慰劳鞋子几乎已成习惯，部队经常经过那里，每人都有一二双鞋子。第五行政区发动后即能做，如慰劳、破坏公路等，其他地方则不同，决定后通过政府号召，过一个时期才能做到。此外尚有些做情报工作。

为反清乡，丹北党提出四大运动，民众的宣传运动、民众的游击运动、民众的破坏运动、民众的锄奸运动。

这中间曾经破获过五个案子，但杀人太厉害，捉了100余人，没有经过审问杀掉十几个，群众斗争往往是过左的。又如我们接到华中局夏收运动的指示，下面发动提出借稻减租运动，于是过左的要稻，参加者达五六千人，所要的稻子也无从统计。又如：从埤城到访仙桥的汽车，3个人游击小组跑上汽车，将1个鬼子拖下来杀掉，到孟河城去捕汉奸。

（6）一般群众对我们的态度：江南社会中，中间阶层多，江南民众受敌人的压迫大。因此一般的抗战情绪较好，除真正的汉奸外，有耕地者对我们均较关心，并能帮助。如皖变后有一部分人能在第五行政区掩护起来。在战前群众希望我们打胜仗，战后帮助我们打扫战场，照顾伤兵。战斗中无论胜利与失败，群众均能帮助我们，群众只把外面的消息带进来而很少把我们的消息带出去，如离和桥敌人据点5里路，我们的医院在那里没有人报告。在群众家吃饭更是极平常的事。也是举几个例子。

5. 干部问题：曾山同志离开时曾说到一个问题，就是要我们特别注意提拔干部。每个地区进行调查统计干部的工作，调干部受训。延陵服务团50余人中调30余人，其他地区调20余人，共50余人，办了2个月的训练班，分配工作，再办第二期。当时情况变化，发了60支枪，背枪打游击上课（共60余人），3个月毕业，一部分自己分配，一部分送到苏北来，再办第三期40余人。扫荡来了，外来干部不行，于是提出干部地方化，责成各特委、中心县委自己开办区级支部的训练班。本来外来干部占7/10，今天地方干部占7/10，外来干部仅占3/10（送苏北来的、牺牲的、被捉的，外来干部大大减少）。这些地方干部能力虽不强，但工作尚能做。第一、二行政区的工作人员300余人，一部留部队，一部留地区委，一部被捉。

二、工作中的缺点

1. 政权工作：（1）机械的执行了建立政权的工作，发生“左”倾，如关于“废除保甲制，建立村长制”，现在还在争论，路北已全废，结果被国民党和敌伪利用了这些旧的保甲长。又如一、二、四行政区国民党的特工常常借此进行挑拨，因为民主尚未被广大群众深刻了解，勉强的选出一个人，结果不成功，有的哭，有的今天选了明天跑掉了。（2）某些地方过于形式，如许维新的牺牲这方面也有原因，到处张贴布告，扩大宣传。为什么会产生这种情形？由于对江南各阶层的民众认识尚模糊，江南国民党的统治极深，这种立即取消保甲是会引起反感的。（3）又如东路政权与地方党机关过于庞大，一个财政部门就有400余人，一个交通站每年要用到2万余元，每个区委有3个人，区公所除武装外有10余人。（4）对政权的三三制了解得尚不够，有的只看我们的让步，因此，没有能很好的执行。如第六行政区有些人不愿参加，如王渭溪，他说：“你们共产党好，但你们共产党员中非常幼稚。”“又如为了凑数，实行拉伕，一个县政府将国民党的特工都拉进去了。”

2. 民生的改善：虽做了些减租减息的工作，但有很多过左的现象：（1）第四行政区将借稻运动变为抢稻运动；（2）进行查仓运动过于站在劳动者方面，而不顾及到对方；（3）工资加得过多，如荡口加工资起初10文，加1倍，1个月后又要求加1倍（虽然时间很短）。

3. 锄奸工作：虽有些成绩，但过左现象很多，捉到人不经过任何机关就杀掉（在四行政区）。如第六区一个很好的保长，听说通鬼子，不问一切的就把他杀掉。荡口有“四·四”事件，一个与敌伪我三面都有关系的人被捉杀掉。［下略］

4. 对于地方实力派也发生“左”倾现象。如：第六行政区的盛计然相当有力量，帮助我们做了很多工作。认为某一次表现不好，写信给部队要杀他。结果信被他看到了，于是带款4000元跑了，变成顽军伪化。特别是第一行政区，有些武装可以与之合作，皖变后在摧毁地方反动顽固势力下，没有能够很好争取合作，打倒一切，打到底。结果有的跑到鬼子那里去了。

5. 财政政策：节约与开发均未很好的注意，在经济问题上也有贪小利的现象，如代收租结果钱放在自己袋里搅掉了。

6. 党的建设：党员有个别叛变的。特别是自由主义的现象极严重，自由、消极、动摇、叛变的事发生很多。如皖变后派一些同志到下面去传达问题，结果看到鬼子扫荡，加之皖变，就私自跑到上海、南京、武进等地去（如陈辛、王白等）。又有要他送钱（1万元），结果跑到家里做生意去了。

又如第四行政区县委的宣传部长也是脱离革命。皖变以后行政中有10余人跑到丹阳去（陈仲民也跑去）。部队中带款逃跑的总计有10起以上，带款有五六万元（党员也在内）。

7. 江南斗争的疲劳现象很厉害：党政军中均有此现象，经过不断的斗争尚未完全克服，原来只讲坚持3个月，但至今尚未结束，特别是在罗、廖牺牲以后没有援兵来，这种现象更严重，很悲观，要求解决干部。

8. 坚持江南斗争是对江南形势估计的问题，由于估计的错误，影响到领导的问题，以致遭受损失，如这次罗、廖的牺牲也是由于估计错误了，估计敌人是向国民党进攻，或部分的牵制我们，结果错了。又如对皖变的估计，认为分裂不可免，国民党一定要来，结果损失1200余人。又如东面清乡影响南面太湖地区地方党，认为要坚持，结果又放弃。

党的领导，江南区党委是一个人，区党委没有机关，许多问题缺乏研究讨论。

以上问题请大会解决。

选自中共江苏省委党史工作委员会、江苏省档案馆编，《苏南抗日根据地》，中共党史资料出版社1987年9月版。

后 记

2014年12月，习近平总书记视察江苏时指出,在雨花台留下姓名的烈士就有1519名。他们的事迹展示了共产党人的崇高理想信念、高尚道德情操、为民牺牲的大无畏精神。要注意用好用活丰富的党史资源，使之成为激励人民不断开拓前进的强大精神力量。

近年来，南京市雨花台烈士陵园管理局始终牢记习近平总书记的殷殷嘱托，按照省委、市委关于红色资源保护利用的工作要求，系统挖掘雨花台红色资源，推出“雨花英烈史料”系列丛书，内容涵盖与雨花英烈相关的家书、日记、诗词、文集、狱中斗争、近亲属口述史等历史资料。《雨花英烈给党团组织的报告》是“雨花英烈史料”丛书系列之一，为雨花台烈士纪念馆—南京大学国家革命文物协同研究中心、雨花台红色文化研究院年度重点项目。郭蕊负责全书选编与统稿，赵瑱、方晓燕、李勇、唐阿兰、许紫筠参与全书审校。

本书的编写得到了中共南京市委宣传部的大力支持，中共南京市委党史工作办公室对全书进行了审读。编写组参阅了大量专家学者的研究成果，不一一列举，在此一并致谢。

由于我们水平所限，难免有疏漏和不到之处，敬请读者批评指正。

编者

2025 年 6 月